OTMAR M. PHILIPP

Internationale Maßnahmen zur Bekämpfung von Handlungen gegen die Sicherheit der Zivilluftfahrt

Schriften zum Völkerrecht

Band 55

Internationale Maßnahmen zur Bekämpfung von Handlungen gegen die Sicherheit der Zivilluftfahrt

Von

Dr. Otmar M. Philipp

DUNCKER & HUMBLOT / BERLIN

CIP-Kurztitelaufnahme der Deutschen Bibliothek

Philipp, Otmar M.

Internationale Maßnahmen zur Bekämpfung von Handlungen gegen die Sicherheit der Zivilluftfahrt. — 1. Aufl. — Berlin: Duncker und Humblot, 1977.
(Schriften zum Völkerrecht; Bd. 55)
ISBN 3-428-03823-1

Gedruckt 1977 bei Berliner Buchdruckerei Union GmbH., Berlin 61
Printed in Germany

ISBN 3 428 03823 1

Vorwort

Die vorliegende Arbeit geht auf eine Anregung von Herrn Professor Dr. Walter Rudolf zurück und ist unter seiner Betreuung entstanden. Sie ist Mitte 1976 vom Fachbereich Rechts- und Wirtschaftswissenschaften der Johannes Gutenberg-Universität in Mainz als Dissertation angenommen worden.

Danken möchte ich an dieser Stelle insbesondere den Mitarbeitern des Heidelberger Max-Planck-Instituts für ausländisches öffentliches Recht und Völkerrecht, die mir bei der Materialsammlung für meine Arbeit behilflich waren.

Das Manuskript wurde im Mai 1976 abgeschlossen. Es wurde geringfügig korrigiert und die Literatur bis Oktober 1976 noch berücksichtigt, soweit dies möglich war. Die Vorfälle des Spätsommers 1976, insbesondere der „Entebbe-Fall", konnten zwar noch erwähnt, aber nicht mehr in der ihnen gebührenden Breite erörtert werden. Durch sie wurde die Aktualität des behandelten Themas einmal mehr unter Beweis gestellt.

Der Druck der Arbeit kam mit freundlicher Unterstützung des Verfassers durch das Bundesministerium des Innern zustande.

Mainz, im November 1976

Otmar M. Philipp

Inhaltsverzeichnis

II. Kapitel

III. Kapitel

IV. Kapitel

Maßnahmen internationaler Organisationen gegen einen seine Pflichten verletzenden Staat 101

Schlußbetrachtung 142

Literaturverzeichnis 148

Abkürzungsverzeichnis

a. A.	=	anderer Ansicht
AdG	=	Keesings Archiv der Gegenwart
AFDI	=	Annuaire Français de Droit International
AJIL	=	American Journal of International Law
amtl.	=	amtlich
ArchVR	=	Archiv des Völkerrechts
Art.	=	Artikel
BGBl.	=	Bundesgesetzblatt
BYIL	=	British Yearbook of International Law
Diss.	=	Dissertation
FAZ	=	Frankfurter Allgemeine Zeitung
Fn.	=	Fußnote
GAHS	=	Genfer Abkommen über die Hohe See
gem.	=	gemäß
ICAO, OACI	=	Internationale Zivilluftfahrtorganisation
ICAO-Doc	=	Dokumente der ICAO
ICLQ	=	International and Comparative Law Quarterly
IGH	=	Internationaler Gerichtshof
ILC	=	International Law Commission
JALC	=	Journal of Air Law and Commerce
JIR	=	Jahrbuch für Internationales Recht
Kent.L.J.	=	Kentucky Law Journal
m. w. N.	=	mit weiteren Nachweisen
NTIR	=	Nederlands Tijdschrift voor International Recht
ÖJZ	=	Österreichische Juristenzeitung
ÖstZÖR	=	Österreichische Zeitschrift für öffentliches Recht
RdC	=	Recueil de Cours de l' Académie de Droit International
RFDA	=	Revue Française de Droit Aérien
RGAE	=	Revue Générale de l'Air et de l'Espace
RGDIP	=	Revue Générale de Droit International Public
RHDI	=	Revue Hellénique de Droit International
RIDC	=	Revue International de Droit Comparé
SJZ	=	Schweizerische Juristen-Zeitung
SVN	=	Satzung der Vereinten Nationen
TIAS	=	United States Treaties and Other International Agreements
UNO	=	United Nations Organisation
UNTS	=	United Nations Treaty Series
WdVR	=	Wörterbuch des Völkerrechts
WVK	=	Wiener Konvention über das Vertragsrecht
ZaöRV	=	Zeitschrift für ausländisches öffentliches Recht und Völkerrecht
Ziff.	=	Ziffer
ZLW	=	Zeitschrift für Luftrecht- und Weltraumrechtsfragen

Einleitung

1. Fragestellung und Bedeutung des Themas

Nach Jahren, in denen Flugzeugentführungen und andere spektakuläre Anschläge auf die Sicherheit der Zivilluftfahrt die Weltöffentlichkeit erregten, ist es auf diesem Gebiet ruhiger geworden.

Die Zahl der gelungenen und versuchten Entführungen, die 1969 mit 75 einen Höhepunkt erreicht hatte, sank über 1970: 60, 1971: 29, 1972: 28, 1973: 8 auf weniger als 8 im Jahre 1974, in dem es bis zum 17. Oktober nur zu 4 Vorfällen kam[1]. Waren mit dem Ansteigen der Zahlen nach 1965 auch die internationalen Aktivitäten zur Bekämpfung solcher Vorkommnisse angestiegen, so sind sie mit dem Rückgang der Zahlen wieder nahezu erloschen[2] oder haben inzwischen eine andere Stoßrichtung erhalten[3]. Dazu trugen entscheidend auch die ergebnislosen Konferenzen von Rom im Jahre 1973 bei, welche die Bemühungen endgültig scheitern ließen, gemeinsame Maßnahmen gegen Staaten vorzusehen, die ihren völkerrechtlichen Pflichten im Zusammenhang mit Handlungen gegen die Sicherheit der Zivilluftfahrt nicht nachkommen.

Innerhalb der ICAO wird dieses Thema nicht mehr diskutiert, wie sich aus den Dokumenten über die 21. Tagung der ICAO-Versammlung[4]

---

1 Zahlenangaben nach *Evans,* in: International Terrorism. Proceedings of the Third Annual Conference of the Canadian Council on International Law held at Ottawa, Canada, October 18 - 19, 1974, S. 107. Die Zahlen betreffen nur internationale Flüge. Genauere Angaben bis Ende 1972 bei *Evans,* Aircraft Hijacking: What is being done, in: AJIL, Bd. 67 (1973), S. 641 ff. Jeweils andere Zahlenangaben bei *Guillaume,* La „piraterie aérienne" et les derniers travaux de l'OACI à ce sujet, in: RFDA, Bd. 27 (1973), S. 258 f. und *Agrawala,* Aircraft Hijacking and International Law, Bombay—Dobbs Ferry, N. Y., 1973, S. 22 f. (Fn. 21). Die Zahlendifferenzen beruhen möglicherweise auf unterschiedlichen Berechnungsarten.

Neuere Zahlen waren nicht zu ermitteln.

2 Zu diesem Zusammenhang *Evans,* AJIL, Bd. 67 (1973), S. 641, die vor Euphorie über den Zahlenrückgang warnt. *McWhinney,* International Legal Problem — Solving and the Practical Dilemma of Hijacking, in: ders., Aerial Piracy and International Law, 2. Aufl., Leiden—Dobbs Ferry, N. Y., 1973, S. 23 f. weist sogar auf den Zusammenhang bestimmter Vorfälle mit dem Zusammentreten internationaler Gremien hin.

3 Vgl. Näheres Schlußbetrachtung 2.

4 Zur Organisation der ICAO vgl. *Erler,* Rechtsfragen der ICAO — Die internationale Zivilluftfahrtorganisation und ihre Mitgliedstaaten, Köln—Berlin—Bonn—München 1967, S. 17 ff.

in Montreal ergibt[5]. Es wurden nicht nur Resolutionen der Versammlung aus dem Jahre 1970, die den Rat aufforderten, sich mit den Handlungen gegen die Sicherheit der Zivilluftfahrt zu befassen, für erledigt erklärt[6], sondern auch ein diesbezüglicher Punkt aus dem nicht-ständigen Arbeitsprogramm des Rechtsausschusses gestrichen, nachdem im ständigen Arbeitsprogramm ohnehin kein solcher Punkt mehr enthalten war[7]. Die Versammlung wiederholte nur die Aufforderung an alle Staaten, den Abkommen von Tokyo[8], Den Haag[9] und Montreal[10] beizutreten und unabhängig davon nach einer Entführung Passagiere, Besatzung und Flugzeug freizugeben[11]. In einer weiteren Resolution wird gefordert, Handlungen gegen die Sicherheit der Zivilluftfahrt durch technische präventive Maßnahmen zu bekämpfen[12]. Wenngleich präventive Maßnahmen durchaus geeignet sind, Flugzeugentführungen und andere Anschläge zu verhindern[13], sind die den Diskussionen um gemeinsame Maßnahmen zugrundeliegenden Probleme und Fragen nicht gelöst. Sie können jederzeit mit einer neuen Welle von Flugzeugentführungen oder anderer Handlungen gegen die Sicherheit der Zivilluftfahrt erneut auftauchen[14].

Die vorliegende Arbeit hat zum Ziel, die Zulässigkeit von einzelstaatlichen, gemeinsamen und kollektiven Maßnahmen gegenüber Staaten

---

5 ICAO-Doc 9119-A 21-Min. und ICAO-Doc 9118-A 21-RES.

6 ICAO-Doc 9118-A 21-RES, S. 29 und 31 f. Es handelt sich um die Resolutionen A 17 - 21 und A 17 - 24.

7 Die Streichung erfolgte auf Vorschlag der Legal Commission (ICAO-Doc 9116-A 21-LE) durch die Versammlung (ICAO-Doc 9119-A 21-Min., S. 112, Nr. 26).

8 „Convention on Offenses and Certain other Acts Committed on board Aircraft" vom 14. September 1963, abgedruckt in: ICAO-Doc 8849-C/990/3, S. 11 - 14, amtl. deutsche Übersetzung in BGBl. 1969 II, S. 121 ff.

9 „Convention for the Suppression of Unlawful Seizure of Aircraft" vom 16. Dezember 1970, abgedruckt in: ICAO-Doc 8849-C/990/3, S. 15 - 17, amtl. deutsche Übersetzung in BGBl. 1972 II, S. 1506 ff.

10 „Convention for the Suppression of Unlawful Acts against the Safety of Civil Aviation" vom 23. September 1971, abgedruckt in: ICAO-Doc 8849-C/990/3, S. 18 - 23, gemeinsame amtl. Übersetzung der Bundesrepublik Deutschland, der Republik Österreich und der Schweiz in: ZLW, Bd. 21 (1972), S. 141 ff.

11 ICAO-Doc 9118-A 21-RES, S. 40.

12 ICAO-Doc 9118-A 21-RES, S. 76.

13 Dazu *Meyer*, Un nouveau problème juridique: la piraterie aérienne, in: RFDA, Bd. 23 (1969), S. 261 ff.; *Fick / Gordon / Patterson*, Aircrift Hijacking: Criminal and Civil Aspects, in: University of Florida Law Review, Bd. 22 (1969 - 70), S. 72 ff.; *Fenello*, Technical Prevention of Air Piracy, in: International Conciliation, Nr. 585 (1971), S. 28 ff.; *Rosenfield*, Air Piracy: Is it Time to Relax Our Security?, in: New England Law Review, Bd. 9 (1973), S. 81 ff.

14 Zum Auftreten von Flugzeugentführungen in Wellen vgl. *Aggarwala*, Political Aspects of Hijacking, in: International Conciliation, Nr. 585 (1971),

zu prüfen, die ihre völkerrechtlichen Pflichten im Zusammenhang mit Handlungen gegen die Sicherheit der Zivilluftfahrt verletzen. Dabei wird von der völkerrechtlichen Lage nach dem Inkrafttreten der Abkommen[15] von Tokyo, Den Haag und Montreal ausgegangen, über die bereits umfassende Erörterungen vorliegen[16]. Es soll untersucht werden, welche Möglichkeiten bestehen, gegen einen Staat vorzugehen, der seinen Verpflichtungen aus den genannten Abkommen nicht nachkommt, ob Maßnahmen gegen einen Staat zulässig sind, der den Abkommen nicht beigetreten ist und wer solche Maßnahmen ergreifen kann.

S. 8. Aggarwala unterscheidet Phasen von 1947 - 1953, 1958 - 1961 und seit 1967. Ähnlich *Emanuelli*, Les moyens de prévention et de sanction en cas d'action illicite contre l'aviation civile internationale, in: RGDIP, Bd. 77 (1973), S. 578 f.

Wie die Vorfälle vom Sommer 1976 einzuordnen sein werden, muß hier auf Grund des geringen zeitlichen Abstandes noch offenbleiben. Zu den Einzelheiten vgl. Schlußbetrachtung 2.

[15] Der Begriff „Abkommen" wird zur Vereinfachung einheitlich gebraucht, obwohl in den amtl. Übersetzungen des Den Haag- und Montreal-Abkommens von „Übereinkommen" gesprochen wird.

[16] Vgl. die Nachweise in der „Bibliographie internationale sur le problème de la ‚piraterie aérienne'", in: RGAE,Bd. 34 (1971), S. 191 - 199 sowie die Literaturübersichten bei *Hailbronner*, Luftpiraterie in rechtlicher Sicht — Von Tokyo bis Montreal, 1972, S. 120 - 123 und *Meyer*, Internationale Luftfahrtabkommen, Bd. VI, Köln—Berlin—Bonn—München 1972, S. XV - XIX. Aus neuerer Zeit sind zu ergänzen:

a) zum Tokyo-Abkommen:

Jacobson, From Piracy on the High Seas to Piracy in the High Skies: A Study of Aircraft Hijacking, in: Cornell International Law Journal, Bd. 5 (1972), S. 161 ff.

Klimek, International Law-Convention on Offenses and Certain other Acts Committed on board Aircraft — The Tokyo Convention, in: De Paul Law Review, Bd. 20 (1971), S. 485 ff.

b) zum Den Haag-Abkommen:

Cheng, Das Haager Übereinkommen über die Entführung von Luftfahrzeugen von 1970, in: ZLW, Bd. 22 (1973), S. 223 ff.

Mankiewicz, The 1970 Hague Convention, in: JALC, Bd. 37 (1971), S. 195 ff.

White, The Hague Convention for the Suppression of Unlawful Seizure of Aircraft, in: Review of the International Commission of Jurists, Nr. 6, April - June 1971, S. 38 ff.

c) zum Montreal-Abkommen:

Feraud, La convention de Montréal du 23 septembre 1971 pour la répression d'actes illicites dirigés contre la sécurité de l'Aviation Civile, in: Revue de science criminelle et de droit pénal comparé, Nouvelle Série, 1972, S. 1 ff.

Mankiewicz, La convention de Montréal (1971) pour la répression d'actes illicites dirigés contre la sécurité de l'aviation civile, in: AFDI, Bd. 17 (1971), S. 855 ff.

Röbbert, Die internationale Luftrechtskonferenz in Montreal vom 8. bis 23. September 1971, in: ZLW, Bd. 21 (1972), S. 133 ff.

Thomas / Kirby, The Convention for the Suppression of Unlawful Acts against the Safety of Civil Aviation, in: ICLQ, Bd. 22 (1973), S. 163 ff.

2. Themenabgrenzung

Ein zentraler Begriff der vorliegenden Arbeit ist die „Handlung gegen die Sicherheit der Zivilluftfahrt". Darunter werden Verhaltensweisen verstanden, die mit den Abkommen von Tokyo, Den Haag und Montreal bekämpft werden sollen:

a) Handlungen, die die Sicherheit des Luftfahrzeugs oder der Personen oder Sachen in ihm gefährden können oder tatsächlich gefährden oder die Ordnung und Disziplin an Bord gefährden (Art. 1 Ziff. 1 b) Tokyo-Abkommen)

b) die widerrechtlich durch Gewalt oder Drohung mit Gewalt oder durch eine andere Form der Einschüchterung erfolgende Inbesitznahme eines Luftfahrzeuges oder die Ausübung der Herrschaft darüber (Art. 1 a) Den Haag-Abkommen)

c) gewalttätige Handlungen gegen eine Person an Bord eines im Flug befindlichen Luftfahrzeuges, wenn diese Handlungen voraussichtlich geeignet sind, die Sicherheit dieses Flugzeugs zu gefährden (Art. 1 Ziff. 1 a) Montreal-Abkommen)

d) die Zerstörung eines im Einsatz befindlichen Luftfahrzeuges oder seine Beschädigung derart, daß es flugunfähig wird oder voraussichtlich seine Flugsicherheit gefährdet wird (Art. 1 Ziff. 1 b) Montreal-Abkommen)

e) das Verbringen von Vorrichtungen oder Stoffen in ein im Einsatz befindliches Luftfahrzeug, die geeignet sind, das Luftfahrzeug zu zerstören oder es so zu beschädigen, daß es flugunfähig wird oder wahrscheinlich seine Flugsicherheit gefährdet wird oder die Veranlassung dazu (Art. 1 Ziff. 1 c) Montreal-Abkommen)

f) die Zerstörung oder Beschädigung oder Funktionsbeeinträchtigung von Flugnavigationseinrichtungen, wenn ein solcher Akt voraussichtlich die Flugsicherheit gefährdet (Art. 1 Ziff. 1 d) Montreal-Abkommen)

g) die Mitteilung wissentlich falscher Information, mit der Folge, daß dadurch die Flugsicherheit gefährdet wird (Art. 1 Ziff. 1 e) Montreal-Abkommen)

h) der Versuch einer dieser Handlungen oder eine Beteiligung an einer dieser Handlungen oder ihrem Versuch (Art. 1 Den Haag- bzw. Art. 1 Ziff. 2 a) und b) des Montreal-Abkommens).

Neben dem Oberbegriff „Handlung gegen die Sicherheit der Zivilluftfahrt" wird der Begriff der „Flugzeugentführung" für den unter b) bezeichneten, der des „Anschlages" für die unter c) bis g) bezeichneten Tatbestände verwendet.

Die Verwendung des im Vergleich zu „Luftpiraterie“ umständlichen Begriffes der „Handlung gegen die Sicherheit der Zivilluftfahrt“ ist erforderlich, weil „Luftpiraterie“ den in Frage stehenden Handlungen nicht gerecht wird. Die Begriffsbestimmung der Piraterie in Art. 15 des Genfer Abkommens über die Hohe See erfaßt keine dieser Handlungen und ein möglicherweise abweichender gewohnheitsrechtlicher Pirateriebegriff ist für die Fragestellung dieser Arbeit ohne Bedeutung[17]. In der Literatur wird die Verwendung des Begriffs „Luftpiraterie“ ebenfalls ganz überwiegend abgelehnt[18].

Da für die Staatsluftfahrzeuge, die beispielsweise im Militär-, Zoll- oder Polizeidienst verwendet werden, Sonderregeln gelten[19], beschränken sich die Erörterungen, ebenso wie die Abkommen von Tokyo, Den Haag und Montreal[20], auf Zivilluftfahrzeuge.

Unter „Maßnahmen“ könnten alle internationalen Rechtsakte verstanden werden, wie Erklärung, Notifikation, Protest, Verzicht, Anerkennung, Intervention, Retorsion, Repressalie, friedliche Blockade, Krieg, Unterwerfung sowie Verhandlung und Vertrag[21]. Ein Teil dieser Rechtsakte kann jedoch außer Betracht bleiben. Dies gilt zunächst für Anerkennung, Erklärung, Verzicht und Notifikation, die als Maßnahmen gegen einen Staat bei der Bekämpfung von Handlungen gegen die Sicherheit der Zivilluftfahrt naturgemäß keinerlei Bedeutung haben können. Es gilt aber auch für den Protest, der nur der Rechtswahrung dient[22] und somit ebenfalls ungeeignet ist, einen Staat zur Einhaltung seiner Pflichten zu veranlassen. Von den verbleibenden Rechtsakten scheiden Krieg und Unterwerfung auf Grund des in verschiedenen Verträgen zum Ausdruck gebrachten und zum Gewohnheitsrecht erstarkten Gewaltverbotes[23] aus. Somit verbleiben als mögliche Maßnahmen

---

17 Vgl. Kap. I B 2.

18 Stellvertretend für andere seien erwähnt:
Poulantzas, Hijacking versus Air Piracy: A Substantial Misunderstanding and not a Quarrel over Semantics, in: RHDI, Bd. 23 (1970), S. 80 ff. *Markelow*, Einige Aspekte des Kampfes gegen das Luftbanditentum, in: Staat und Recht, Jg. 21 (1972), S. 614; *Mapelli y Lopez*, Capture illicite d'aéronefs, in: RFDA, Bd. 26 (1972), S. 241 ff.

19 *Schleicher / Reymann / Abraham*, Das Recht der Luftfahrt, Bd. I, 3. Aufl., Köln—Berlin 1960, S. 30 ff., insb. Anm. 8.

20 Art. 1 Ziff. 4 Tokyo-, Art. 3 Ziff. 2 Den Haag-, Art. 4 Ziff. 1 Montreal-Abkommen.

21 *Oppenheim / Lauterpacht*, International Law, Bd. I, 7. Aufl., London—New York—Toronto 1948, § 486 (S. 786 f.).

22 *Oppenheim / Lauterpacht* I, § 486 (S. 789); *Kunz*, Protest, in: WdVR II, S. 810.

23 2. Haager Konvention von 1907 über die Begrenzung von Gewaltanwendung zur Eintreibung von Vertragsschulden; Art. 11 der Satzung des Völkerbundes; Briand-Kellog-Pakt von 1928; Art. 2 Ziff. 4 SVN; vgl. auch *de Lima*, Intervention in International Law, Den Haag 1971, S. 36; *McNair*, The Law of Treaties, Oxford 1961, S. 217; *Schumann*, Die Friedensblockade, Hamburg 1974, S. 87 ff. m. w. N.

Retorsion, Repressalie, Intervention und friedliche Blockade, sowie die Möglichkeiten, die sich aus Verträgen ergeben.

Es handelt sich in den vier erstgenannten Fällen um völkerrechtliche Sanktionen[24]. Wenn dennoch der weitere Begriff der „Maßnahmen“ verwendet wird, dann deshalb, weil auch staatliche Reaktionen denkbar sind, die nicht als Sanktion angesehen werden können, wie etwa die Einleitung eines Schiedsverfahrens oder die Einschaltung internationaler Organisationen. Schließlich bleiben auch Verhandlungen außer Betracht, die vor einer Entscheidung über eventuell zu ergreifende Maßnahmen liegen.

Völkerrechtliche Maßnahmen können nur Staaten und internationale Organisationen ergreifen, die völkerrechtliche Handlungsfähigkeit besitzen. Damit scheiden „private“ Organisationen wie die International Air Transport Association (IATA), die Internationale Handelskammer (IHK), die International Federation of Air Line Pilots Association (IFALPA), die Organisation Internationale de Police Criminelle (Interpol), die International Transport Workers Federation (ITF) oder die Interparlamentarische Union aus der Betrachtung aus[25]. Bei den internationalen Organisationen werden regionale, wie der Europarat oder die Organisation für afrikanische Einheit (OAU), nicht berücksichtigt, sondern nur mondiale, also die Vereinten Nationen (UNO) und die Internationale Zivilluftfahrtorganisation (ICAO).

Bei den Staaten wird zwischen „betroffenen“ und dritten Staaten unterschieden. Ein „betroffener“ Staat ist derjenige, dessen Rechte durch das Verhalten eines anderen Staates gegenüber einer Handlung gegen die Sicherheit der Zivilluftfahrt unmittelbar verletzt werden. Im Falle einer Flugzeugentführung kann betroffener Staat sein:

a) der Staat, in dem ein Luftfahrzeug gem. Art. 17 des „Abkommens über die Internationale Zivilluftfahrt“ (Chicago-Abkommen)[26] eingetragen ist oder der Staat, der es gewöhnlich in der Internationalen Luftfahrt verwendet („Betriebsstaat“)[27],

b) jeder Staat, dessen Staatsangehörige sich an Bord der Maschine befinden.

---

24 Zum Begriff *Klein*, in: WdVR III, S. 158 ff.; zu den Zielen, die mit Sanktionen verfolgt werden können, *Lasswell / Arens*, The Role of Sanction in Conflict Resolution, in: Journal of Conflict Resolution, Bd. 11 (1967), S. 27 ff., insbes. S. 36 ff.

25 Zu den Vorschlägen dieser Organisationen *Meyer*, Luftfahrtabkommen VI, S. 89 ff.

26 Amtl. deutsche Übersetzung BGBl. 1956 II, S. 412 ff.; abgedruckt auch bei *Berber*, Völkerrecht, Dokumentensammlung, Bd. I, S. 72 ff. und *Cheng*, The Law of International Air Transport, London—New York 1962, S. 508 ff.

27 Vgl. Art. 21 Chicago-Abkommen.

Im Falle eines Anschlages kann darüber hinaus betroffener Staat sein:

a) der Staat, in dessen Territorium der Anschlag ausgeführt wird,

b) der Staat, in dem er seine Auswirkungen hat.

Drittstaaten sind alle nichtbetroffenen Staaten.

Entsprechend dieser Themenbegrenzung ergibt sich der Gang der Untersuchung. Zunächst werden die Pflichten der Staaten im Zusammenhang mit Handlungen gegen die Sicherheit der Zivilluftfahrt erörtert. Dies ist Voraussetzung für die Frage nach zulässigen Maßnahmen betroffener Staaten gegen einen Staat, der die festgestellten Pflichten verletzt. Daran schließt sich die Frage nach der Zulässigkeit von Maßnahmen dritter Staaten an. Abschließend werden die Möglichkeiten untersucht, die den UN und der ICAO gegen einen pflichtverletzenden Staat zur Verfügung stehen. Tendenzen und Bestrebungen zur Änderung der bestehenden Rechtslage werden am Ende des jeweiligen Kapitels erörtert.

I. Kapitel

Pflichten der Staaten im Zusammenhang mit Handlungen gegen die Sicherheit der Zivilluftfahrt

Pflichten von Staaten im Zusammenhang mit Handlungen gegen die Sicherheit der Zivilluftfahrt können sich aus Verträgen, Gewohnheitsrecht und allgemeinen Rechtsgrundsätzen ergeben.

A. Pflichten aus Verträgen

Einem Staat können sowohl aus bi-, wie aus multilateralen Verträgen Pflichten erwachsen. Im vorliegenden Zusammenhang können bilaterale Verträge jedoch weitgehend vernachlässigt werden. Die als pflichtenbegründend in Frage kommenden Luftverkehrsabkommen zwischen den Staaten sind nämlich in aller Regel dem „Abkommen über den Durchflug im internationalen Fluglinienverkehr“[1] nachgebildet, das für fast 90 Staaten gilt[2]. Eine Untersuchung des Transit-Abkommens erfaßt somit zugleich den ganz überwiegenden Teil der bilateralen Luftverkehrsabkommen[3]. Auch der bekannteste bilaterale Vertrag, der gegen

[1] Amtl. deutsche Übersetzung BGBl. 1956 II, S. 442 ff.; abgedruckt auch bei *Cheng*, Air Transport, S. 536 ff. und *Schleicher / Reymann / Abraham* I, S. 81 ff. In Zukunft als „Transit-Abkommen“ bezeichnet.

[2] ICAO-Doc 9127 nennt 87 Mitgliedstaaten, darunter auch die Bundesrepublik Deutschland.

[3] *Cheng*, Air Transport, berichtet S. 234, daß am 1. Januar 1959 von 664 gültigen Luftverkehrsabkommen 546 die von der ICAO empfohlene Standardform hatten. Als Beispiele seien genannt:

Luftverkehrsabkommen zwischen Bulgarien und der UdSSR vom 7. Juli 1969, UNTS Bd. 760, S. 3 ff. Zum Abschlußzeitpunkt waren beide Staaten nicht Mitglied des Transit-Abkommens.

Luftverkehrsabkommen zwischen Trinidad und Tobago und Großbritannien und Nordirland vom 1. März 1967, UNTS Bd. 606, S. 150 ff. Beide Staaten waren Mitglied des Transit-Abkommens.

Luftverkehrsabkommen zwischen Österreich und Ungarn vom 17. Juli 1959, UNTS Bd. 645, S. 196 ff. Österreich war Mitglied des Transit-Abkommens, Ungarn nicht.

Luftverkehrsabkommen zwischen den USA und der UdSSR vom 4. November 1966, UNTS Bd. 675, S. 3 ff. Nur die USA waren Mitglied des Transit-Abkommens.

Handlungen gegen die Sicherheit der Zivilluftfahrt gerichtet ist, das „Hijacking Agreement" zwischen den USA und Kuba vom 15. Februar 1973[4], enthält im wesentlichen nur die Verpflichtungen, die sich für eine große Zahl von Staaten aus den Abkommen von Tokyo und Den Haag ergeben, denen Kuba fernblieb. Für die anderen derartigen Abkommen dürfte nichts anderes gelten[5].

Auf die aus ihnen resultierenden Verpflichtungen für die jeweiligen Mitgliedstaaten werden daher nur untersucht: das Chicago-Abkommen, das Transit-Abkommen, das „Abkommen über die Internationale Luftbeförderung"[6], die Abkommen von Tokyo, Den Haag und Montreal sowie das Genfer Abkommen über die Hohe See (GAHS)[7].

1. Chicago-Abkommen

a) Art. 12

Das Chicago-Abkommen wurde am 7. April 1944 abgeschlossen. Die Problematik von Handlungen gegen die Sicherheit der Zivilluftfahrt wurde erst mit dem sprunghaften Ansteigen der Flugzeugentführungen Ende der sechziger Jahre voll erfaßt. Es erscheint also unwahrscheinlich, im Chicago-Abkommen eine Bestimmung zu finden, die auf eine später entstandene Problematik anwendbar ist. Dennoch heißt es in Art. 12:

> „Jeder Vertragsstaat verpflichtet sich, durch Maßnahmen sicherzustellen, daß jedes sein Hoheitsgebiet überfliegende oder darin verkehrende sowie jedes mit seinem Staatszugehörigkeitszeichen versehene Luftfahrzeug, wo immer es sich befinden mag, die in dem entsprechenden Hoheitsgebiet geltenden Flug- und Luftverkehrsvorschriften und -regeln befolgt. Jeder Vertragsstaat verpflichtet sich, seine eigenen diesbezüglichen Vorschriften so weit wie möglich denjenigen anzugleichen, die jeweils auf Grund dieses

---

Luftverkehrsabkommen zwischen der Bundesrepublik Deutschland und Togo vom 27. Mai 1971, BGBl. 1974 II, S. 1130 ff. Beide Staaten sind Mitglied des Transit-Abkommens.

[4] TIAS 7579 ff.; abgedruckt auch in: AJIL, Bd. 67 (1973), S. 619 f. und bei *Joyner*, Aerial Hijacking as an International Crime, Leiden 1974, Appendix I, S. 317 ff.

[5] In AdG 73, 18214 ist ein „Vertrag gegen Luftpiraterie" zwischen Iran und UdSSR erwähnt, der am 7. August 1973 abgeschlossen wurde. AdG 74, 18833 erwähnt ein derartiges Abkommen zwischen Kuba und Kolumbien. Schließlich nennt der sowjetische Delegierte in ICAO-Doc 9050-LC/169-1, S. 12 einen Vertrag UdSSR-Afghanistan von 1971 zur Zusammenarbeit bei der Bekämpfung von Flugzeugentführungen. Über die drei Abkommen war trotz aller Bemühungen nichts Näheres in Erfahrung zu bringen.

[6] Abgedruckt bei *Cheng*, Air Transport, S. 539 ff. Eine deutsche Übersetzung findet sich bei *Schleicher / Reymann / Abraham* I, S. 87 ff. Eine amtliche Übersetzung liegt nicht vor, da die Bundesrepublik Deutschland dem Transport-Abkommen nicht beigetreten ist. Die Vereinbarung wird in Zukunft als Transport-Abkommen bezeichnet.

[7] Text in UNTS Bd. 450, S. 82 ff.; amtl. deutsche Übersetzung BGBl. 1972 II, S. 1089 ff.; abgedruckt auch bei *Berber*, Dokumentensammlung I, S. 134 ff.

Abkommens erlassen werden. Über dem offenen Meer gelten die auf Grund dieses Abkommens aufgestellten Regeln. Jeder Vertragsstaat verpflichtet sich, die Verfolgung aller Personen sicherzustellen, welche die anzuwendenden Vorschriften verletzen."

Erweist es sich, daß bei Flugzeugentführungen die geltenden Flug- und Luftverkehrsvorschriften und -regeln verletzt werden, so ergibt sich aus Art. 12 Chicago-Abkommen für die Mitgliedstaaten die Pflicht zur Verfolgung der Entführer.

Regeln über den Betrieb eines Flugzeuges finden sich im Anhang 2 zum Chicago-Abkommen[8]. Die Anhänge zum Chicago-Abkommen gelten jedoch als nicht „self-executing" Völkerrechtsnormen[9] erst nach ihrer Übernahme in die nationale Gesetzgebung, wie sich auch aus Art. 37 des Chicago-Abkommens entnehmen läßt. Überdies gilt die Verpflichtung zur Übernahme, der sich ein Staat sogar noch gem. Art. 38 entziehen kann, nur für Richtlinien („standards"), nicht aber für Empfehlungen („recommended practices")[10]. Daran wird auch durch Art. 90 (a) des Abkommens nichts geändert, der allein das Wirksamwerden der vom Rat angenommenen Anhänge betrifft, nicht aber deren bindende Wirkung in den Mitgliedstaaten.

Abgesehen von ihrer Bezeichnung als „standards" stellen die „Rules of the Air" auch inhaltlich eine Richtlinie dar, denn sie beinhalten „Verfahren, deren einheitliche Anwendung für die Sicherheit oder Regelmäßigkeit der internationalen Luftfahrt als notwendig erkannt worden sind"[11]. Sie sind von einem Großteil der Staaten weitgehend unverändert in die nationale Gesetzgebung übernommen worden[12]. Somit läßt sich feststellen, daß der Inhalt des Anhangs 2 zum Chicago-Abkommen zu den geltenden Regeln und Vorschriften des Art. 12 des Abkommens gehört[13].

Unter der Überschrift: „Protection of Persons and Property" heißt es unter Ziff. 3.1.1 dieses Anhanges:

"An aircraft shall not be operated in a negligent or reckless manner so as to endanger life or property of others."

---

[8] International Standards, „Rules of the Air", Annex 2 to the Convention on International Civil Aviation, 6. Aufl. 1970, Stand: Oktober 1975.

[9] Zum Unterschied zwischen „self-executing" und „non-self-executing" Völkerrechtsnormen vgl. *Seidl-Hohenveldern*, Völkerrecht, 3. Aufl., Köln—Berlin—Bonn—München 1975, Rdnr. 394 ff. (S. 118 ff.).

[10] Die beiden Begriffe sind in der ICAO-Resolution A 1 - 31 definiert. Zu den Unterschieden vgl. auch *Skubiszewski*, Enactment of Law by International Organizations, in: BYIL, Bd. 41 (1965 - 66), S. 211 f.

[11] So die Definition der Richtlinie in der ICAO-Resolution A 1 - 31.

[12] *Ruhwedel*, Die Rechtsstellung des Flugzeugkommandanten im zivilen Luftverkehr, Bielefeld 1964, gibt S. 35 ff. das Ergebnis einer Überprüfung nationaler Gesetze daraufhin wieder.

[13] Ebenso *Faller*, Gewaltsame Flugzeugentführungen aus völkerrechtlicher Sicht, Berlin 1972, S. 160 f.

Unter „Avoidance of Collisions" besagt Ziff. 3.2.1.1:

> "Aircraft shall not be operated in such proximity to other aircraft as to create a collision hazard."

Schließlich fordert unter „Air Traffic Control Service" Ziff. 3.5.2.1:

> "An aircraft shall adhere to the current flight plan or the applicable portion of a current flight plan submitted for a controlled flight unless a request for a change has been made and clearance obtained from the appropriate air traffic control unit."

Flugzeugentführungen gefährden in jedem Fall Leib und Leben anderer, denn ein schwerwiegenderer Eingriff als die Übernahme der Befehlsgewalt eines im Flug befindlichen Flugzeuges ist kaum denkbar. Ein solcher Eingriff ist selbst dann gefährlich, wenn die Besatzungen angewiesen sind, den Anordnungen der Entführer keinen Widerstand entgegenzusetzen, da Kurzschlußhandlungen der Entführer oder Widerstand von Passagieren nicht auszuschließen sind. Die „Rules of the Air" wollen aber nur sicherstellen, daß durch die Art und Weise des Betriebs des Flugzeugs andere nicht gefährdet werden. Die Gefährdung von Passagieren und Besatzung entsteht aber in Fällen einer Entführung nicht zwangsläufig durch den Betrieb des Flugzeugs, sondern durch die Handlungen, mit denen die Entführer das Flugzeug unter ihre Kontrolle bringen.

Damit soll nicht gesagt sein, daß Ziff. 3.1.1 in Fällen von Flugzeugentführungen nicht anwendbar sei. Entgegen der Auffassung Fallers[14] muß aber ein Flugzeug, das von seinem ursprünglichen Kurs abweicht, weil es unter die Kontrolle von Entführern gelangt ist, damit nicht notwendigerweise die Regel der Ziff. 3.1.1 verletzen. Ob diese Vorschrift verletzt wurde, kann nur im Einzelfall festgestellt werden.

Dies gilt auch für eine Verletzung der Ziff. 3.2.1.1 und 3.5.2.1. Es ist zwar möglich, daß ein entführtes Flugzeug die Gefahr eines Zusammenstoßes mit einer anderen Maschine verusacht, es ist aber nicht notwendigerweise der Fall. Was die Einhaltung des Flugplanes angeht, wird von diesem im Entführungsfall immer abgewichen. Jedoch sieht die Ziff. 3.5.2.1 die Möglichkeit für ein solches Abweichen nach Absprachen mit den Bodenkontrollstellen vor. Ein entführtes Flugzeug behält in aller Regel den Kontakt zur Bodenkontrolle, und es werden entsprechende Vereinbarungen getroffen, so daß auch insoweit kein Verstoß gegen die „Rules of the Air" vorliegen muß.

Mit dem Inkrafttreten der 17. Ergänzung zu den „Rules of the Air" am 7. April 1974[15] gibt es sogar eine besondere Regel für Entführungsfälle, durch die sichergestellt werden soll, daß die Forderungen der

---

[14] *Faller*, ebd.

[15] Anwendbar seit 23. Mai 1974.

Entführer mit den Bedürfnissen der Flugsicherung und den geltenden Luftverkehrsregeln in Einklang gebracht werden. Die zitierte Regel in Ziff. 3.5.2.1 wurde ergänzt:

"... control unit, or unless an emergency situation arises which necessitates immediate action by the aircraft, in which event as soon as circumstances permit, after such emergency authority is exercised, the appropriate air traffic unit shall be notified of the action taken and that this action has been taken under emergency authority."

Ein entführtes Flugzeug soll von den Bodenstationen bevorzugt behandelt werden, die sich zugleich bemühen sollen, allen Forderungen nachzukommen. Damit kann durch eine Flugzeugentführung die Ziff. 3.5.2.1 nicht mehr verletzt werden.

Durch diese Änderung wird auch deutlich, daß die „Rules of the Air" ausschließlich die Sicherheit des Flugzeugverkehrs im Auge haben und kaum geeignet sind, gegen Flugzeugentführer eingesetzt zu werden. Immerhin bleibt aber festzuhalten, daß eine Flugzeugentführung im Einzelfall sowohl die Ziff 3.1.1, als auch die Ziff. 3.2.1.1 der „Rules of the Air" verletzen kann.

Damit stellt sich die Frage, wer Adressat dieser Regeln ist. Dazu vertritt *Francke*[16] die Meinung, sowohl die Auffassung, Adressaten der Regeln seien nur die mit der Abwicklung des Verkehrs betrauten Personen. als auch die These *Fallers*[17], Adressaten seien alle am Verkehr beteiligten Personen, sei mit dem Chicago-Abkommen vereinbar. Die Vertragsstaaten des Chicago-Abkommens könnten eine ihnen angenehme Auslegung wählen.

Diese Meinung Franckes überzeugt aber nicht. Auslegungsschwierigkeiten einer Vertragsbestimmung mögen zwar tatsächlich zur Folge haben, daß jeder Vertragspartner die ihm genehme Auffassung vertritt. Mangels einer Instanz, die verbindlich über die Auslegung entscheidet, kann sich diese Auffassung auch gegenüber einer anderen behaupten. Diese tatsächliche Feststellung ändert aber nichts daran, daß bei Vertragsabschluß ein übereinstimmender Wille der Vertragspartner vorhanden sein muß, weil anderenfalls kein Vertrag zustande kommt[18]. Dieser übereinstimmende Wille läßt nur eine richtige Auslegung zu, die mit den üblichen Mitteln vorzunehmen ist[19].

Die Auslegung des Art. 12 Chicago-Abkommen ergibt, daß die Einhaltung bestimmter Luftverkehrsregeln gegen jedwede Verletzung ge-

---

[16] *Francke*, Flugzeugentführungen als Weltverbrechen, in: JIR, Bd. 16 (1973), S. 312 f.

[17] *Faller*, S. 161 f.

[18] *Dahm*, Völkerrecht, Bd. III, Stuttgart 1961, § 2 V 1 (S. 5).

[19] Zu den Auslegungsregeln Art. 31 ff. WVK; siehe auch *Dahm*, VR III, § 6 (S. 42 ff.).

sichert werden soll. Dabei ist nur vom Verhalten des Flugzeuges selbst die Rede, nicht aber davon, ob es rechtmäßig oder unrechtmäßig geführt wird. Daher muß sich Art. 12 an alle wenden, die auf das Verhalten des Flugzeuges Einfluß nehmen können. Dies sind natürlich in erster Linie die Flugzeugführer, aber auch die Besatzungsmitglieder und Passagiere. Zum Adressatenkreis gehört damit auch ein Entführer, der an die Verkehrsvorschriften gebunden ist[20] wie jeder andere, der unberechtigt ein Fahrzeug führt.

Damit ergibt sich aus Art. 12 Chicago-Abkommen für die Vertragsstaaten die Verpflichtung zur Verfolgung von Flugzeugentführern, sofern bei der Entführung Luftverkehrsregeln verletzt werden, wie sie z. B. in den „Rules of the Air" ausgedrückt sind. *Francke*[21] fragt indessen zu Recht, inwieweit Art. 12 Chicago-Abkommen geeignet ist, Flugzeugentführungen wirksam zu begegnen. Da die Vorschrift allein der Einhaltung der Verkehrsvorschriften dient, kann sie dem Unrechtsgehalt einer Flugzeugentführung auch nicht annähernd gerecht werden. Darüber hinaus bezieht sie sich nur auf Verstöße über dem eigenen Territorium oder Verstöße durch Luftfahrzeuge mit dem eigenen Staatsangehörigkeitszeichen. Verstöße in fremdem Luftraum durch fremde Luftfahrzeuge sind also nicht einbezogen. Gerade diese Fälle spielen aber bei Flugzeugentführungen eine Rolle, wenn es bei Übernahme der Kontrolle über das Flugzeug durch den Entführer außerhalb des Landestaates zu Verstößen gegen die Luftverkehrsregeln kommt. In diesen Fällen besteht für den Landestaat keine Verpflichtung aus Art. 12, die Entführer zu verfolgen.

b) Art. 22 und 25

Neben Art. 12 Chicago-Abkommen lassen sich auch aus anderen Bestimmungen Verpflichtungen der Staaten im Falle von Handlungen gegen die Sicherheit der Zivilluftfahrt ableiten. Auf Art. 22 und 25 weist Hailbronner hin[22]. Sie lauten:

> Art. 22: „Jeder Vertragsstaat erklärt sich damit einverstanden, durch Erlaß besonderer Vorschriften oder auf andere Weise alle geeigneten Maßnahmen zu treffen, um den Verkehr von Luftfahrzeugen zwischen den Hoheitsgebieten der Vertragsstaaten zu erleichtern und zu beschleunigen und unnötige Verspätungen für Luftfahrzeuge, Besatzungen, Fluggäste und Fracht zu verhindern, insbesondere bei Anwendung der Einreise-, Quarantäne-, Zoll- und Abfertigungsvorschriften."

> Art. 25: „Jeder Vertragsstaat verpflichtet sich, für in seinem Hoheitsgebiet in Not geratene Luftfahrzeuge die Hilfsmaßnahmen zu treffen, die ihm

---

[20] Vgl. auch *Faller*, S. 161 f.

[21] *Francke*, S. 312.

[22] *Hailbronner*, Entführte Flugzeuge auf fremdem Staatsgebiet und die analoge Anwendung humanitärer Grundsätze im Völkerrecht, in: ZaöRV, Bd. 32 (1972), S. 274 f.

tunlich erscheinen, und den Eigentümern des Luftfahrzeuges und den Behörden des Staates, in dem das Luftfahrzeug eingetragen ist, zu gestatten, unter Kontrolle seiner eigenen Behörden die den Umständen nach erforderlichen Hilfsmaßnahmen zu treffen. Jeder Vertragsstaat wirkt bei der Suche nach vermißten Luftfahrzeugen an aufeinander abgestimmten Maßnahmen mit, die auf Grund dieses Abkommens jeweils empfohlen werden."

Ebensowenig wie bei der Abfassung des Art. 12 ist bei den Art. 22 und 25 des Chicago-Abkommens an Handlungen gegen die Sicherheit der Zivilluftfahrt gedacht worden. Dennoch ist die in Art. 22 enthaltene Verpflichtung „alle geeigneten Maßnahmen zu treffen, um den Verkehr ... zu erleichtern und zu beschleunigen und unnötige Verspätungen zu verhindern" auf derartige Handlungen anzuwenden. Zwar genügen die Staaten in der Regel dieser Pflicht, indem sie Richtlinien und Empfehlungen der ICAO in ihr Recht übernehmen[23]. Diese Verpflichtung ergibt sich jedoch auch aus Art. 37. Da nicht anzunehmen ist, daß dieselbe Verpflichtung in Art. 22 und 37 enthalten ist, kann — auch auf Grund der Stellung und des Wortlautes — gefolgert werden, daß Art. 22 eine weitergehende Verpflichtung für die Mitgliedstaaten enthält. Der Umfang dieser Verpflichtung läßt sich auf Grund der wenig präzisen Fassung des Art. 22 nur schwer bestimmen. Mit Sicherheit kann aber gesagt werden, daß staatliche Maßnahmen, die den Luftverkehr gefährden, erschweren und zu unnötigen Verspätungen führen, einen Verstoß gegen Art. 22 darstellen. Somit verstößt ein Mitgliedstaat gegen Art. 22, wenn er im Anschluß an eine Entführung Passagiere, Besatzung, Flugzeug und Ladung festhält. Ein solches Verhalten verletzt demnach den Wortlaut des Vertrages und nicht nur seine Intention[24].

Die Anwendung des Art. 25 auf Flugzeugentführungen erscheint hingegen nicht ohne weiteres möglich. Art. 25 hat nämlich in erster Linie Notfälle infolge mechanischer Fehlleistungen oder wetterbedingter Kursabweichungen im Auge[25]. Dennoch läßt sich der Grundgedanke dieser Vorschrift auch auf ein Flugzeug anwenden, das außer Kontrolle der rechtmäßigen Flugzeugführer steht. Dessen Situation ist durchaus derjenigen vergleichbar, in der ein Pilot das Flugzeug, etwa wetterbedingt, auf einen abweichenden Kurs bringen muß. Art. 25 nennt keine konkreten Hilfsmaßnahmen, sondern überläßt es den Vertragsstaaten, die ihnen „tunlich" erscheinenden Maßnahmen zu treffen. Wie weit der damit den Staaten eingeräumte Ermessensspielraum eingeengt wird, kann nur im Einzelfall entschieden werden. Die Verweigerung der Landeerlaubnis für ein entführtes Flugzeug, das über nicht mehr genügend Treibstoff zum Erreichen eines anderen Flughafens verfügt,

[23] *Hailbronner*, ebd.

[24] a. A. *Hailbronner*, ebd.

[25] *Hailbronner*, Luftpiraterie, S. 83.

wäre mit Sicherheit ein Verstoß gegen Art. 25. Zur Hilfeleistungspflicht sind auch Versorgung und Unterbringung von Passagieren und Besatzung eines entführten Flugzeuges, sowie die Hilfen zum Weiterflug und zur Rückkehr der Betroffenen zu rechnen[26].

c) *Sonstige Bestimmungen*

Neben den staatlichen Verpflichtungen aus den Art. 12, 22 und 25 des Chicago-Abkommens werden noch eine Reihe von anderen Bestimmungen herangezogen, um weitere Verpflichtungen zu begründen. Diese Versuche gehen ausnahmslos fehl.

Der Hinweis etwa, durch das Zurückhalten eines Flugzeuges nach einer Entführung werde Art. 44 verletzt[27], verkennt völlig, daß Art. 44 Ziel und Aufgaben der ICAO festlegt und daher durch staatliches Verhalten nicht verletzt werden kann. Auch aus der Präambel des Chicago-Abkommens lassen sich keine staatlichen Pflichten begründen. Die Präambel wird durch die Bestimmungen der einzelnen Artikel konkretisiert. Es sind daher keine weitergehenden Verpflichtungen aus ihr ableitbar, als sie in diesen Artikeln zum Ausdruck kommen. Die Präambel läßt sich nur zur Auslegung einzelner Artikel heranziehen.

Unhaltbar ist es, den Art. 14, der die Verhütung der Verbreitung von Krankheiten zum Ziel hat, analog auf Flugzeugentführungen anwenden zu wollen. Wenn man auch Flugzeugentführungen als „Krankheit der Zivilluftfahrt" bezeichnen kann, so hat doch Art. 14 allein physische Krankheiten im Auge.

Erwägenswert zur Pflichtenbegründung ist hingegen Art. 4, wo sich die Vertragsstaaten damit einverstanden erklären, die Zivilluftfahrt nicht für Zwecke zu benutzen, die mit den Zielen des Abkommens unvereinbar sind. Ein Mißbrauch der Zivilluftfahrt im Sinne des Art. 4 erfordert aber, daß ein Staat eine Handlung gegen die Sicherheit der Zivilluftfahrt ausführen läßt. Ein solcher Fall ist bisher nicht bekannt geworden und läßt sich bei Leugnen des beschuldigten Staates auch kaum jemals nachweisen[28]. Eine Ermunterung der Entführer, wie sie etwa im Herausgeben einer Briefmarke zu Ehren von Guerilleros zu sehen ist, die nach einer Flugzeugentführung eine Maschine in die Luft sprengten[29], reicht nicht aus, um einen Mißbrauch der Zivilluftfahrt anzunehmen.

---

[26] *Hailbronner*, Entführte Flugzeuge, S. 282 f.

[27] So ein Delegierter während der 18. Tagung des Rechtsausschusses, ICAO-Doc 8936-LC/164-1, S. 227.

[28] Selbst im „Entebbe-Fall" (vgl. Schlußbetrachtung 2) kann nicht unterstellt werden, daß Uganda die Entführung der französischen Maschine auf sein Territorium veranlaßt hat.

Auch Art. 16, der dem Landestaat die Berechtigung einräumt, die Luftfahrzeuge „ohne unbillige Verzögerung“ zu untersuchen, kann nicht in eine Verpflichtung umgedeutet werden, ein entführtes Flugzeug nach der Landung wieder umgehend freizugeben. Diese Verpflichtung ist allein aus Art. 22 und unter Umständen auch aus Art. 25 abzuleiten.

2. Transit- und Transport-Abkommen

In den im Zusammenhang mit dem Chicago-Abkommen abgeschlossenen Transit- und Transport-Abkommen finden sich keine Bestimmungen, die staatliche Verpflichtungen bei Handlungen gegen die Sicherheit der Zivilluftfahrt beinhalten.

3. Tokyo-Abkommen

Die Verpflichtung der Mitgliedstaaten des Tokyo-Abkommens bezüglich der Handlungen gegen die Sicherheit der Zivilluftfahrt ergeben sich aus einer Reihe von Bestimmungen. Als Zentralvorschrift ist Art. 11 zu nennen:

> „Wenn eine Person an Bord widerrechtlich durch Gewalt oder Drohung mit Gewalt ein im Flug befindliches Luftfahrzeug behindert oder in Besitz genommen oder sonst zu Unrecht die Herrschaft darüber ausgeübt hat oder im Begriff ist, eine solche Handlung zu begehen, treffen die Vertragsstaaten alle geeigneten Maßnahmen, um die Herrschaft des rechtmäßigen Kommandanten über das Luftfahrzeug wiederherzustellen oder aufrechtzuerhalten.
>
> In den Fällen des vorstehenden Absatzes gestattet der Vertragsstaat, in dem das Luftfahrzeug landet, den Fluggästen und der Besatzung, ihre Reise sobald als möglich fortzusetzen, und gibt das Luftfahrzeug und seine Ladung den zum Besitz berechtigten Personen zurück.“

Weiterhin ergibt sich aus Art. 3 Ziff. 2 die Verpflichtung für die Vertragsstaaten, diejenigen Maßnahmen zu treffen, die erforderlich sind, um ihre Gerichtsbarkeit über die Straftaten durchzusetzen, die an Bord der bei ihnen eingetragenen Luftfahrzeuge begangen werden. Schließlich regeln die Art. 12 bis 15 Einzelheiten der staatlichen Verpflichtungen, die nach der Übergabe oder Absetzung einer Person auf Grund der Befugnisse des Luftfahrzeugkommandanten bestehen, die in Art. 8 und 9 niedergelegt sind.

4. Den Haag-Abkommen

Während nach Art. 3 Ziff. 2 Tokyo-Abkommen nur die Gerichtsbarkeit über im übrigen nicht näher bestimmte strafbare Handlungen zu

---

[29] Dies geschah durch Syrien im Anschluß an die Entführung einer Boeing 707 der Pan American Airways, die von Palästinensern in Kairo gesprengt wurde. Vgl. *Hailbronner*, Luftpiraterie, S. 7 f.

errichten war, definiert das Den Haag-Abkommen diese Handlungen in Art. 1 und enthält in Art. 4 eine konkrete Aufzählung, für welche Fälle die Gerichtsbarkeit zu begründen ist. Art. 9 wiederholt die Verpflichtungen aus Art. 11 Tokyo-Abkommen.

Die entscheidende neue Vorschrift stellt Art. 7 dar:

„Der Vertragsstaat, in dessen Hoheitsgebiet der Verdächtige aufgefunden wird, ist, wenn er ihn nicht ausliefert, verpflichtet, den Fall ohne irgendeine Ausnahme und unabhängig davon, ob die strafbare Handlung in seinem Hoheitsgebiet begangen wurde, seinen zuständigen Behörden zum Zwecke der Strafverfolgung zu unterbreiten. Diese Behörden treffen ihre Entscheidung in der gleichen Weise wie im Falle einer gemeinrechtlichen strafbaren Handlung schwerer Art nach dem Recht dieses Staates."

Eine Pflicht zur Anklageerhebung oder gar zur Bestrafung eines Täters konnte während der Konferenz von Den Haag nicht durchgesetzt werden[30]. Zur Verstärkung des Art. 7 wurde in Art. 8 bestimmt, daß die vom Abkommen erfaßten strafbaren Handlungen als in jeden zwischen den Vertragsstaaten bestehenden Auslieferungsvertrag einbezogen gelten. Zudem muß ein Vertragsstaat nach Art. 6 Ziff. 1 einen Täter oder Verdächtigen, wenn er es für gerechtfertigt hält, in Haft nehmen oder andere Maßnahmen treffen, um seine Anwesenheit sicherzustellen. Eine solche Bestimmung war zwar auch schon in Art. 13 Ziff. 2 Tokyo-Abkommen enthalten; sie hat aber erst durch Art. 7 Den Haag-Abkommen echte Bedeutung erhalten.

5. Montreal-Abkommen

Das Abkommen von Montreal stellt im wesentlichen eine Erstreckung des Abkommens von Den Haag auf andere als die im Haager Abkommen beschriebenen Handlungen gegen die Sicherheit der Zivilluftfahrt dar. Es unterscheidet sich daher nur bei der Definition der strafbaren Handlung (Art. 1), den Definitionen von „im Flug befindlichen" und „im Einsatz befindlich" des Art. 3 Den Haag-Abkommen, paßt Art. 4 und 5 den neuen Definitionen an und übernimmt im übrigen die Bestimmungen des Haager Abkommens weitgehend wörtlich. Nur in Art. 10 Ziff. 1 findet sich eine neue Vorschrift:

„Die Vertragsstaaten werden es in Übereinstimmung mit Völkerrecht und nationalem Recht unternehmen, alle praktikablen Maßnahmen zur Verhinderung der in Art. 1 aufgeführten strafbaren Handlungen zu treffen."

---

[30] *Poulantzas*, The Hague Convention for the Suppression of Unlawful Seizure of Aircraft (December 16, 1970), in: NTIR, Bd. 18 (1971), S. 54 ff.; *Schmidt-Räntsch*, Die Internationale Luftrechtskonferenz in Den Haag und das Abkommen zur Bekämpfung der widerrechtlichen Inbesitznahme von Luftfahrzeugen, in: ZLW, Bd. 20 (1971), S. 89 ff. *Hailbronner*, Luftpiraterie, S. 37 ff.

6. Genfer Abkommen über die Hohe See

Das GAHS vom 29. April 1958 enthält in Art. 14 die Verpflichtung zur Zusammenarbeit aller Staaten bei der Unterdrückung der Seeräuberei. Deren Definition ist in Art. 15 enthalten:

„Als Seeräuberei gelten folgende Handlungen:

1. jede rechtswidrige Gewalttat, Freiheitsberaubung oder Plünderung, die von der Besatzung oder den Passagieren eines privaten Schiffes oder Luftfahrzeuges zu persönlichen Zwecken begangen wird und die gerichtet ist
   a) auf Hoher See gegen ein anderes Schiff oder Luftfahrzeug oder gegen Personen oder Vermögenswerte an Bord dieses Schiffes oder Luftfahrzeuges;
   b) an einem Ort, der keiner staatlichen Hoheitsgewalt untersteht, gegen ein Schiff oder Luftfahrzeug oder gegen Personen und Vermögenswerte;
2. jede freiwillige Beteiligung an der Verwendung eines Schiffes oder Luftfahrzeuges, sofern dies in Kenntnis von Tatsachen erfolgt, die ihm die Eigenschaft eines Seeräuberschiffes oder -luftfahrzeuges verleihen;
3. jede Anstiftung zu den in Nummern 1 und 2 bezeichneten Handlungen oder jede beabsichtigte Erleichterung solcher Handlungen."

Trotz der Bezeichnung „Seeräuberei" scheint diese Definition auf den ersten Blick auch Handlungen gegen die Sicherheit der Zivilluftfahrt zu umfassen. Eine wesentliche Einschränkung ergibt sich allerdings daraus, daß Art. 15 nur für Handlungen außerhalb der Jurisdiktion eines Staates oder über der Hohen See gilt. Damit können Zwischenfälle auf internationalen Flügen nur dann dieser Bestimmung unterfallen, wenn sie, mehr oder weniger zufällig, gerade über einem der erwähnten Gebiete stattfinden. Derartige Vorfälle sind aber denkbar.

Weiterhin fordert jedoch Art. 15 GAHS, daß die Handlung von einem Fahrzeug aus gegen ein anderes gerichtet wird. Zwar ist der Wortlaut des Art. 15 Ziff. 1 nicht ganz eindeutig, wenn Buchstabe a ausdrücklich erwähnt, daß die Handlung gegen ein anderes Schiff oder Flugzeug gerichtet sein muß und Buchstabe b dies nicht expressis verbis wiederholt. Daher ist *Johnson* zuzugeben, daß eine wörtliche Auslegung in Richtung auf *Oppenheims* weiteren Pirateriebegriff möglich wäre[31]:

"Piracy is every unauthorised act of violence against persons or goods committed on the open sea either by a private vessel against another vessel or by the mutinous crew or passengers against their own vessel[32]."

Eine solche Auslegung widerspräche aber dem eindeutigen Willen der Vertragspartner des GAHS. Vor der Genfer Konferenz hatte Nationalchina eine Klarstellung des Art. 15 im Sinne Oppenheims vor-

---

[31] *Johnson*, in: Piracy: Sea and Air. Report of the Fifty-Fourth Conference of the International Law Association, The Hague 1970, S. 732.

[32] *Oppenheim / Lauterpacht* I, § 272 (S. 559).

geschlagen, die abgelehnt wurde. Die Völkerrechtskommission der Vereinten Nationen, die die Konferenz vorbereitete, erklärte in ihrem Entwurf, daß Handlungen an Bord des Fahrzeuges selbst nicht als Piraterie angesehen werden könnten, woraufhin Nationalchina an seinem Vorschlag nicht festhielt[33]. Darüber hinaus weist *David* darauf hin, daß es eben die „two-vessel provision" ist, die die Abgrenzung von Meuterei und Piraterie zuläßt[34], und *du Pontavice* berichtet, daß die Völkerrechtskommission gerade auf diese Abgrenzung großen Wert legte[35]. Von der Zielsetzung der völkerrechtlichen Pirateriereregeln, die Bestrafung von Taten in hoheitsfreien Räumen zu ermöglichen[36], ist zudem die Erstreckung der Pirateriereregeln auf Meutereien deshalb nicht erforderlich, weil an Bord von Schiffen das Recht des Flaggenstaates gilt[37] und dieser für eine Bestrafung sorgen kann. Die herrschende Ansicht verlangt daher mit Recht für Art. 15 GAHS ein Vorgehen gegen ein anderes Fahrzeug[38].

Soweit feststellbar, gibt es nur insgesamt fünf Fälle, in denen von einem oder mehreren Flugzeugen gegen ein Zivilluftfahrzeug vorgegangen wurde; in allen Fällen liegt aber aus anderen Gründen keine Piraterie vor.

Am 22. Oktober 1956 zwangen französische Militärflugzeuge über der Hohen See ein Zivilflugzeug, in dem sich fünf Führer der „Nationalen Befreiungsfront" Algeriens befanden, zur Landung in Algier. Hier fehlt es an den „persönlichen Motiven" der „Entführer", deren Tat auch deshalb nicht Art. 15 GAHS unterfällt, weil sie Militärmaschinen flogen. Darüber hinaus war auch das Verhalten der französischen Behörden, die die „Entführung" veranlaßten, rechtlich einwandfrei[39].

Am 17. November 1967 wurde ein Schweizer Zivilflugzeug von der Besatzung einer anderen Maschine unter einem Vorwand zur Landung in Algerien gezwungen[40]. Ohne daß Genaueres festzustellen war, fehlt es auch hier an den „persönlichen Motiven" der Entführer im anderen Flugzeug, die sich auf offizielle Gründe stützten.

---

[33] *Simonnet*, La Convention sur la Haute Mer, Paris 1966, S. 161.

[34] *David*, Les détournements d'avions et le droit international, in: Revue Belge de Droit International, Bd. 6 (1970), S. 252.

[35] *Du Potavice*, La piraterie aérienne: notions et effets, in: RGAE, Bd. 32 (1969), S. 294.

[36] Dazu *Francke*, S. 310 f.

[37] *Berber*, Lehrbuch des Völkerrechts, Bd. I, München—Berlin 1960, § 52 III (S. 340).

[38] *Francke*, S. 310; vgl. auch Art. 3 der *Harvard Draft Convention on Piracy*, in: AJIL, Bd. 26 (1932), Supplement, S. 739 ff., abgedruckt auch bei *Joyner*, Appendix B, S. 272 ff.; *Abendroth*, Piraterie, in: WdVR II, S. 769.

[39] Ausführlich zu diesem Fall *La Pradelle*, L'enlèvement aérien des chefs Fellagah, in: RGAE, Bd. 19 (1956), S. 235.

[40] *Mandefield*, La piraterie aérienne, Bordeaux 1971, S. 9.

Am 22. Juli 1971 wurde eine britische Maschine auf dem Flug von London nach Khartoum von libyschen Jagdbombern zur Landung in Bengasi gezwungen, wo der nach einem Putsch im Sudan zum Präsidenten ausgerufene Oberstleutnant Osman von Bord geholt wurde[41]. Dieser Fall ist ebenfalls nicht unter Art. 15 GAHS subsumierbar. Zwar war das libysche Verhalten völkerrechtswidrig, ein Fall der Piraterie liegt aber aus den gleichen Gründen wie im ersten Fall nicht vor.

Am 21. Februar 1973 forderten israelische Jagdflugzeuge ein libysches Verkehrsflugzeug, das sich ohne Genehmigung über israelisch besetztem Territorium befand, zur Landung auf. Als dieser Aufforderung nicht Folge geleistet wurde, wurde es abgeschossen, wobei 107 Menschen ums Leben kamen[42].

Am 10. August 1973 drangen israelische Jagdflugzeuge in libanesischen Luftraum ein und forderten ein gestartetes Zivilflugzeug auf, ihnen zu folgen, was geschah. Die Maschine wurde nach Israel geleitet, dort untersucht und nach knapp zwei Stunden wieder nach Libanon entlassen[43].

Auch in diesen beiden Fällen ist Art. 15 GAHS nicht anwendbar, weil Militärmaschinen die „Entführerflugzeuge" waren und deren Insassen persönliche Motive fehlten.

Damit kann festgestellt werden, daß es bisher noch keinen Fall gibt, in dem versucht wurde, mit einem Zivilflugzeug ein anderes zu entführen; eine solche Handlung erscheint auch kaum denkbar[44].

Wie an den bisherigen Fällen deutlich wurde, liegt in vielen und gerade aufsehenerregenden Fällen das „Handeln zu persönlichen Zwekken", das Art. 15 GAHS fordert, nicht vor. Selbst wenn man also vom Erfordernis der Handlung von einem Fahrzeug gegen ein anderes absähe, wäre Art. 15 GAHS ein untaugliches Mittel in allen Fällen, wo die Täter aus politischen Motiven handeln. Dies gilt für alle Aktionen der „Volksfront zur Befreiung Palästinas" (PFLP), die wesentlich zu den Bemühungen der ICAO-Mitgliedstaaten zur Bekämpfung solcher Handlungen durch multilaterale Abkommen beigetragen haben. Man könnte zwar daran denken, daß Handlungen gegen die Sicherheit der Zivilluftfahrt in einem neuen Abkommen zu einem Delikt erklärt werden, dessen Unrechtsgehalt jegliche Rechtfertigung verbietet, also auch die Berufung auf politische Motive. Dies könnte aber an dem Erfordernis des „persönlichen Zweckes" nach Art. 15 GAHS nichts ändern. Dort

[41] ICAO-Doc 9087-A 20-RES., P-Min., S. 95 f.

[42] AdG 73, 17713.

[43] ICAO-Doc 9087-A 20-RES, P-Min., S. 91 ff.

[44] *Sundberg*, Piracy: Sea and Air, A Report to the International Law Association, in: Arkiv for Luftrett, Bd. 4 (1971), S. 328.

wurde der „persönliche" gerade dem „politischen Zweck" gegenübergestellt und letzterer in einem umfassenden Sinn verstanden[45]. Die Feststellung, daß Handlungen, die allein von politischen Motiven getragen sind, keine Piraterie sind[46], ist also zutreffend.

Handlungen gegen die Sicherheit der Zivilluftfahrt werden also von Art. 15 GAHS nicht erfaßt, so daß auch eine Verpflichtung der Staaten zur Zusammenarbeit bei ihrer Unterdrückung aus Art. 14 GAHS nicht besteht[47].

7. Abkommen über den Terrorismus

Auf der Suche nach völkerrechtlichen Vorschriften, die staatliche Verpflichtungen im Zusammenhang mit Handlungen gegen die Sicherheit der Zivilluftfahrt normieren, hat *Sundberg* auf das „Abkommen zur Verhinderung und Bestrafung des Terrorismus" aufmerksam gemacht[48].

Dieses Abkommen wurde aber nur von einem Staat, nämlich Indien, ratifiziert und trat nie in Kraft. *Sundberg* merkt selbst an, daß es nur auf wenige Fälle von Handlungen gegen die Sicherheit der Zivilluftfahrt anwendbar wäre[49]. Es ist nach Art. 1 Abs. 2 nur gerichtet gegen „acts ... directed against a State and intended or calculated to create a state of terror in the minds of particular persons, or a group of persons or the general public". Es erfaßt darüber hinaus nur „wilful destruction of, or demage to, public property belonging to or subject to the authority of another High Contracting Party" (Art. 2)[50].

B. Pflichten aus Gewohnheitsrecht

Hier ist zunächst zu prüfen, ob die Abkommen von Tokyo, Den Haag und Montreal gewohnheitsrechtliche Geltung beanspruchen können. Sodann ist erneut auf die Piraterie einzugehen, da sich der gewohnheitsrechtliche Pirateriebegriff nicht mit dem GAHS decken muß. Weiterhin könnten sich staatliche Pflichten aus den Regeln über den

---

[45] *David*, S. 248 f. m. w. N.

[46] *Brierly*, The Law of Nations, 6. Aufl., Oxford 1963, S. 313.

[47] Im Ergebnis ebenso *Sundberg*, Piracy, S. 328; *Breton*, Piraterie aérienne et Droit International Public, in: RGDIP, Bd. 75 (1971), S. 408; ICAO-Doc 8838-LC/157, LC/SC SA WD 1, Ziff. 3.2. (S. 34).

[48] *Sundberg*, Piracy, S. 356 f.

[49] Ebd.

[50] Der englische Vertragstext der „Convention for the Prevention and Punishment of Terrorism" findet sich in: International Legislation — A Collection of the Texts of Multipartite International Instruments of General Interest (ed. Manly O. Hudson), Bd. 7, Washington 1941, S. 862 ff. (Nr. 49).

Schutz ausländischer Personen und Güter, den Grundsätzen der Humanität, dem Gewalt- und Interventionsverbot und dem „Prinzip der guten Nachbarschaft“ ergeben.

1. Gewohnheitsrechtliche Geltung der Abkommen von Tokyo, Den Haag und Montreal

Nach herrschender Ansicht entsteht Gewohnheitsrecht durch längeres gleichartiges Verhalten der beteiligten Staaten (consuetudo) und die Überzeugung der beteiligten Staaten, daß dieses Verhalten rechtlich geboten ist (opinio iuris sive necessitatis)[51]. Zwar kann sich Gewohnheitsrecht nach dem Urteil des IGH im Festlandsockel-Streit auch in kurzer Zeit bilden:

„Le fait qu'il ne se soit écoulé qu'un bref laps de temps ne constitue pas nécessairement en soi un empêchement à la formation d'une règle nouvelle de droit international coutumier à partir d'une règle purement conventionelle à l'origine[52].“

Jedoch fordert der IGH dazu:

„Il demeure indispensable que dans ce laps de temps, aussi bref qu'il ait été, la pratique des Etats, y compris ceux qui sont particulièrement intéressés, ait été fréquente et pratiquement uniforme dans le sens de la disposition invoquée et se soit manifestée de manière à établir une reconaissance générale du fait qu'une règle de droit ou une obligation juridique est en jeu[53].“

und hält in derselben Entscheidung ausdrücklich fest:

„Non seulement les actes considérés doivent représenter une pratique constante, mais en outre ils doivent témoigner, par leur nature ou la manière dont ils sont accomplis, de la conviction que cette pratique est rendue obligatoire par l'existence d'une règle de droit. La nécessité de pareille conviction, c'est-à-dire l'existence d'un élément subjectif, est implicite dans la notion même d'opinio juris sive necessitatis. Les Etats intéressés doivent avoir le sentiment de se conformer à ce qui équivaut à une obligation juridique. Ni la fréquence ni même le caractère habituel des actes ne suffisent[54].“

Das Tokyo-Abkommen, das im September 1963 abgeschlossen wurde, trat erst am 4. Dezember 1969 in Kraft. Ihm waren bis zum 31. Dezember 1974 73 Staaten beigetreten. 68 Mitgliedstaaten hat das Den Haag-Abkommen, das nach dem Abschluß im Dezember 1970 bereits am 14. Oktober 1971 in Kraft trat. Dem Montreal-Abkommen vom September 1971, in Kraft seit 26. Januar 1973, schlossen sich bisher 58 Staaten[55]

---

[51] *Jaenicke*, Völkerrechtsquellen, in: WdVR III, S. 769.

[52] *Cour Internationale de Justice*, Recueil des arrêts, avis consultatifs et ordonnances, 1969, S. 43 f.

[53] Ebd.

[54] Ebd.

[55] Die Angaben über Mitgliedstaaten und Zahlen sind ICAO-Doc 9127 (Stand: 31. Dez. 1974) entnommen.

an. Soweit festgestellt werden konnte, wurde keines der drei Abkommen bisher von einem Mitgliedstaat verletzt. Allerdings sind bis heute eine Reihe von Staaten, die im Zusammenhang mit Handlungen gegen die Sicherheit der Zivilluftfahrt eine Rolle spielen, keinem der drei Abkommen beigetreten; dies gilt für Kuba, Algerien und Syrien, aber auch Indien und die Türkei, während Jordanien, Israel und Saudi-Arabien alle drei, Irak und Libanon die Abkommen von Tokyo und Den Haag ratifiziert haben.

Legt man die Maßstäbe des IGH an diese Fakten an, so ist festzustellen, daß es sich bei den drei Abkommen noch nicht um Gewohnheitsrecht handelt. Die kurze Zeit seit ihrem Inkrafttreten — zwischen drei und sieben Jahren — könnte nur dann zur Bildung von Gewohnheitsrecht geführt haben, wenn in dieser Zeit die Staatenpraxis, insbesondere der interessierten Staaten, so einheitlich gewesen wäre, daß aus ihr eine allgemeine Anerkennung einer Gewohnheitsrechtsnorm zu entnehmen gewesen wäre und dies sich in mehreren Fällen gezeigt hätte. Mit dem Rückgang der Zahl der Entführungsfälle fehlt es aber an einer entsprechenden Staatenpraxis. Selbst im günstigsten Fall, dem des Tokyo-Abkommens, sind nur knapp die Hälfte aller Staaten dem Abkommen beigetreten. Unter den Nichtmitgliedstaaten befinden sich einige interessierte Staaten, die die Vorschriften der Abkommen mehrfach verletzt haben und dennoch behaupten, sich völkerrechtsgemäß verhalten zu haben[56]. Auch bei den Anschlägen fehlt es an einer entsprechenden Staatenpraxis.

Die Feststellung, daß die Abkommen von Tokyo, Den Haag und Montreal keine gewohnheitsrechtliche Geltung beanspruchen können[57], besagt hingegen noch nichts über die Frage, ob nicht einzelne Verpflichtungen aus diesen Abkommen aus anderen Gründen Gewohnheitsrecht darstellen können und daher alle Staaten binden.

2. Regeln über die Piraterie

Aus den gewohnheitsrechtlichen Regeln über die Piraterie könnte sich eine Pflicht der Staaten zur Verfolgung von „Luftpiraten" ergeben, wenn der gewohnheitsrechtliche Pirateriebegriff Handlungen gegen die Sicherheit der Zivilluftfahrt erfaßte. Daher müßte untersucht werden,

---

[56] Der algerische Außenminister Bouteflika erklärte am 25. Juli 1968, Algerien respektiere die internationale Moral und zahlreiche internationale Konventionen, obwohl in Algerien Fluggäste, Besatzung und Maschine im Anschluß an eine Flugzeugentführung festgehalten wurden (AdG 69, 14430). Vgl. eine ausführliche Darstellung des Falles eingangs Kap. II.

[57] Im Ergebnis ebenso *Schütz*, Der völkerrechtliche Rahmen zur Bekämpfung von Flugzeugentführungen und anderen Terrorakten gegen die internationale Zivilluftfahrt, in: ÖJZ, 30. Jg. (1975), S. 233 f.

inwieweit Art. 15 GAHS bestehendes Gewohnheitsrecht kodifiziert hat[58]. oder der gewohnheitsrechtliche Pirateriebegriff umfassender und weiterhin verbindlich ist[59].

Eine solche Untersuchung ist aber nur dann sinnvoll, wenn sich auch aus den gewohnheitsrechtlichen Piraterieregeln eine Verpflichtung der Staaten zur Verfolgung der Täter ergäbe, wie dies Art. 14 GAHS vertraglich vorsieht. Eine Pflicht der Staaten zur internationalen Verfolgung und Beschlagnahme der Piratenschiffe ist des öfteren behauptet worden[60]. Richtig ist jedoch allein, daß alle Staaten zum Vorgehen gegen Piraten und deren Schiffe befugt sind[61]. Zwar haben die Staaten es als moralische Pflicht angesehen, von ihrem Recht auch in den Fällen Gebrauch zu machen, in denen nicht unmittelbar eigene Interessen gefährdet waren[62], dies ändert aber nichts daran, daß die Folge eines Piratenaktes allein die Denationalisation des Piraten ist:

> „La dénationalisation du pirate signifie simplement qu'en vertu de la coutome internationale chaque Etat a l'obligation d'abdiquer l'exercice de son droit de protection à l'égard d'individus qui s'en sont rendus indignes et qui se trouvent devenir des crimelles cosmopolites, c'est-à-dire exposés à une répression universelle[63]."

Es gab zwar Vorschläge, die Verfolgung der Piraten in einem Abkommen zu regeln[64]. Eine solche Verpflichtung findet sich aber vor dem GAHS nur in einigen Verträgen Brasiliens aus dem 19. Jahrhundert[65]. Im übrigen ist eine Verpflichtung zur Verfolgung der Piraten aus dem Gewohnheitsrecht abzulehnen[66]. Wenn aber eine solche Pflicht nicht

[58] Davon ging die UN-Völkerrechtskommission offenbar als selbstverständlich aus, vgl. ILC-Yearbook 1956, S. 282; vgl. auch *Chaturvedi*, Hijacking and the Law, in: Indian Journal of International Law, Bd. 11 (1971), S. 89 ff.

[59] So *Faller*, S. 132 ff. und S. 112 ff.

[60] *Perels*, Das internationale öffentliche Seerecht der Gegenwart, 2. Aufl., Berlin 1903, S. 114; *Pradier-Fodéré*, Traité de droit international public européen et américain, Bd. V, Paris 1891, S. 797; *Stiel*, Der Tatbestand der Piraterie nach geltendem Völkerrecht, Leipzig 1905, S. 11.

[61] *Dahm*, VR I, § 129 II (S. 680); *Glaser*, Introduction à l'étude du droit international pénal, Bruxelles—Paris 1954, S. 16; *Müller*, Die Piraterie im Völkerrecht unter besonderer Berücksichtigung des Entwurfes der Völkerbundskommission und der Regierungsäußerungen, Diss. Frankfurt 1929, S. 59.

[62] *Müller*, ebd.

[63] *Gidel*, Le droit international public de la mer, Bd. I: Le temps de paix, Chateauroux 1932, S. 332.

[64] Ebd.

[65] *Valladao*, Piraterie aérienne: nouveau délit international, in: McWhinney / Bradley, The Freedom of the Air, Leyden—Dobbs Ferry 1968, S. 227 f.

[66] *Valladao*, ebd.; *Oppenheim / Lauterpacht* I, § 278 (S. 566); *Schwarzenberger*, International Law, Bd. I, 3. Aufl., London 1957, S. 190; *Abendroth*, S. 770; *Joyner*, S. 3; *Faller*, S. 105; *Ndulo*, The Developing Law of Air Hijacking, in: Comparative and International Law Journal of Southern Africa, Bd. 6 (1973), S. 231; vgl. auch *Harvard Draft Convention on Piracy*, in: AJIL, Bd. 26 (1932), Supplement, S. 759 f.

besteht, kann die Frage nach dem gewohnheitsrechtlichen Pirateriebegriff dahinstehen.

3. Regeln über den Schutz ausländischer Personen und Güter

Jeder Staat hat im Ausländer den Menschen und fremden Staatsangehörigen zu achten. In beiden Eigenschaften hat der Ausländer gewisse Rechte, die ihm unter allen Umständen gewährleistet werden müssen[67]. Es ist nicht Sinn dieser Untersuchung, auf die alte Streitfrage einzugehen, ob sich diese Rechte nach der Theorie vom Mindeststandard oder der Gleichbehandlungstheorie bestimmen lassen. Inzwischen ist nachgewiesen, daß der allgemeine Rahmen des Fremdenrechts allein nach der Theorie vom Mindeststandard festgelegt ist[68]. Diese Theorie ist auch als richtige anerkannt[69].

Der völkerrechtliche Mindeststandard gilt für jeden, der sich auf fremdem Staatsgebiet aufhält, gleichgültig, ob mit oder ohne seinen Willen[70]. Er ist also nicht davon abhängig, daß der ausländische Staat den Fremden zuläßt[71]. Dies resultiert

> "from the fact and necessity of international intercourse. The manner in which they are treated is not a matter of indifference internationally because the interests and the paramount claims over the persons concerned of their national State are involved[72]."

Zwar sind die Regeln über den Mindeststandard im einzelnen nicht genau definiert[73]. Dies kommt in einer Entscheidung des Supreme Court der USA deutlich zum Ausdruck:

> "Apart from treaty obligations there has grown up in the field of international relations a body of customs defining with more or less certainty the duties owing by all nations to all residents[74]."

Jedoch ist anerkannt, daß der fremde Staat gehalten ist, Leben, Freiheit und Eigentum der fremden Staatsangehörigen auf seinem Gebiet zu schützen[75]. Demnach sind Freiheitsberaubung und unmenschliche Behandlung durch den fremden Staat nicht statthaft.

---

[67] *Dahm*, VR I, § 91 I (S. 503).

[68] *Wust*, Der gewohnheitsrechtliche Humanitätsgrundsatz im Friedensvölkerrecht, Diss. Erlangen—Nürnberg 1968, S. 208.

[69] *Schnitzer*, Mindeststandard, in: WdVR II, S. 537 f.; *Dahm*, VR I, § 91 II (S. 503 f.); *Berber*, VR I, § 58 IV (S. 407) m. w. N.

[70] *Hailbronner*, Entführte Flugzeuge, S. 282.

[71] So aber, zumindest mißverständlich, *Wust*, S. 208 und *Wengler*, Völkerrecht, Bd. II, Berlin—Göttingen—Heidelberg 1964, S. 1003; wie hier *Dahm*, VR I, § 91 III (S. 506).

[72] *O'Donnell*, International Law, Bd. II, 2. Aufl., London 1970, S. 694.

[73] *Doehring*, Die allgemeinen Regeln des völkerrechtlichen Fremdenrechts und das deutsche Verfassungsrecht, Köln—Berlin 1963, S. 83 f.

[74] *Hines v. Davidowitz*, in: United States Reports, Bd. 312, S. 52 ff. (S. 65).

[75] *Doehring*, S. 81.

Eine Zurückhaltung von Ausländern gegen ihren Willen auf fremdem Staatsgebiet ist nur für eine bestimmte Zeit und nur aus zwingenden Erfordernissen der öffentlichen Sicherheit erlaubt[76]. Daraus wird deutlich, daß ein Staat, in dem ein entführtes Flugzeug gelandet ist, verpflichtet ist, Passagieren und Besatzung den Weiterflug sobald als möglich zu gestatten und das Flugzeug selbst freizugeben. Darüber hinaus ist der Landestaat verpflichtet, gegen Akte Dritter, durch die das Flugzeug oder seine Insassen geschädigt werden könnten, mit den staatlichen Machtmitteln vorzugehen. Keinesfalls darf er Passagiere und Flugzeug einfach ihrem Schicksal überlassen[77]. Konfiskationen von Flugzeugen, Ladung oder Gepäck sind rechtswidrig[78]. Zu Recht stellt daher *Lissitzyn* fest:

> "The duty to return hijacked aircraft and cargoes and to release their passengers and crews without unjustified delay is already established in general international law by custom and is binding on all states[79]."

Damit ist zugleich gesagt, daß die Verpflichtungen aus Art. 11 des Tokyo-Abkommens, Art. 9 des Den Haag- und Art. 10 Ziff. 2 des Montreal-Abkommens nur bestehendes Gewohnheitsrecht beinhalten. Somit sind nicht nur die Vertragsstaaten an ihren Inhalt gebunden. Es handelt sich nicht nur um „in der Entstehung befindliches Völkergewohnheitsrecht"[80], sondern um bereits geltendes. Die Regeln über den völkerrechtlichen Mindeststandard haben sich langsam herausgebildet und sind heute allgemein anerkannt. Flugzeugentführungen sind zwar eine Erscheinung neuerer Zeit. Ihr Auftreten kann aber die bereits bestehenden gewohnheitsrechtlichen Regeln bezüglich des Schutzes ausländischer Personen und Güter nicht berühren. Vielmehr sind diese Regeln so allgemein und umfassend, daß ihnen Flugzeugentführungen ohne weiteres unterfallen.

Ob aus den Regeln über den Schutz ausländischer Personen und Güter auch die Pflicht zur Verfolgung von Flugzeugentführern oder Personen, die einen Anschlag geplant oder durchgeführt haben, abgeleitet werden kann, ist nicht generell zu beantworten[81]. Sinn dieser Regeln

---

[76] *Wengler*, VR II, S. 1003.

[77] *Hailbronner*, Entführte Flugzeuge, S. 282.

[78] *Hailbronner*, ebd.; ebenso der spanische Vertreter während der 18. Tagung des ICAO-Rechtsausschusses, ICAO-Doc 8936-LC/164-1, S. 244.

[79] *Lissitzyn*, Hijacking, International Law and Human Rights, in: McWhinney, Aerial Piracy, S. 117.

[80] So *Hailbronner*, Entführte Flugzeuge, S. 293; *ders.*, Luftpiraterie, S. 91 erwähnt aber auch die Möglichkeit, daß es sich um bereits geltendes Gewohnheitsrecht handeln könne. Wie hier *McWhinney*, Annuaire de l'Institut de Droit International, Bd. 54, Halbbd. 1, S. 679 f.

[81] Generell verneinend *Bassiouni*, Introduction to a Symposium on Issues in Aero-Space Law, in: De Paul Law Review, Bd. 20 (1971), S. 326; a. A. *Schnitzer*, S. 538.

ist der Schutz der Ausländer, dessen Verwirklichung jedoch jedem einzelnen Staat überlassen bleibt.

Erst wenn die Behandlung von Ausländern unter dem Mindeststandard bleibt, ist sie völkerrechtswidrig[82]. Wird beispielsweise die Tötung eines Ausländers in einem Staat ausnahmsweise nicht verfolgt, so liegt darin keine Verletzung des Mindeststandards; wird sie dagegen grundsätzlich nicht verfolgt, so kommt darin eine Mißachtung gegenüber dem Leben von Ausländern zum Ausdruck, die gegen die Regeln über den Schutz von Ausländern verstößt. Entsprechendes gilt für den Schutz der Freiheit.

Unter ähnlichen Gesichtspunkten ist auch die Frage zu beantworten, ob der Mindeststandard die Bestrafung von Personen erfordert, die eine Handlung gegen die Sicherheit der Zivilluftfahrt begehen. Zunächst erscheinen die Regeln über den Schutz der Ausländer unpassend, weil jeder Staat nur innerhalb seiner Grenzen für ihre Einhaltung verantwortlich ist. Flugzeugentführungen betreffen aber in der Regel mehrere Staaten. Dennoch liegt im Landestaat durch die Entführer mindestens Nötigung und Freiheitsberaubung der Flugzeuginsassen vor, was in fast allen Staaten strafbar ist.

Erste Aufgabe des Landestaates ist es sicherlich, für die Freilassung der Flugzeuginsassen zu sorgen. Um dies zu erreichen, kann es erforderlich sein, den Entführern Straflosigkeit zuzusichern. Zur Schutzpflicht der Staaten gehört es aber auch, nach Möglichkeit Straftaten wie Nötigung und Freiheitsberaubung gegenüber Ausländern zu verhindern. Hierbei verfügen die Staaten über einen weiten Handlungsspielraum. Die Verfolgung der Täter gehört zu den Mitteln, die dazu beitragen können, daß in Zukunft Flugzeugentführungen nach diesem Staat nicht mehr vorkommen. Damit unterblieben auch die Straftaten gegen Ausländer in diesem Staat, die damit verbunden sind. Es sind jedoch auch andere Wege zum Erreichen dieses Zieles denkbar, so daß im Einzelfall zu prüfen ist, ob ein Staat durch sein Verhalten den vorhandenen Handlungsspielraum überschritten und durch Nichtverfolgung von Tätern die Regeln über den Schutz von Ausländern verletzt hat. Eine solche Feststellung dürfte nur in Ausnahmefällen möglich sein.

Auf die Probleme der Anwendung der Rechtsordnung des Landestaates bei Flugzeugentführungen wird nicht näher eingegangen, weil sie das zwischenstaatliche Verhältnis nicht direkt betreffen[83].

---

[82] *Seidl-Hohenveldern*, VR, Rdnr. 1173 (S. 284).

[83] Zu diesen Problemen ausführlich *Hailbronner*, Entführte Flugzeuge, S. 283 ff.

4. Humanitäre Regeln des Völkerrechts

Doehring weist auf den gemeinsamen Ursprung des Mindeststandards im Fremdenrecht und den Menschenrechten hin[84], aus denen humanitäre Regeln des Völkerrechts abzuleiten sind. Er unterscheidet beide Bereiche nach dem Schutzzweck: Während die Forderung zur Einhaltung des Mindeststandards den Schutz des Fremden zum Ziel habe, bezwecke die Forderung zur Einhaltung der Menschenrechte den Schutz aller Menschen[85]. Wenn auch die materiellrechtliche Substanz von Mindeststandard und allgemeinen Menschenrechten sich weitgehend entsprechen[86], so ist der Rahmen der Menschenrechte doch weiter. Über den Schutz ausländischer Personen und Güter hinaus können also noch besondere Hilfeleistungspflichten aus humanitären Gründen gegenüber Flugzeuginsassen bestehen, die durch eine Entführung zu einem Aufenthalt auf fremdem Territorium gezwungen werden.

Wust weist als Teilaspekte eines gewohnheitsrechtlichen Humanitätsgrundsatzes auf das Verbot einer Beeinträchtigung des Lebens und der körperlichen Unversehrtheit, das Gebot der Lebens- und Gesundheitserhaltung und die Respektierung menschlicher Persönlichkeit und Würde hin[87]. Aus diesen Teilaspekten läßt sich bei Handlungen gegen die Sicherheit der Zivilluftfahrt entnehmen, daß die Staaten zur Hilfeleistung für ein entführtes Flugzeug verpflichtet sind. Sie müssen nötigenfalls eine Landeerlaubnis erteilen, Passagiere und Besatzung versorgen und Hilfe zum Weiterflug und zur Rückkehr gewähren. Die humanitären Regeln des Völkerrechts, die vom IGH im Korfu-Kanal-Fall anerkannt worden sind[88], führen also dazu, daß auch die Verpflichtungen als Gewohnheitsrecht allgemein verbindlich sind, die vertraglich in Art. 25 des Chicago-Abkommens enthalten sind. Wie *Hailbronner* feststellt, sind die Staaten in der Praxis diesen Verpflichtungen überwiegend nachgekommen[89]. Auch das *Institut de Droit International* hält alle Staaten für verpflichtet, Art. 25 Chicago-Abkommen zu beachten, ist allerdings der Auffassung, es handele sich dabei um einen allgemeinen Grundsatz des Völkerrechts[90].

---

[84] *Doehring,* S. 70 ff.

[85] *Doehring,* S. 73 f.

[86] *Doehring* S. 83.

[87] *Wust,* S. 374 ff.

[88] *Cour Internationale de Justice,* Recueil des arrêts, avis consultatifs et ordonnances, 1949, S. 22.

[89] *Hailbronner,* Entführte Flugzeuge, S. 283.

[90] *Institut de Droit International,* Annuaire, Bd. 54, 2. Halbbd., S. 471 f.

5. Gewalt- und Interventionsverbot

Eine Pflicht der Staaten, Flugzeugentführer zu verfolgen oder sie nicht aufzunehmen, versucht *Schütz* aus dem völkerrechtlichen Gewalt- bzw. Interventionsverbot abzuleiten[91].

Was das allgemeine völkerrechtliche Gewaltverbot betrifft, das in Art. 2 (4) SVN seinen Ausdruck findet, so fällt darunter nur bewaffnete oder physische Gewalt[92]. Zwar gibt es Bestrebungen, auch nichtphysische, nichtmilitärische Gewalt unter das völkerrechtliche Gewaltverbot fallen zu lassen. Solchen Versuchen der sozialistischen Staaten und Staaten der dritten Welt widersetzen sich jedoch die westlichen Staaten[93]. Nachdem ursprünglich nichtphysische, nichtmilitärische Gewalt nicht unter das Gewaltverbot fiel und sich Staaten einer Ausweitung des Gewaltbegriffs widersetzen, erfaßt es auch heute nur bewaffnete physische Gewalt[94]. Die Aufnahme oder Nichtverfolgung von Flugzeugentführern oder Personen, die einen Anschlag auf die Sicherheit der Zivilluftfahrt unternommen haben, kann aber niemals eine Gewaltanwendung gegen einen anderen Staat darstellen, denn es handelt sich um rein innerstaatliche Maßnahmen.

Zwar fällt auch „indirekte Gewaltanwendung" unter das Gewaltverbot[95], das *Schütz* unter Bezug auf *Derpa* als „Gewaltanwendung mittels eines Dritten oder die Teilnahme eines Staates an fremder Gewalt" definiert[96]. Nichtverfolgung und Aufnahme derartiger Täter wäre aber nur dann als indirekte Gewaltanwendung anzusehen, wenn dies als Teilnahme an bewaffneter Gewalt angesehen werden könnte[97].

Denkbar ist das nur in Fällen, wo ein Staat Kenntnis von einer geplanten Handlung gegen die Sicherheit der Zivilluftfahrt hat. Wenn er für eine Gewaltanwendung gegenüber einem anderen Staat verantwortlich sein soll, muß er zumindest wissen, gegen welchen Staat sie gerichtet ist. Die bloße Aufnahme eines Täters in einen Staat, die *Schütz* ähnlich einer Begünstigung als Teilnahme an bewaffneter Gewalt

---

[91] *Schütz*, S. 233 ff.

[92] *Oppenheim / Lauterpacht* II, § 52 a (S. 153); *Waldock*, The Regulations of the Use of Force by Individual States in International Law, in: RdC Bd. 81 (1952), 2. Halbbd. S. 492; *Bowett*, Self-Defence in International Law, Manchester 1958, S. 148 f.

[93] Ausführlich dazu *Kewenig*, Gewaltverbot und noch zulässige Machteinwirkung und Interventionsmittel, in: Schaumann, Völkerrechtliches Gewaltverbot und Friedenssicherung, Baden-Baden 1971, S. 189 f.

[94] *Kewenig*, S. 190; *Schütz*, S. 234; *Derpa*, Das Gewaltverbot der Satzung der Vereinten Nationen und die Anwendung nichtmilitärischer Gewalt, Bad Homburg 1970, S. 136.

[95] *Derpa*, S. 20 m. w. N.

[96] *Schütz*, S. 235 f.

[97] Ebd.

qualifizieren will[98], kann eben deshalb nicht unter das Gewaltverbot fallen, weil der Staat keinerlei vorherigen Einfluß auf die Gewaltanwendung selbst hatte. Selbst wenn ein Staat mehrfach Täter aufnimmt oder nicht verfolgt und damit den Ruf eines sicheren Zufluchtsortes erlangt, kann ihm keine indirekte Gewaltanwendung vorgeworfen werden, solange es nicht zu vorherigen Absprachen mit den Tätern kommt. Bisher ist kein Fall bekannt, in dem einem Staat Beteiligung an einer Handlung gegen die Sicherheit der Zivilluftfahrt vorgeworfen wurde, die von Zivilpersonen begangen wurde.

Auch aus dem Interventionsverbot kann keine Verpflichtung abgeleitet werden, Personen, die sich einer Handlung gegen die Sicherheit der Zivilluftfahrt schuldig gemacht haben, nicht aufzunehmen oder zu verfolgen. Dabei kann die Frage nach dem Interventionsbegriff zunächst dahinstehen. Selbst wenn man diesen weit faßt[99], ist eine Einmischung eines Staates in die Angelegenheit eines anderen erforderlich, die dessen Willen zu beugen sucht[100]. Dazu soll auch die Entfachung, Unterstützung oder nur wohlwollende Duldung revolutionärer Bewegungen in anderen Staaten ausreichen[101]. Das Interventionsverbot kann also dann staatliche Pflichten im Zusammenhang mit Handlungen gegen die Sicherheit der Zivilluftfahrt begründen, wenn diese von revolutionären Gruppen ausgehen. Damit wird aber nur ein Teil aller Handlungen gegen die Sicherheit der Zivilluftfahrt erfaßt. Sodann fordert der Begriff der „Unterstützung“ oder „wohlwollenden Duldung“ einer revolutionären Bewegung mehr als eine einmalige Aufnahme und Nichtverfolgung, denn er enthält ein Element der Dauer. Dieselbe Bewegung müßte mehrfach begünstigt werden[102]. Ebenso wie die Gewaltanwendung gegenüber einem bestimmten Staat erfolgt, muß sich auch die Intervention gegen einen bestimmten Staat richten. Von ihr kann daher nur gesprochen werden, wenn ein Staat mit Tätern Absprachen trifft. Aus der bloßen Aufnahme und Nichtverfolgung kann auf solche nicht geschlossen werden. Zudem fehlt jeder direkte Bezug zu einem anderen Staat. Bloße Aufnahme und Nichtverfolgung sind auch nicht geeignet, den Willen eines anderen Staates zu beugen.

Auch die Wirkung auf Gruppen, die beim Kampf gegen einen anderen Staat durch Aufnahme und Nichtverfolgung ihrer Mitglieder ermutigt werden, kann nicht genügen, eine Intervention anzunehmen. Es wird dabei nicht auf einen anderen Staat, sondern nur auf eine Gruppe eingewirkt, die vom begünstigenden Staat unabhängig sein kann. Selbst

---

[98] Ebd.

[99] *Gerlach,* Die Intervention, Hamburg 1967, S. 214 schlägt einen solchen vor.

[100] *Dahm,* VR I, § 34 II (S. 202); *Gerlach,* S. 214.

[101] *Dahm,* VR I, § 34 III (S. 204).

[102] So auch *Schütz,* S. 236.

diese Art der psychologischen Einwirkung ist nur indirekt, weil sie nur Nebenwirkung einer Handlung ist, die jedem Staat freisteht. Eine solche Wirkung haben eine Vielzahl staatlicher Maßnahmen. Bei der „Fernwirkung" derartiger Handlungen kann von einer Intervention allenfalls dann gesprochen werden, wenn die Handlung völkerrechtswidrig ist. Gerade dies ist die Aufnahme von Flugzeugentführern in keinem Fall und ihre Nichtverfolgung nur in Extremfällen.

Es mag unbefriedigend sein, daß auch aus dem Gewalt- und Interventionsverbot keine Pflicht für die Staaten zur Nichtaufnahme oder Verfolgung von Personen besteht, die eine Handlung gegen die Sicherheit der Zivilluftfahrt begangen haben. Für die hier vertretene Auffassung spricht allerdings auch, daß nicht einmal in den Abkommen von Tokyo, Den Haag oder Montreal eine solche Pflicht verankert ist. Da in den Diskussionen um diese drei Abkommen die Strafverfolgung und Auslieferung ausgiebig erörtert wurden, läßt sich eine solche Verpflichtung gewohnheitsrechtlich auch nicht begründen, denn sie wurde von zahlreichen Staaten ausdrücklich bestritten.

6. Prinzip der „Guten Nachbarschaft"

Neben dem Gewalt- und Interventionsverbot leitet *Schütz* auch aus einem völkerrechtlichen „Prinzip der Guten Nachbarschaft" eine staatliche Verpflichtung ab, Personen zu verfolgen, die sich einer Handlung gegen die Sicherheit der Zivilluftfahrt schuldig gemacht haben[103]. Dieses Prinzip ist derart unbestimmt und weit, daß es höchst zweifelhaft ist, ob aus ihm gewohnheitsrechtliche Pflichten abgeleitet werden können.

Immerhin ist in der Präambel der SVN festgehalten, daß die Mitgliedstaaten zur Erreichung der Zwecke der Organisation fest entschlossen sind, „Duldsamkeit zu üben und als gute Nachbarn in Frieden miteinander zu leben". Aus ihr lassen sich aber keine Verpflichtungen ableiten. Sie hat Bedeutung als

> "a statement of motivating ideas and purposes that the members of the Organisation have in mind, and its words can be used, and are used, as evidence of those ideas and purposes in any interpretation of the articles that follow[104]."

Selbst diese Bedeutung der Präambel als Auslegungsmittel der SVN wird von *Kelsen* bezweifelt, der bemerkt:

> "Thus it has rather an ideological than a legal importance ... It is however, doubtful wether the Preamble can be used as a means of interpretation[105]."

[103] *Schütz*, S. 236 ff.

[104] *Goodrich / Hambro / Simons*, Charter of the United Nations. Commentary and Documents, 3. Aufl., New York—London 1969, S. 20 f.

[105] *Kelsen*, The Law of the United Nations, London 1950, S. 9 f.

Auch in Art. 74 SVN ist von „dem allgemeinen Grundsatz der guten Nachbarschaft“ die Rede. Diese Vorschrift findet sich in Kapitel XI SVN, einer „Erklärung über Hoheitsgebiete ohne Selbstregierung“, was eine Verallgemeinerung problematisch macht. Zu Art. 74 wird denn auch festgestellt:

> "While Art. 73 obligates members to recognize the interests of the inhabitants of non-self-governing territories as paramount and to promote their well-being, Art. 74 commits them in respect of these territories to the 'general principle of good neighbourliness'. Obviously, this ist at most a guiding principle of policy without any specific legal content[106]."

Der Auffassung, es handele sich beim „Prinzip der guten Nachbarschaft“ um ein politisches Prinzip ohne rechtliche Bedeutung, steht die Meinung *Dahms* gegenüber. Dahm leitet aus der „Pflicht zu gemeinschaftsmäßigem Verhalten“, die er dem Begriff der „guten Nachbarschaft“ gleichordnet[107], ein Bündel konkreter Einzelpflichten ab: das Gebot rücksichtsvollen Verhaltens gegenüber anderen Staaten, die Pflicht, im internationalen Verkehr nach Treu und Glauben zu handeln, Verträge zu halten und die Pflicht zur Teilnahme am internationalen Verkehr mit anderen Staaten. Diese Pflichten ergäben sich mit unmittelbarer Evidenz aus dem Dasein der Staaten und ihrem Zusammenleben in der internationalen Gemeinschaft und brauchten daher auch nicht durch Verträge oder gewohnheitsrechtliche Übung bestätigt zu werden[108]. Diese Argumentation kann aber nicht überzeugen, weil die „unmittelbare Evidenz“ eine bloße Behauptung ist. Nur wenn sich diese Behauptung beweisen ließe, gäbe es die von Dahm behaupteten Völkerrechtsnormen. Schon daß Dahm außer seiner Behauptung keine Belege anführt, weist aber darauf hin, daß es diese Normen mit den aus ihnen resultierenden angeblichen staatlichen Verpflichtungen nicht gibt. Es ist unbestreitbar, daß ein Staat nicht isoliert existiert. Daraus kann aber nicht geschlossen werden, daß es eine „Völkerrechtsgemeinschaft“ gibt, aus deren Existenz einem Staat derart weitgehende Verpflichtungen erwachsen, wie sie von Dahm behauptet werden. Eine derartige „Gemeinschaft“ ist schon deshalb nicht möglich, weil über fundamentale Prinzipien des Rechts überhaupt und damit auch des Völkerrechts zwischen den westlichen und den sozialistischen Staaten keine Einigkeit besteht[109].

Auszugehen ist nach wie vor von Staaten, die größten Wert auf ihre Souveränität legen. Diese Staaten sind nicht bereit, sich Pflichten auferlegen zu lassen, die nicht ihren Interessen entsprechen. Insofern er-

---

106 *Goodrich / Hambro / Simons,* S. 463.

107 *Dahm,* VR I, § 31 I (S. 192, Fn. 5).

108 *Dahm,* VR I, § 31 (S. 192).

109 Dazu *Seidl-Hohenveldern,* VR, Rdnr. 111 ff. (S. 31 f.).

scheint es nutzlos, ein „Prinzip der guten Nachbarschaft" zu entwickeln, das sich nur als Summe bestehender Verpflichtungen darstellen kann. So wird etwa festgestellt, das „Prinzip der guten Nachbarschaft" finde Ausdruck in den GATT- und OECD-Verträgen sowie Entwicklungshilfeabkommen[110], oder es wird als Rechtsmißbrauchsverbot verstanden[111]. In keinem Fall ist es aber möglich, aus einem übergeordneten „Prinzip der guten Nachbarschaft", das in vielen Verträgen Ausdruck findet, neue Verpflichtungen abzuleiten, wie etwa die zur Verfolgung von Flugzeugentführern. Es ist nur möglich, mit Hilfe dieses Prinzips erwünschtes Verhalten zu ermitteln, so daß es sich als politisches und nicht als rechtliches Prinzip erweist.

Auch mit Hilfe des von *Schütz* dargestellten „funktionalistischen Ansatzes"[112] können nicht Völkerrechtsnormen festgestellt werden, weil nicht von einem rechtlichen Sollen auf ein Sein geschlossen werden kann. Man kann mit diesem Ansatz durchaus einen völkerrechtlichen Verhaltenskodex entwickeln, der aber noch lange nicht völkerrechtlicher Realität entsprechen muß. Als zweckmäßig kann sich dieser „funktionalistische Ansatz" hingegen bei der Lösung von Streit- und Zweifelsfragen erweisen.

Das „Prinzip der guten Nachbarschaft" kann also keine Pflichten für Staaten begründen[113].

C. Pflichten aus allgemeinen Rechtsgrundsätzen

Über die allgemeinen Rechtsgrundsätze als Völkerrechtsquelle und ihren Inhalt herrscht in der Völkerrechtslehre Streit[114]. Jedoch besteht weitgehende Einigkeit darüber, daß den allgemeinen Rechtsgrundsätzen nur ergänzender Charakter zukommt, sofern sie als Völkerrechtsquelle überhaupt bejaht werden[115]. Da für den Bereich der Handlungen gegen die Sicherheit der Zivilluftfahrt eine ganze Reihe von vertraglichen und

[110] *Schwarzenberger*, The Principles and Standards of International Economic Law, in: RdC Bd. 117 (1966), 1. Halbbd. S. 9.

[111] *Von der Heydte*, Das Prinzip der guten Nachbarschaft im Völkerrecht, in: Völkerrecht und rechtliches Weltbild. Festschrift für Alfred Verdross, Wien 1960, S. 136.

[112] *Schütz*, S. 238 f.

[113] Ebenso *McWhinney*, Annuaire de l'Institut de Droit International, Bd. 54 (1971), Halbbd., S. 573 f., der das Prinzip zwar erwähnt, aber nicht als Rechtsprinzip ansieht, wenn er meint, es könne in bilateralen Verträgen zum Ausdruck kommen.

[114] Vgl. die Definition bei *Berber*, VR I, § 7 II (S. 67 ff.).

[115] *Dahm*, VR I, § 7 (S. 35 f.); *Berber*, VR I, § 7 I (S. 65 f.); *Seidl-Hohenveldern*, VR, Rdnr. 347 f. (S. 106 f.); *Oppenheim / Lauterpacht* I, § 19 (S. 27 f.); *Rousseau*, Droit International Public, 6. Aufl., Paris 1971, Nr. 85 (S. 87 f.).

gewohnheitsrechtlichen Bestimmungen existiert, erübrigt sich ein Rückgriff auf allgemeine Rechtsgrundsätze.

D. Zusammenfassung

Für die jeweiligen Mitgliedstaaten der Verträge lassen sich folgende Pflichten zusammenfassen, die bei Handlungen gegen die Sicherheit der Zivilluftfahrt von Bedeutung sind:

1. Verfolgung von Flugzeugentführern, sofern bei der Entführung Luftverkehrsregeln verletzt wurden, nach Art. 12 des Chicago-Abkommens
2. Hilfeleistung für entführte Flugzeuge aus Art. 25 des Chicago-Abkommens
3. Freigabe des entführten Flugzeugs, der Passagiere und Besatzung nach Art. 22 des Chicago-Abkommens, Art. 11 des Tokyo-, Art. 9 des Den Haag- und Art. 7 des Montreal-Abkommens
4. Auslieferung des Täters oder Unterbreitung des Falles an die eigenen Strafverfolgungsbehörden aus Art. 7 des Den Haag- und Art. 7 des Montreal-Abkommens in allen Fällen von Handlungen gegen die Sicherheit der Zivilluftfahrt.

Allen Staaten obliegen aus dem Völkergewohnheitsrecht folgende Verpflichtungen[116]:

1. Freigabe des entführten Flugzeugs, der Passagiere und Besatzung nach den Regeln über den Schutz ausländischer Personen und Güter
2. Hilfeleistung für entführte Flugzeuge aus den humanitären Regeln des Völkerrechts
3. Verfolgung von Personen, die einer Handlung gegen die Sicherheit der Zivilluftfahrt beschuldigt werden, in Ausnahmefällen, wo der Schutz von Ausländern dies erfordert.

---

[116] *Schwenk*, Die Bekämpfung des Internationalen Terrorismus, in: Vereinte Nationen, Jg. 24 (1976), S. 98 verkennt offenbar die gewohnheitsrechtlichen Bindungen der Staaten, die keine vertraglichen Verpflichtungen übernommen haben.

II. Kapitel

Maßnahmen eines betroffenen Staates gegen einen seine Pflichten verletzenden Staat

In diesem Kapitel sollen die Möglichkeiten untersucht werden, die einem Staat zur Verfügung stehen, dessen Rechte im Zusammenhang mit einer Handlung gegen die Sicherheit der Zivilluftfahrt von einem anderen Staat völkerrechtswidrig verletzt wurden. Um die Problematik zu verdeutlichen, seien einige Fälle ausführlich dargestellt, die sich vor dem Sommer 1976 abspielten.

Am 30. Juni 1967 brachte ein Franzose im spanischen Luftraum ein Privatflugzeug in seine Gewalt, das neben der britischen Besatzung drei belgische und zwei spanische Passagiere sowie den ehemaligen kongolesischen Premierminister Tschombé an Bord hatte. Er zwang es zur Landung in Algier. Die algerische Regierung hielt nicht nur das Flugzeug zurück, sondern nahm Passagiere und Besatzung in Haft. Trotz aller Bemühungen von Spanien, Belgien und Großbritannien wurden die beiden Spanier erst am 22. Juli, einer der Belgier am 30. Juli, die britische Besatzung am 22. September und die beiden übrigen belgischen Passagiere am 30. September 1967 freigelassen. Tschombé wurde bis zu seinem Tode am 29. Juni 1969 in Haft gehalten. Der französische Entführer wurde bis zum 29. Oktober 1969 festgehalten und dann ausgewiesen. Während der Haft wurde ein Teil der Passagiere mißhandelt. Dem britischen Generalkonsul wurden nur vier kurze Begegnungen mit der Besatzung gestattet[1].

Am 23. Juli 1968 wurde eine Boeing 707 der israelischen Luftfahrtgesellschaft auf ihrem planmäßigen Flug von Rom nach Tel Aviv von mehreren bewaffneten Männern gezwungen, ihren Kurs zu ändern und auf dem Flugplatz von Algier zu landen. Die 22 nichtisraelischen Passagiere wurden noch am gleichen Tag von der algerischen Luftfahrtgesellschaft nach Paris geflogen, währen die israelischen Passagiere (12 Fluggäste und 10 Besatzungsmitglieder) sowie die Maschine von

[1] Die Darstellung stützt sich auf: *Rousseau*, Algérie et Congo-Kinshasa: enlèvement en avion de M. Moise Tschombé, in: RGDIP, Bd. 72 (1968), S. 145 ff.; *McWhinney*, Annuaire de l'Institut de Droit International, Bd. 54 (1971), 1. Halbbd. S. 533; Darstellung des israelischen Delegationsleiters, in: ICAO-Doc 9087-A 20-RES., P-Min., S. 95.

den algerischen Behörden festgehalten wurden. Am gleichen Tag erklärte sich die „Volksfront für die Befreiung Palästinas" für die Entführung verantwortlich. Der algerische Außenminister Bouteflika versicherte in einer Stellungnahme am 25. Juli, seine Regierung sei weder direkt noch indirekt in die Entführung der Maschine und ihre Landung in Algier verwickelt. Algerien respektiere die internationale Moral und werde zahlreiche internationale Konventionen, die es unterzeichnet habe, beachten; seine Regierung könne jedoch die Ergebnisse der noch nicht beendeten Untersuchung über den Vorfall nicht vorwegnehmen. Am 27. Juli wurden 10 Israelis (Frauen und Kinder) freigelassen. Am 29. Juli wurde in Beirut bekanntgegeben, daß Vertreter der drei arabischen Palästina-Organisationen die algerische Regierung aufgefordert hätten, die restlichen Passagiere und die Maschine erst nach Freilassung von etwa 1000 arabischen, in Israel gefangen gehaltenen Guerillas freizugeben. Es kam zu Verhandlungen zwischen Algerien und Vertretern Frankreichs, Großbritanniens, Italiens und der UN. Der UN-Generalsekretär richtete mehrere persönliche vertrauliche Schreiben an das algerische Staatsoberhaupt mit der Aufforderung, Passagiere Besatzung und Flugzeug bedingungslos freizugeben. Die internationale Pilotenvereinigung IFALPA drohte, den gesamten zivilen Luftverkehr zwischen Europa und Algerien zum Erliegen zu bringen, falls die Freilassung nicht unverzüglich erfolge. Nachdem Algerien dies zugesagt hatte, wurde der Boykott abgesagt. Am 31. August wurden die 12 noch zurückgehaltenen Israelis freigelassen und am 1. September die Maschine freigegeben. Am 3. September erklärte die israelische Regierung, sie werde 16 arabische Guerillas freilassen[2].

Am 29. August 1969 wurde eine mit 104 Fluggästen besetzte Maschine einer amerikanischen Fluggesellschaft von zwei Arabern auf dem Flug von Rom nach Athen und Tel Aviv zur Landung in Damaskus gezwungen. Auch hier erklärte sich die „Volksfront für die Befreiung Palästinas" für die Flugzeugentführung verantwortlich. Die israelischen Fluggäste sollten als Geiseln für einen Austausch gegen in Israel gefangen gehaltene syrische Guerillas festgehalten werden. Die meisten der Passagiere kehrten am 30. August nach Athen und Rom zurück. 6 israelische Passagiere blieben in syrischem Gewahrsam. Der amerikanische Außenminister protestierte bereits am 29. August gegen den „Luftpiratenakt" und forderte die unverzügliche Freilassung von Flugzeug und Insassen. Der UN-Generalsekretär bezeichnete die Entführung als bedauerlich, forderte aber zugleich in vertraulichen Schreiben die Freilassung aller Passagiere. Am 31. August wurden 4 Israelis freigelassen. Die beiden übrigen wurden bis zum 5. Dezember 1969 fest-

[2] Darstellung nach: AdG 69, 14430; *Faller*, S. 33; *McWhinney*, Annuaire de l'Institut de Droit International, Bd. 54 (1971), 1. Halbbd. S. 544.

gehalten. Ihre Freilassung erfolgte nach langwierigen Verhandlungen und einer erneuten Boykottdrohung der IFALPA. Die Täter befinden sich auf freiem Fuße[3].

Der bis 1976 spektakulärste Angriff auf die Sicherheit der Zivilluftfahrt war sicher die „Operation Abu Thalaat". Durch sie erreichte die „Volksfront für die Befreiung Palästinas" die Freilassung von Terroristen, die in der Bundesrepublik Deutschland, der Schweiz und Großbritannien festgehalten wurden. Für den 6. September 1969 hatte die „Volksfront" die Entführung von drei Flugzeugen zu einem verlassenen Landeplatz in der nordjordanischen Wüste vorgesehen. Die Entführungen glückten bei einer Schweizer DC-8 und einer amerikanischen Boeing 707, die „planmäßig" auf dem Landeplatz „Dawson's Field" zur Landung gezwungen wurden. Als drittes Flugzeug sollte eine israelische Maschine entführt werden. Dazu waren vier Entführer vorgesehen. Zwei von ihnen fielen jedoch einem israelischen Sicherheitsoffizier auf, der ihre Beförderung ablehnte. Daraufhin buchten beide um und entführten eine amerikanische Boeing 747, die nach einer Zwischenlandung in Beirut in Kairo landete und dort unmittelbar nach der Landung in die Luft gesprengt wurde. Die Insassen hatten mit knapper Not das Flugzeug noch verlassen können; die beiden Entführer wurden von ägyptischen Soldaten festgenommen. Zwei andere Entführer waren an Bord der israelischen Maschine gelangt. Beim Versuch, die Maschine in ihre Gewalt zu bringen, scheiterten sie aber, wobei einer von ihnen tödlich verletzt wurde. Beide wurden bei einer Notlandung in London den britischen Behörden übergeben. Um auch ein Druckmittel gegen Großbritannien zu haben, ließ die „Befreiungsfront" daraufhin am 9. September eine britische VC 10 gleichfalls nach „Dawson's Field" entführen. Insgesamt wurden damit innerhalb von 70 Stunden fünf Verkehrsflugzeuge mit insgesamt 751 Personen an Bord überfallen. Bereits am 6. September stellte die „Befreiungsfront" die Forderungen für die Freilassung der Flugzeuginsassen. Sie wurden in wesentlichen Punkten noch erfüllt, als die Geiseln schon frei waren. Diese wurden von der „Befreiungsfront" nur teilweise freigelassen; andere wurden befreit. Obwohl die jordanische Armee den Landeplatz umstellt hatte, griff sie nicht ein, weil mit der Sprengung der Flugzeuge samt Insassen gedroht wurde. Am 12. September wurden die drei Flugzeuge auf dem „Dawson's Field" gesprengt, nachdem die Passagiere vorher abtransportiert worden waren. Dabei entschlossen sich die Entführer, einen Teil von ihnen freizulassen. 55 Geiseln wurden an verschiedenen Stellen weiterhin festgehalten, jedoch im Laufe der letzten Septembertage befreit, zum Teil durch jordanische Regierungstruppen[4].

[3] Darstellung nach: AdG 69, 14916; *Faller*, S. 33 f.

[4] Darstellung nach: *Meyer*, Luftfahrtabkommen VI, S. 39 ff.; *Sundberg*, „Abu Thalaat" — La guerre contre l'aviation civile internationale, in:

In allen dargestellten Fällen gaben sich die betroffenen Staaten mit diplomatischen Aktionen zufrieden, weil sie hofften, ihren Staatsangehörigen damit am ehesten zu nützen. Stellt man sich jedoch vor, daß in den Beispielsfällen Algerien oder Syrien die zurückgehaltenen Passagiere nicht freigegeben hätten, so wird deutlich, daß Staaten auch an Möglichkeiten interessiert sein können, Maßnahmen gegen einen pflichtverletzenden Staat zu ergreifen. Möglichkeiten zum direkten Vorgehen gegen einen pflichtverletzenden Staat können sich aus den verschiedenen Luftrechtskonventionen ergeben, aus bilateralen Verträgen sowie unabhängig von Verträgen aus den Sanktionsmöglichkeiten des Völkergewohnheitsrechts. Außerdem kann ein betroffener Staat internationale Organisationen einschalten, um sie zu Maßnahmen zu veranlassen. Diese Möglichkeiten werden im folgenden überprüft. Dabei wird als selbstverständlich vorausgesetzt, daß Maßnahmen auf Grund von Verträgen nur unter Vertragspartnern möglich sind.

A. Maßnahmen auf Grund der multilateralen Luftrechtsabkommen

In den sechs bisher abgeschlossenen multilateralen Luftrechtsabkommen sind keine Bestimmungen enthalten, die es einem Staat ermöglichen, direkt gegen einen seine Pflichten aus dem jeweiligen Abkommen verletzenden Staat vorzugehen.

Im Chicago-Abkommen findet sich zwar das Kapitel XVIII, das „Streitigkeiten und Nichterfüllung von Verpflichtungen" überschrieben ist. Die vorgesehenen Strafmaßnahmen der Art. 87 und 88 können aber erst nach Einschaltung der ICAO-Organe ergriffen werden, also nicht auf Grund des Entschlusses eines Staates, wie es hier zunächst allein interessiert.

Im Transit-Abkommen bestimmt Art. I Abschnitt 5 zwar:

> „Jeder Vertragsstaat behält sich das Recht vor, einem Luftverkehrsunternehmen eines anderen Staates ein Zeugnis oder eine Genehmigung zu verweigern oder zu widerrufen, falls ihm nicht zur Genüge dargetan ist, daß ein wesentlicher Teil des Eigentums und die tatsächliche Kontrolle in den Händen von Staatsangehörigen eines Vertragsstaats liegen, oder falls ein solches Luftverkehrsunternehmen die Gesetze des Staates, über dessen Gebiet es Luftverkehr betreibt, nicht befolgt oder seine Verpflichtungen aus dieser Vereinbarung nicht erfüllt."

Revue de droit pénal et de criminologie, Bd. 52 (1971 - 72), S. 419 ff.; *Rousseau*, Chronique des faits internationaux: détournements d'avions d'Allemagne, Etats-Unis, Grande-Bretagne, Egypte, Israel, Jordanie et Suisse, in: RGDIP, Bd. 74 (1970), S. 1018 ff.; *Faller*, S. 34 f.

Das Vorgehen eines Staates durch Verweigerung oder Widerruf einer Erlaubnis oder eines Zeugnisses richtet sich jedoch allein gegen ein Luftverkehrsunternehmen und nicht gegen einen Staat. Die Luftverkehrsunternehmen sind gerade Opfer von Handlungen gegen die Sicherheit der Zivilluftfahrt, so daß ein Vorgehen gegen sie wirkungslos ist. Auch um durch das Vorgehen gegen das Luftverkehrsunternehmen den hinter diesem stehenden Staat zu treffen, ist Art. I Abschnitt 5 ungeeignet. Staatliche Pflichtverletzungen im Anschluß an Handlungen gegen die Sicherheit der Zivilluftfahrt verletzen nämlich keine Vorschriften des Transit-Abkommens[5], und berechtigen auch nicht zu einem Vorgehen gegen das Luftverkehrsunternehmen des pflichtverletzenden Staates. Auch sonst findet sich im Transit-Abkommen außer den Möglichkeiten zur Einschaltung der ICAO keine Bestimmung, auf Grund derer ein Staat gegen einen pflichtenverletzenden Staat vorgehen könnte.

Die Bestimmungen des Transport-Abkommens in Art. 1 Abschnitt 6 entsprechen dem erwähnten Artikel des Transit-Abkommens, so daß sich auch daraus keine einseitigen Maßnahmen rechtfertigen lassen; im übrigen findet sich keine einschlägige Bestimmung.

In den Abkommen von Tokyo, Den Haag und Montreal ist jeweils eine Schiedsklausel enthalten[6], aber keine Regelung, die einen Staat zu Maßnahmen ermächtigen könnte.

Der negative Befund überrascht nicht, wenn man berücksichtigt, daß die ersten drei Abkommen noch vor dem Ende des Zweiten Weltkrieges abgeschlossen wurden, wo man an Flugzeugentführungen und Anschläge gegen die Zivilluftfahrt noch nicht dachte. Die drei anderen Abkommen stellen Kompromisse dar, die die Befürworter möglichst effektiver Maßnahmen mit den Verfechtern möglichst uneingeschränkter Souveränität schlossen.

B. Maßnahmen durch Einschaltung internationaler Organisationen

1. Einschaltung der ICAO

Art. 84 des Chicago-Abkommens gibt den Mitgliedstaaten die Möglichkeit, bei Streitigkeiten aus dem Abkommen den ICAO-Rat anzurufen, der dann eine Entscheidung zu treffen hat[7]. Aus den vorange-

[5] Vgl. Kap. I A 2.

[6] Art. 24 Tokyo-, Art. 12 Den Haag- und Art. 14 Montreal-Abkommen.

[7] Zum Verfahren des ICAO-Rates näher Kap. IV B 1.

gangenen Erörterungen zu den Verpflichtungen aus dem Chicago-Abkommen ergab sich die Bedeutung der Art. 12, 22 und 25. Sie werden von einem Staat mißachtet, der Flugzeugentführer nicht bei Verletzungen von Luftverkehrsregeln verfolgt, das Flugzeug, seine Passagiere und Besatzung nicht freigibt und eventuell erforderliche Hilfsmaßnahmen nicht trifft[8]. Insbesondere die Freigabe des Flugzeugs und der an Bord befindlichen Personen, die mehrfach zu erpresserischen Zwecken festgehalten wurden[9], ist bei den bisherigen Vorfällen von Bedeutung gewesen. Wenn aber Verpflichtungen aus dem Chicago-Abkommen in Frage stehen, ist es für die betroffenen Staaten auch möglich, die Streitschlichtungsregeln der Art. 84 ff. in Anspruch zu nehmen. In allen vier der eingangs geschilderten Fällen hätte dies geschehen können. Daß es nicht geschah, hängt damit zusammen, daß in den Art. 84 ff. ein langwieriges Verfahren vorgesehen ist, das keine große Wirkung auf einen pflichtverletzenden Staat ausüben dürfte[10].

Auch Art. II Abschnitt 1 des Transit-Abkommens und Art. IV Abschnitt 2 des Transport-Abkommens erlauben einem Vertragsstaat die Anrufung des ICAO-Rates, wenn er glaubt, durch die Handlungen eines anderen Staates, die in den beiden Abkommen angesprochen sind, Unrecht oder Ungemach zu erleiden.

Beide Abkommen regeln für den internationalen Linienverkehr die „Freiheiten der Luft“[11] näher. Jeder Vertragsstaat gewährt den anderen im planmäßigen Luftverkehr folgende Freiheiten:

Im Transit-Abkommen:

1. das Recht, sein Hoheitsgebiet ohne Zwischenlandung zu überfliegen
2. das Recht, zu nichtgewerblichen Zwecken zu landen

Im Transport-Abkommen darüber hinaus:

3. das Recht, Passagiere, Postsendungen und Ladung abzusetzen, die in dem Gebiet des Staates aufgenommen worden sind, dessen Staatszugehörigkeit das Luftfahrzeug besitzt
4. das Recht, Passagiere, Postsendungen und Ladung aufzunehmen, mit Bestimmung für das Gebiet des Staates, dessen Staatszugehörigkeit das Luftfahrzeug besitzt
5. das Recht, Passagiere, Postsendungen und Ladung mit Bestimmung für das Gebiet irgend eines anderen Vertragsstaates aufzunehmen und das Recht, Pasagiere, Postsendungen und Ladung, die aus irgend einem Vertragsstaat kommen, abzusetzen.

---

8 Vgl. Kap. I A 1.

9 Vgl. die anfangs Kap. II dargestellten Fälle.

10 Näher dazu Kap. IV B I.

11 Ausführlich dazu *Cheng*, Air Transport, S. 9 ff.

Die „Freiheiten der Luft“ werden durch staatliche Maßnahmen verletzt, die diese Freiheiten einschränken. Staatliche Pflichtverletzungen im Anschluß an eine Flugzeugentführung oder einen Anschlag lassen diese Freiheiten unberührt. Damit aber kann ein betroffener Staat nicht auf Grund der Art. II Abschnitt 1 Transit- oder Art. IV Abschnitt 2 Transport-Abkommen den ICAO-Rat anrufen, denn durch das pflichtwidrige Verhalten werden keine Rechte aus den beiden Abkommen berührt.

Die drei Abkommen über Handlungen gegen die Sicherheit der Zivilluftfahrt enthalten zwar jeweils eine Schiedsklausel[12], diese sehen aber nicht die Einschaltung der ICAO, sondern ein eigenes Verfahren vor. Die Notwendigkeit dazu ergibt sich daraus, daß die Abkommen auch für Nichtmitglieder der ICAO offenstehen, sei es, daß der Beitritt an die Mitgliedschaft in der UNO oder einer ihrer Sonderorganisationen gebunden ist[13], sei es, daß sie für jeden Staat möglich ist[14].

Die ICAO kann demnach bei staatlichen Pflichtverletzungen im Anschluß an Handlungen gegen die Sicherheit der Zivilluftfahrt nur im Rahmen des Art. 84 Chicago-Abkommens angerufen werden.

2. Einschaltung der UNO

Ein betroffener Staat kann auch in der UNO Schritte gegen einen Staat einleiten, der seinen völkerrechtlichen Verpflichtungen nicht nachkommt. Er kann nach Art. 35 (1) SVN den Sicherheitsrat oder die Generalversammlung auf den Vorfall aufmerksam machen, der zwischen ihm und dem pflichtverletzenden Staat im Streit ist. Die Generalversammlung kann sich nach Art. 11 (2) SVN mit dem Streit befassen. Dabei hat sie allerdings zu beachten, daß sie nach Art. 12 (1) SVN keine Empfehlung abgeben darf, solange der Sicherheitsrat in einer Streitigkeit die ihm zugewiesenen Aufgaben wahrnimmt. Nach Art. 35 (2) SVN kann auch ein Nichtmitglied der UNO den Sicherheitsrat oder die Generalversammlung auf einen Streit aufmerksam machen, wenn es die Verpflichtungen der SVN für eine friedliche Streitbeilegung annimmt. Ob die Generalversammlung oder der Sicherheitsrat sich mit den ihnen unterbreiteten Streitigkeiten aber tatsächlich befassen, liegt allein bei ihnen, denn sie müssen die Tagesordnung der Sitzungen genehmigen[15].

---

[12] Art. 24 Ziff. 1 Tokyo-, Art. 12 Ziff. 1 Den Haag- und Art. 14 Ziff. 1 Montreal-Abkommen.

[13] Art. 19 Tokyo-Abkommen.

[14] Art. 13 Ziff. 1 Den-Haag- und Art. 15 Ziff. 1 Montreal-Abkommen.

[15] Näheres bei *Goodrich / Hambro / Simons*, S. 272 ff.

Anders ist dies im Fall des Art. 37 (1) SVN, wo der Sicherheitsrat verpflichtet ist, sich mit dem Streit zu beschäftigen[16]. Diese Vorschrift wirft allerdings ein besonderes Problem auf. Art. 37 (1) SVN fordert von den Parteien einer Streitigkeit die Vorlage an den Sicherheitsrat, wenn sie nicht durch friedliche Mittel beigelegt werden konnte. Die Streitigkeit muß außerdem bei Fortdauer geeignet sein, die Wahrung des Weltfriedens und die internationale Sicherheit zu gefährden. Dabei ergibt der Wortlaut des Art. 37 (1) SVN, daß es sich um eine Verpflichtung zur Vorlage, nicht nur um eine Möglichkeit handelt[17]. Ein Streit zwischen einem Staat, dessen Staatsangehörige in einem anderen Staat nach einer Flugzeugentführung festgehalten werden und diesem anderen Staat kann durchaus die Voraussetzungen des Art. 37 (1) SVN erfüllen.

In einem solchen Fall wird jedoch der pflichtverletzende Staat kaum bereit sein, den Streit mit dem betroffenen Staat zusammen dem Sicherheitsrat zu unterbreiten. Somit fragt sich, ob der betroffene Staat den Streit nach Art. 37 (1) SVN auch ohne die Mitwirkung des pflichtverletzenden dem Sicherheitsrat vorlegen kann. Dies ist nach überwiegender und richtiger Auffassung möglich[18]. Ein Staat, der seiner Mitwirkungspflicht aus Art. 37 (1) SVN nicht nachkommt, kann nicht die Möglichkeit haben, einen anderen an der Erfüllung seiner Pflicht aus derselben Vorschrift zu hindern.

Ein betroffener Staat kann also, wenn die sonstigen Voraussetzungen gegeben sind, auch nach Art. 37 (1) SVN den Sicherheitsrat anrufen. Dieser kann zwar ein Tätigwerden ablehnen, immerhin hat der betroffene Staat aber die Gewißheit, daß sich der Sicherheitsrat mit der Angelegenheit befaßt, eine Gewißheit, die nach Art. 35 SVN nicht besteht.

C. Maßnahmen auf Grund bilateraler Verträge

1. Luftfahrtabkommen

Zwar wurde im I. Kapitel festgestellt, daß aus den bilateralen Luftfahrtabkommen keine besonderen Pflichten für das staatliche Verhalten bei Handlungen gegen die Sicherheit der Zivilluftfahrt erwachsen[18a], dies besagt aber noch nichts darüber, ob nicht in diesen Abkom-

---

[16] *Goodrich / Hambro / Simons,* S. 284.

[17] *Dahm,* VR II, § 76 III (S. 366); *Goodrich / Hambro / Simons,* S. 283 bemerken: "Paragraph 1 ... is the only provision in the Charter that requires a member to submit an issue to the Security Council for settlement." a. A offenbar *Berber,* VR III, § 10 (S. 62).

[18] Vgl. *Dahm,* VR II, § 76 III (S. 366) m. w. N.; *Goodrich / Hambro / Simons,* S. 283.

men Grundlagen für Maßnahmen gegen einen Staat zu finden sind, der seinen festgestellten Pflichten nicht nachkommt. Es ist jedoch festzustellen, daß die einschlägigen Bestimmungen der Luftfahrtabkommen denen im Transit- und Transport-Abkommen gleichen.

So bestimmt etwa Art. 7 des entsprechenden Abkommens zwischen der Bundesrepublik Deutschland und Togo:

„Jede Vertragspartei behält sich das Recht vor, dem von der anderen Vertragspartei bezeichneten Unternehmen die Genehmigung zum Betrieb zu verweigern oder eine derartige Genehmigung zu widerrufen, wenn ... dieses Unternehmen die in Artikel 5 erwähnten Gesetze und sonstigen Vorschriften nicht befolgt oder die ihm durch dieses Abkommen auferlegten Verpflichtungen nicht erfüllt[19]."

Die in Art. 7 erwähnte Vorschrift des Art. 5 enthält die Verpflichtung zur Beachtung der Luftverkehrs-, Einreise- und Zollbestimmungen.

Wie Art. I Abschnitt 5 des Transit- und Art. I Abschnitt 6 des Transport-Abkommens richtet sich Art. 7 nur gegen das Luftverkehrsunternehmen der anderen Vertragspartei. Außerdem enthält der Vertrag der Bundesrepublik Deutschland mit Togo in Art. 9 eine Konsultationspflicht für Streitfälle und in Art. 10 eine Schiedsklausel. Er bietet also keine Grundlage für ein einseitiges Vorgehen einer Vertragspartei. Die einzige Möglichkeit wäre, die in Art. 20 vorgesehene jederzeit mögliche Kündigung auszusprechen, die nach einem Jahr wirksam wird.

Das ausgewählte Abkommen zwischen der Bundesrepublik Deutschland und Togo enthält Vorschriften, die sich auch in den übrigen Luftfahrtabkommen wiederfinden[20]. Sie bieten somit ebenfalls keine Grundlage für Maßnahmen gegen einen pflichtverletzenden Staat. Daran hat sich auch nach 1970 nichts geändert, also zu einem Zeitpunkt, zu dem schon über derartige Maßnahmen diskutiert wurde.

Dies gilt auch für die Luftfahrtabkommen der USA, die zu den stärksten Befürwortern staatlicher Maßnahmen gegen pflichtverletzende Staaten gehören. Weder in dem vorläufigen Abkommen mit Barbados[21], noch in den Abkommen mit Ungarn[22] und Kanada[23] oder bei der Ergän-

[18a] Kap. I A.

[19] BGBl. 1974 II, S. 1130 ff.

[20] Vgl. z. B. die Art. 3, 6 und 18 des bulgarisch-sowjetischen Luftfahrtabkommens vom 7. Juli 1969, UNTS Bd. 760, S. 3 ff. Die inhaltlich gleichen Vorschriften gehen auf die ICAO-Standardform zurück, vgl. auch Kap. I Fn. 3.

[21] „Understanding Effected by Exchange of Notes Dated at Bridgetown April 14 and 27, 1972" vom 27. April 1972, TIAS 7363 ff.

[22] „Air Transport Agreement between the Government of the United States of America and the Government of the Hungarian People's Republic" vom 30. Mai 1972, TIAS 7577 ff.

[23] „Nonscheduled Air Services Agreement" vom 8. Mai 1974, TIAS 7826 ff. und „Agreement Amending the Agreement of January 17, 1966" vom 8. Mai 1974, TIAS 7824 ff.

zung des Abkommens mit der CSSR[24] sind derartige Maßnahmen vorgesehen worden. Haben aber nicht einmal die USA entsprechende Vorschriften in ihre Luftfahrtabkommen aufgenommen, dann erst recht nicht andere Staaten, die sich solchen Klauseln gegenüber nicht so aufgeschlossen zeigten. Als Antwort auf Handlungen gegen die Sicherheit der Zivilluftfahrt wurden nur in den amerikanisch-kanadischen Vertrag Vorschriften über vorbeugende Maßnahmen gegen Entführungen und Anschläge vereinbart[25]. Die anderen Abkommen entsprechen weitgehend der ICAO-Standardform.

2. Sonderabkommen

Staaten könnten auch in Verträgen, die besondere Regelungen für den Fall von Flugzeugentführungen oder Anschlägen vorsehen, Maßnahmen bei Verletzungen dieser Regelungen vorsehen. Der einzige veröffentlichte Vertrag auf diesem Gebiet, das „Hijacking-Agreement" zwischen den USA und Kuba[26], sieht solche Maßnahmen jedoch nicht vor. Auch in den drei Abkommen UdSSR-Afghanistan, UdSSR-Iran und Kuba-Kolumbien[27] dürften solche Bestimmungen nicht zu finden sein. Es ist kaum zu erwarten, daß zwei Staaten, die einen bestimmten Sachverhalt regeln wollen, in dem Vertrag zugleich den Fall regeln, daß der Vertrag nicht eingehalten wird. Hegen sie einen solchen Verdacht, werden sie den Vertrag nicht erst abschließen.

D. Beurteilung der erörterten Maßnahmen

Wie sich erwiesen hat, kann ein Staat auf Grund eines Vertrages keine direkten Maßnahmen gegen einen anderen Staat ergreifen, der ihm gegenüber seinen Verpflichtungen im Zusammenhang mit Handlungen gegen die Sicherheit der Zivilluftfahrt nicht nachkommt. Als einzige Möglichkeit kann sich der betroffene Staat an UNO und ICAO wenden. Dies erscheint aus juristischen und politischen Gründen unbe-

---

24 „Protocol Modifying and Extending the Agreement of February 28, 1969" vom 24. Mai 1972, TIAS 7356 ff. und vom 1. Juni 1974, TIAS 7881, die das Air Transport Agreement vom 28. Februar 1969, TIAS 6644 ff. ergänzen.

25 Durch das Abkommen vom 8. Mai 1974 (vgl. Fn. 23) wird das „Agreement of Air Transport Preclearance" (TIAS 7825 ff.) in das Luftfahrtabkommen zwischen den USA und Kanada einbezogen. Wird das „Preclearance-Agreement", das detaillierte Vorschriften über Durchsuchung von Passagieren und sonstige Sicherheitsmaßnahmen enthält, gekündigt, so stellt das einen wichtigen Grund zur Kündigung dar. Auch in das „Nonscheduled Air Services Agreement" ist das „Preclearance-Agreement" einbezogen.

26 Vgl. Kap. I Fn. 4.

27 Vgl. Kap. I Fn. 5.

friedigend, weil auf diesem Weg ein Staat zur Einhaltung seiner Pflichten nicht bewogen werden kann.

Das hat zunächst einen Verfahrensgrund. Es kommt in den Fällen, wo ein Staat Passagiere als Geiseln zurückhält, auf rasches Handeln an. Vergeht schon bis zur Anrufung des ICAO-Rates einige Zeit, so nochmals bis zu dessen Entscheidung. Art. 84 Chicago-Abkommen sieht sogar noch eine Berufungsmöglichkeit gegen eine Ratsentscheidung vor, die nach Art. 86 Satz 2 Chicago-Abkommen zur Folge hat, daß die Ratsentscheidung ausgesetzt bleibt. Wenn alleine die Berufungsfrist sechzig Tage beträgt, wird deutlich, das die Art. 34 ff. auf sehr lange Zeiträume angelegt sind. Mit Blick auf das Schicksal von Geiseln können derartige Zeiträume nicht abgewartet werden.

Was die UN-Generalversammlung betrifft, so tritt sie nach Art. 20 SVN zu ordentlichen Jahrestagungen oder außerordentlichen Tagungen zusammen und ist schon deshalb nicht in der Lage, schnell zu reagieren. Etwas anderes gilt nur, wenn ein Vorfall sich gerade während einer solchen Tagung abspielt. Für „schnelles und wirksames Handeln der Vereinten Nationen" (Art. 24 (1) SVN) ist der Sicherheitsrat geschaffen worden, der seine Aufgaben ständig wahrnehmen kann (Art. 28 (1) SVN). Beschlüsse des Sicherheitsrates bedürfen nach Art. 27 (3) SVN aber der Zustimmung aller ständigen Mitglieder. Diese Bestimmung macht den Sicherheitsrat gerade dann handlungsunfähig, wenn es um brisante Fragen geht, in denen auch nur eines der ständigen Mitglieder besondere Interessen hat. Es ist kaum vorstellbar, daß der Sicherheitsrat in einem der einleitend geschilderten Fälle den Landestaat verurteilt hätte oder auch nur die Aufforderung an ihn gerichtet hätte, seinen völkerrechtlichen Verpflichtungen durch Freilassung der Passagiere nachzukommen. Die Vorfälle standen nämlich in Beziehung zum Nahost-Konflikt, bzw. im Fall „Tschombé" im Zusammenhang mit dem Konflikt im Kongo.

Aus dieser letzten Feststellung ergibt sich der zweite Grund dafür, weshalb die Einschaltung von UNO oder ICAO durch einen betroffenen Staat unbefriedigend ist. Die spektakulären Flugzeugentführungen und Anschläge standen durchweg im Zusammenhang mit politischen Konflikten, von denen der Nahost-Konflikt nur einer ist. Jede Stellungnahme zu den Pflichtverletzungen eines Staates hätte eine Stellungnahme auch zum jeweiligen Konflikt bedeutet.

Insbesondere die ICAO hat es weitgehend verstanden, sich von politischen oder ideologischen Auseinandersetzungen fernzuhalten. Diese brachen sofort aus, als die ICAO Maßnahmen gegen Staaten diskutierte, die ihren Pflichten nicht nachkamen[28]. Um die bisher erfolgreiche internationale, weitgehend technische Kooperation innerhalb der ICAO nicht zu gefährden, muß sich die Organisation auch in Zukunft in politischen Konflikten einer direkten Stellungnahme enthalten. Damit allerdings erweist sich die ICAO letztlich als ungeeignet, einen Staat zur Einhaltung seiner Pflichten zu bewegen, wenn die Handlung gegen die Sicherheit der Zivilluftfahrt einen politischen Hintergrund hatte.

Diese Bemerkungen treffen für die UNO nicht zu. Auf Grund der zunehmenden ideologischen Auseinandersetzungen in dieser Organisation ist aber mit Maßnahmen gegen einen Mitgliedstaat, der sich auf einen „politischen Befreiungskampf" beruft, nicht zu rechnen, mögen dessen Völkerrechtsverletzungen noch so gravierend sein.

Schließlich ist die Einschaltung der UNO oder der ICAO auch deshalb unbefriedigend, weil beide Organisationen nicht über geeignete Sanktionen verfügen, die einen Staat zur Einhaltung völkerrechtlicher Pflichten bewegen könnten[29].

E. Mögliche Verbesserungen

Möglich wäre es, in den drei erörterten Bereichen — multilaterale Luftrechtsabkommen, Satzungen von UNO und ICAO, bilaterale Verträge — Maßnahmen zum Vorgehen gegen einen Staat vorzusehen, der das Abkommen oder sonstige Pflichten verletzt. Näher eingegangen zu werden braucht jedoch nur auf den Bereich der bilateralen Verträge. Es widerspräche dem Selbstverständnis einer internationalen Organisation, in ihrer Satzung eine Grundlage für das Vorgehen von Mitgliedstaaten gegeneinander vorzusehen. Neben der Möglichkeit, die Organisation zu verlassen, finden sich in den Satzungen nur Schiedsklauseln, die gerade einseitige Maßnahmen eines Staates verhindern sollen. Ähnlich verhält es sich bei multilateralen Abkommen. Im Augenblick, wo Handlungen gegen die Sicherheit der Zivilluftfahrt zahlenmäßig zurückgehen, wäre zudem die Annahme wenig realitätsnah, daß Anstrengungen unternommen würden, den komplizierten Prozeß der Änderung eines multilateralen Vertrages einzuleiten und voranzutreiben. Die Untersuchung beschränkt sich daher auf Verbesserungen der Möglichkeiten im bilateralen Bereich. Dort gibt es zwei Ansatzpunkte: den Abschluß besonderer Verträge und Modifikationen in den bestehenden bilateralen Luftfahrtabkommen.

---

[28] Vgl. die Diskussionen während der 18. Tagung des Rechtsausschusses, ICAO-Doc 8936-LC/164-1, S. 207 ff. und während der 20. Tagung der Versammlung, ICAO-Doc 9087-A 20-RES., P-Min.

[29] Näher dazu Kap. IV.

1. Sonderabkommen

Der Abschluß besonderer Abkommen zwischen zwei Staaten, die nur gegenseitige Sanktionen für den Fall der Verletzung von Verpflichtungen bei Handlungen gegen die Sicherheit der Zivilluftfahrt beinhalten, ist kaum denkbar. Verträge, die nur die Folgen völkerrechtswidrigen Handelns regeln, sind widersprüchlich. Wenn sich die Vertragspartner Verletzungen des Völkerrechts zutrauen, ist nicht einzusehen, warum sie ausgerechnet einen Vertrag über die Folgen dieser Verletzungen einhalten sollten. Ein solcher Vertrag ist aber auch überflüssig, weil das Völkergewohnheitsrecht entsprechende Sanktionen zur Verfügung stellt.

2. Modifikationen der bestehenden bilateralen Luftfahrtabkommen

a) Zusatzklausel

Ernsthaft in Betracht zu ziehen ist jedoch die Möglichkeit, in die bilateralen Luftfahrtabkommen neue Klauseln einzufügen. Eine solche Klausel könnte einem betroffenen Staat Maßnahmen gegen einen pflichtverletzenden Staat ermöglichen, die bisher nicht möglich sind[30]. So ist es jedem Staat unbenommen, bei Abschluß neuer oder der Verlängerung bestehender Luftfahrtabkommen eine Bestimmung einzufügen, welche die Rechte aus diesem Abkommen von der Erfüllung der Verpflichtungen abhängig macht, die sich aus den Abkommen von Tokyo, Den Haag und Montreal ergeben. Den Vorschlag einer solchen Zusatzklausel unterbreitete Kanada im Oktober 1970 in einer ICAO-Versammlung[31].

Der Vorschlag sah im ersten Teil eine Aufzählung grundlegender Verpflichtungen vor, die von den Staaten zu beachten gewesen wäre. Dabei handelte es sich um die Verpflichtungen, die in den Art. 11 Tokyo- und Art. 7 und 9 Den Haag-Abkommen niedergelegt sind[32], also die sofortige Freilassung aller Passagiere und Besatzungsmitglieder, die Freigabe des Flugzeugs und seiner Ladung, sowie die Auslieferung der Täter oder ihre juristische Verfolgung. Außerdem sollten die mutmaßlichen Täter bis zur Entscheidung über Auslieferung oder Verfolgung in Haft genommen werden.

Der zweite Teil des kanadischen Vorschlags kündigte die Konsequenzen aus einer Verletzung der aufgezählten Pflichten durch eine Partei an. Ungeachtet aller anderen Bestimmungen sollte in diesem Fall die

---

[30] Vgl. Kap. II C 1.

[31] Der Wortlaut des kanadischen Vorschlags ist in ICAO-Doc 8936-LC/164-2, S. 195 f. abgedruckt.

[32] Das Abkommen von Montreal war im Zeitpunkt der Vorlage des kanadischen Vorschlags noch nicht abgeschlossen.

andere Partei berechtigt sein, nach vorheriger Ankündigung die Anwendung des Luftfahrtabkommens auszusetzen. Dabei sollte es nicht erforderlich sein, daß die Pflichten gerade dem Vertragspartner gegenüber verletzt wurden; es sollte vielmehr jeder Verstoß gegen sie mit der Vertragsvoraussetzung beantwortet werden können[33].

Für die Staaten, die eines der drei multilateralen Abkommen über Handlungen gegen die Sicherheit der Zivilluftfahrt unterzeichnet haben, hätte die Klausel teilweise deklaratorischen Charakter, sofern sie ohnehin bestehende Verpflichtungen wiederholte und nur eine Sanktionsmöglichkeit neu schuf. Für Staaten, die sich den drei Abkommen nicht angeschlossen haben, würde die Klausel im Verhältnis der Vertragspartner Pflichten begründen. Dazu führte die kanadische Vorlage vor der ICAO-Versammlung aus:

> "States may avoid becoming parties to this type of multilateral instrument not because they refuse in principle to accept certain obligations contained therin but because they do not want to undertake such obligations with respect to particular Contracting States. In this case, it would appear that incorporation of the pertinent multilateral provisions in bilateral air agreements with third states may well be acceptable[34]."

Die dem kanadischen Vorschlag zugrunde liegende Idee wirft eine Reihe juristischer Probleme auf, die teilweise auch innerhalb der ICAO-Diskussion eine Rolle spielten.

Die Einfügung einer dem kanadischen Vorschlag entsprechenden Klausel könnte im Widerspruch zu Art. 5 Chicago-Abkommen stehen. Dort erklären sich alle Vertragsstaaten damit einverstanden, daß alle im nicht planmäßigen internationalen Fluglinienverkehr eingesetzten Luftfahrzeuge der anderen Vertragsstaaten berechtigt sind, ohne Einholung einer vorherigen Erlaubnis in ihr Hoheitsgebiet einzufliegen, es ohne Aufenthalt zu durchfliegen und dort nicht gewerbliche Landungen vorzunehmen. Soweit die Klausel in Luftfahrtabkommen eingefügt wird, die den planmäßigen Linienverkehr betreffen, gibt es keinen Konflikt zwischen Art. 5 und der Zusatzklausel.

Die Einfügung in ein Abkommen über den nicht planmäßigen Flugverkehr stünde hingegen im Widerspruch zu Art. 5. Dieser Widerspruch muß aber nicht unauflösbar sein. Die Wiener Konvention über das Recht der Verträge von 1969, die als eine Bestätigung des Völkergewohnheitsrechts anzusehen ist[35], sieht in Art. 58 vor, daß zwei oder mehr

---

[33] *Bissonnette / Clark,* Securing the Enforcement of International Legal Obligations relating to Unlawful Interference with International Civil Aviation: Canadian Initiatives, in: McWhinney, Aerial Piracy, S. 78.

[34] *Bissonnette / Clark,* S. 77.

[35] *Rousseau,* Droit international public, Nr. 21 (S. 25); *Ago,* Droit des Traités à la lumière de la Convention de Vienne, in: RdC, Bd. 134 (1971, Teil III), S. 328 f.

Partner eines multilateralen Vertrages ein Abkommen schließen können, um die Geltung von Vertragsvorschriften zeitweise und nur zwischen sich auszusetzen. Genau dies geschähe durch die Einfügung der Zusatzklausel in ein Abkommen über den nicht planmäßigen Flugverkehr. Die Aussetzung wäre möglich unter der Bedingung der vorausgehenden Verletzung der im ersten Teil der Klausel festgelegten Verpflichtungen durch einen der Vertragspartner.

Nach Art. 58 WVK müßte eine solche Möglichkeit aber auch mit dem multilateralen Abkommen vereinbar sein. Dies ist der Fall, wenn die in dem neuen bilateralen Abkommen vorgesehene Aussetzung von Vertragsvorschriften des multilateralen Abkommens in letzterem vorgesehen ist. Im Chicago-Abkommen findet sich jedoch keine derartige Bestimmung; Art. 87 kennt eine Aussetzung von Rechten nur nach einer Entscheidung des ICAO-Rates. Vereinbar mit dem multilateralen Abkommen wäre eine Aussetzung von Vertragsvorschriften auch, wenn sie nicht in Widerspruch zu Gegenstand und Zweck des Vertrages steht und die Rechte der anderen Vertragspartner des multilateralen Abkommens nicht beeinträchtigt. Eine Aussetzung des Art. 5 zwischen zwei Staaten berührt zwar dritte Staaten nicht, steht aber in klarem Gegensatz zu Art. 82 des Chicago-Abkommens. Dort haben die Mitgliedstaaten vereinbart, keine Verpflichtungen oder Absprachen einzugehen, die mit den Bestimmungen des Chicago-Abkommens unvereinbar sind. Damit kann Art. 5 des Chicago-Abkommens nicht in Übereinstimmung mit Art. 58 WVK in einer Zusatzklausel bedingt ausgesetzt werden. Dies ist auch dann nicht möglich, wenn sich zwei Staaten darüber einigen sollten.

Welche Folge es hätte, wenn die Zusatzklausel dennoch in ein Abkommen über nicht planmäßigen Flugverkehr aufgenommen würde, soll hier nicht weiter untersucht werden. Die Klausel wurde bisher noch nicht in ein Luftverkehrsabkommen aufgenommen, und bei zukünftiger Aufnahme kann auf die Vereinbarkeit mit Art. 5 Chicago-Abkommen geachtet werden. Die Behauptung Haraszti's, in einem solchen Fall sei das neue bilaterale Abkommen null und nichtig[36], kann aber mit Blick auf Art. 30 WVK nicht richtig sein.

Die Zusatzklausel kann also, um einen Konflikt zu Art. 5 Chicago-Abkommen zu vermeiden, nur in Abkommen über den planmäßigen Flugverkehr aufgenommen werden. Die Rechte aus Art. 5 für den nicht planmäßigen Flugverkehr bleiben einem Staat auf jeden Fall erhalten.

Für den Bereich des planmäßigen Luftverkehrs ergeben sich aus dem Transit- und dem Transport-Abkommen Bedenken gegen die Einfü-

---

[36] *Haraszti*, Some Fundamental Problems of the Law of Treaties, Budapest 1973, S. 303 f.

gung einer Zusatzklausel in bilaterale Luftfahrtabkommen. Die Aussetzung der Rechte aus den bilateralen Luftfahrtabkommen beeinträchtigt sowohl Art. I Abschnitt 1 Transit-, als auch Art. I Abschnitt 1 Transport-Abkommen[37]. Sie hat zum Ziel, die Luftfahrtbeziehungen zu unterbrechen, was unvereinbar mit den „Freiheiten der Luft" ist. Auch hier fragt sich aber, ob nicht die Einfügung der Zusatzklausel in ein Luftfahrtabkommen einen Vertrag im Sinne des Art. 58 WVK darstellen kann.

Weder Transit-, noch Transport-Abkommen sehen eine Aussetzung von Rechten durch einen Staat vor. Sie fordern für eine solche Maßnahme in den Art. II Abschnitt 1 bzw. Art. IV Abschnitt 2 einen Beschluß der Versammlung mit Zweidrittel-Mehrheit. Immerhin würden aber auch im Fall dieser beiden Abkommen durch Einfügen der Zusatzklausel in ein Luftfahrtabkommen Rechte dritter Staaten nicht beeinträchtigt[38], so daß über die Vereinbarkeit mit Art. 58 WVK wieder „Gegenstand und Zweck des Vertrages" entscheiden.

Für das Transport-Abkommen ergibt sich die Antwort aus Art. II Abschnitt 1, der dem Art. 82 Chicago-Abkommen inhaltlich entspricht. Danach verpflichten sich die Vertragsstaaten, keine entgegenstehenden Verpflichtungen einzugehen. Diese Bestimmung läßt die Abänderung des Transport-Abkommens durch die Zusatzklausel zwischen zwei Staaten nicht zu. Ein Staat, der das Transport-Abkommen unterzeichnet hat, kann also nicht ohne Verletzung dieses Abkommens mit einem anderen ein entsprechendes Luftfahrtabkommen abschließen.

Im Transit-Abkommen findet sich hingegen keine Bestimmung, die ausschließt, daß ein Staat mit einem anderen die Aussetzung der Rechte daraus vereinbart. Da Transit- und Transport-Abkommen in Beziehung zueinander stehen und am selben Tag unterzeichnet wurden, kann das Fehlen einer solchen Bestimmung nicht als „Versehen" angesehen werden. Da auch sonst nichts ersichtlich ist, was eine Aussetzung der Rechte aus Art. 1 Abschnitt 1 Transit-Abkommen als unvereinbar mit dem Gesamtabkommen erscheinen lassen könnte, sind Bedenken unbegründet, die Zusatzklausel sei mit dem Transit-Abkommen unvereinbar.

Ein ganz anderer Einwand gegen den kanadischen Vorschlag einer Zusatzklausel beruht auf der Behauptung, ein Staat dürfe nicht auf Grund eines Vertrags einseitig über das Verhalten seines Vertragspartners urteilen, wenn dieser seine nationalen Gesetze anwende[39]. Damit

---

[37] Zum Inhalt der beiden Bestimmungen vgl. Kap. II B 1.

[38] Worauf ein ICAO-Delegierter seine Ansicht gründet: „Modifications decided upon by certain States which involve sanctions would be incompatible with a multilateral treaty because they obviously affect the rights and obligations of other States." bleibt unerfindlich, da jegliche Begründung fehlt (ICAO-Doc 8936-LC/164-1, S. 227).

soll offensichtlich zum Ausdruck gebracht werden, das Urteil des Staates, der den anderen der Verletzung seiner Pflichten aus der Klausel oder den multilateralen Abkommen beschuldigt, sei eine Einmischung in die inneren Angelegenheiten des anderen, soweit dieser sich auf seine Gesetze beruft. Eine solche Argumentation beruht auf völliger Verkennung staatlicher Souveränität. Diese muß nämlich notwendigerweise auch die Möglichkeit des Souveränitätsverzichts umfassen. So wie ein Staat durch einen Vertrag den ihm vorbehaltenen Hoheitsbereich erweitern kann, kann er auch umgekehrt diesen Hoheitsbereich durch Verträge einschränken[40]. Da der Gedanke der Zusatzklausel auf der Einfügung in einen Vertrag beruht, sind Bedenken, ihre Anwendung stelle eine Einmischung dar, unbegründet. Staaten, die eine solche Klausel in einen Vertrag aufnehmen, unterwerfen sich dadurch dem Urteil des Vertragspartners und können sich nicht darauf berufen, daß dieses Urteil eine Einmischung darstellt. Ganz abgesehen davon beinhaltet das Vorhalten völkerrechtswidrigen Verhaltens niemals eine ungerechtfertigte Einmischung in die inneren Angelegenheiten des betreffenden Staates[41].

Neben diesen grundsätzlichen juristischen Bedenken, die sich nur zum Teil als begründet erwiesen, wurde gegen die Zusatzklausel eingewendet, daß sie bei Einfügung in bilaterale Verträge unterschiedlich ausgelegt werden könnte. So könne das Ziel, der Aufbau eines umfassenden Systems von Zusatzklauseln, verfehlt werden. Diese Möglichkeit ist zwar nicht zu leugnen, stellt aber auch keinen gravierenden Einwand gegen den kanadischen Vorschlag dar. Bereits bei Verwendung von zwei gleichermaßen authentischen Vertragssprachen kann es zu Auslegungsschwierigkeiten kommen. Da Ziel und Inhalt der Zusatzklausel klar umrissen sind, ist es schwer vorstellbar, daß sie in verschiedenen Verträgen unterschiedlich ausgelegt würde. Im übrigen wäre dieses Problem durch eine von der ICAO empfohlene standardisierte Fassung erledigt.

Ein weiterer Einwand ergab sich aus einem konstruierten Fall, in dem die Anwendung der Zusatzklausel umstritten ist. Dieser Fall wurde von einer ICAO-Arbeitsgruppe während der 18. Tagung des Rechtsausschusses ohne Lösung diskutiert[42]: Im Luftfahrtabkommen der Staaten A und B ist die Zusatzklausel enthalten. B hält nach einer Entführung ein Flugzeug des Staates C auf seinem Territorium zurück. Weder B noch C haben eines der multilateralen Abkommen über Hand-

---

39 Vgl. den Bericht der Arbeitsgruppe des ICAO-Rechtsausschusses, ICAO-Doc 8936-LC/164-2, S. 255 (LC Working Draft No. 793).

40 *Dahm*, VR I, § 35 IV (S. 209).

41 *Seidl-Hohenveldern*, VR, Rdnr. 1086 (S. 254); *Wengler*, VR I, S. 1046 f.

42 Vgl. ICAO-Doc 8936-LC/164-2, S. 254.

lungen gegen die Sicherheit der Zivilluftfahrt unterschrieben. Sie haben auch kein Luftfahrtabkommen mit der Zusatzklausel. Ist Staat A berechtigt, sein Luftfahrtabkommen mit Staat B entsprechend der Klausel zu suspendieren?

Unzweifelhaft verletzt B in diesem Fall die Verpflichtungen aus Art. 11 Tokyo-, Art. 9 Den Haag- und Art. 10 Montreal-Abkommen. Diese sind für ihn aber nicht verbindlich, da er nicht Mitgliedstaat dieser Abkommen ist. Seine Verpflichtung ergibt sich allein aus der Zusatzklausel, deren Wirkung zu untersuchen ist.

Da die Klausel in einem bilateralen Vertrag zu finden ist, gilt sie zunächst zwischen den beiden Vertragspartnern. B ist somit aus der Klausel nur A, nicht aber C verpflichtet. Wenn aber B gegenüber C keine vertraglichen Verpflichtungen hat[43], das Flugzeug freizugeben, kann auch die Zusatzklausel zwischen B und A nicht verletzt sein. Selbst wenn die Klausel, wie erwähnt[44], keine Pflichtverletzung gerade gegenüber dem Vertragspartner erfordert, ist doch eine Pflichtverletzung nötig, die im Verhältnis B - C nicht vorliegt.

Zu einem anderen Ergebnis kann man nur kommen, wenn man die Klausel als einen unechten Vertrag zugunsten Dritter ansähe. Ein solcher Vertrag bietet allen an ihm nicht beteiligten Staaten gewisse Vorteile, gewährt ihnen aber keinerlei Rechte[45]. Er ist ohne weiteres möglich[46] und berührt den Satz „pacta tertiis nec nocent nec prosunt" nicht, da einem dritten Staat, im Beispiel also C, gerade keine Rechte oder Pflichten erwachsen. Die Klausel als ein unechter Vertrag zugunsten Dritter hätte zur Folge, daß der Vertrag zwischen A und B im Innenverhältnis auch Pflichten gegenüber dritten Staaten begründete. Im Beispielsfall wäre B nur dem A verpflichtet, gegenüber allen anderen Staaten die Bestimmungen im ersten Teil der Klausel zu beachten. Bei jeder Verletzung wäre A berechtigt, sein Luftfahrtabkommen mit B auszusetzen. Diese Möglichkeit wirkt sich auf dritte Staaten vorteilhaft aus, weil ihnen gegenüber die in der Zusatzklausel enthaltenen Verpflichtungen nicht so leicht verletzt würden.

Der Wortlaut des kanadischen Vorschlages[47] gibt keine zweifelsfreie Antwort auf die Frage, ob die Klausel als unechter Vertrag zugunsten Dritter aufgefaßt werden soll oder nicht. Beide Möglichkeiten sind denkbar[48]. Sollte die Klausel einmal Anwendung finden, wäre eine

---

43 Gewohnheitsrechtliche Verpflichtungen bestehen sehr wohl, vgl. Kap. I D.

44 s. eingangs Kap. II E 2 a.

45 *Dahm*, VR III, § 16 II (S. 113).

46 Vgl. *Wengler*, VR I, S. 254.

47 ICAO-Doc 8936-LC/164-2, S. 195 f.

48 Dies verkennt *Emanuelli*, der die Möglichkeit eines unechten Vertrages zugunsten Dritter übersieht (S. 1109). Ihm bleibt daher nur die Lösung, die Fallfrage zu verneinen.

entsprechende Präzisierung notwendig. Obwohl vom Anliegen der Zusatzklausel die Klarstellung im Sinne des unechten Vertrages zugunsten Dritter erfolgen müßte, ist von dieser Lösung abzuraten. Wenn die kanadische Vorlage damit begründet wurde, daß Staaten den multilateralen Abkommen fernbleiben, weil sie deren Verpflichtungen gegenüber bestimmten Staaten nicht übernehmen wollten[49], dann führte die Präzisierung der Klausel in Richtung auf einen unechten Vertrag zugunsten Dritter gerade zu dem Ergebnis, das vermieden werden sollte: Im bilateralen Verhältnis hätte nämlich jeder Staat gegenüber allen anderen die Verpflichtungen aus den drei Abkommen von Tokyo, Den Haag und Montreal. Will ein Staat diese Verpflichtungen tatsächlich generell übernehmen, wird er auch den Abkommen beitreten, so daß der Weg über bilaterale Abkommen unnötig wäre.

Der Verlauf der Diskussionen über den kanadischen Vorschlag innerhalb der ICAO macht deutlich, daß von seiten dieser Organisation keine Unterstützung der Zusatzklausel zu erwarten ist.

Die 17. (außerordentliche) ICAO-Versammlung nahm den kanadischen Vorschlag in der Resolution A 17 - 23 zur Kenntnis und sah ihn zur weiteren Beratung vor[50]. Während der 18. Tagung des Rechtsausschusses wurde er zunächst zusammen mit dem amerikanischen Vorschlag einer „Convention regarding the Safety and Security of International Air Transport Services“[51] diskutiert, dann einer besonderen Arbeitsgruppe überwiesen. Diese hielt den kanadischen Vorschlag für durchführbar. Sie bemerkte aber zugleich, es sei unüblich, eine Klausel wie die vorgeschlagene in einen Vertrag aufzunehmen, mit dessen Hauptvertragsgegenstand sie nichts zu tun habe. Zugleich schlug die Arbeitsgruppe vor, den kanadischen Vorschlag in das amerikanische multilaterale Projekt einzubringen[52]. Daraufhin gab Kanada die Idee der Zusatzklausel in den bilateralen Luftfahrtabkommen auf. Bereits in dem Unterausschuß des Rechtsausschusses, der im April 1971 in Montreal tagte, lag ein gemeinsamer Vorschlag Kanadas und der USA vor[53]. Auch später wurde die ursprüngliche kanadische Idee nicht wieder aufgegriffen.

Die Kritik der Staaten am kanadischen Vorschlag betraf die Notwendigkeit der Ergänzung der bestehenden Luftfahrtabkommen. Dies sei unpraktikabel; ein System, das zu einer Unterbrechung des planmäßigen Flugverkehrs führen könne, sei auch nicht wünschenswert[54]. Es sei zweifelhaft, ob die Staaten bereit wären, eine Zusatzklausel überhaupt

49 Vgl. eingangs Kap. II E 2 a.

50 ICAO-Doc 8895-A 17-RES, S. 32.

51 Näher dazu Kap. IV B 6 a.

52 ICAO-Doc 8936-LC/164-2, LC Working Draft No. 793.

53 ICAO-Doc LC/SC CR-Report 27/4/71, S. 21 ff.

54 So der dänische Delegierte ICAO-Doc 8936-LC/164-1, S. 209.

in ihre Luftfahrtabkommen aufzunehmen. Selbst wenn dies der Fall wäre, sei es fraglich, ob dieses Verfahren nicht zu lange dauere[55]. Schließlich sei die Klausel selbst bei weltweiter Annahme nicht geeignet, wirkungsvolle Maßnahmen rasch zu ermöglichen, da in den Luftfahrtabkommen Streitschlichtungsregelungen enthalten seien, die in jedem Fall vor der Sanktionsklausel anzuwenden wären[56]. Die Befassung der ICAO mit der Frage von Maßnahmen gegen pflichtverletzende Staaten wurde auch grundsätzlich kritisiert. So bemerkte der französische Vertreter:

> "Being a technical body, ICAO was not competent to deal with questions having political and economic implications[57]."

Alle diese Bedenken sprechen jedoch nicht entscheidend gegen den kanadischen Vorschlag der Zusatzklausel. Natürlich kann es lange dauern, bis sich eine solche Klausel durchsetzt. Dies hatte Kanada bei seinem Vorschlag auch bedacht, denn sein Vertreter äußerte:

> "Acceptance of such a clause might be slow, but, if a start were made, the effect might proceed geometrically until there were enough countries involved to provide an overall framework for the enforcement of the desired obligations[58]."

Ob der Vorschlag praktikabel ist und akzeptiert wird und wie lange es dauern wird, bis sich eine solche Klausel durchsetzt, hängt ausschließlich davon ab, wie stark das Interesse der Staaten daran ist, daß die durch die Klausel erfaßten Pflichten eingehalten werden. Wenn ein multilaterales Abkommen innerhalb kurzer Zeit in Kraft treten kann, wie es beim Montreal-Abkommen bereits nach 16 Monaten der Fall war, könnte sich auch die Zusatzklausel rasch durchsetzen. Auf sie gestützte Maßnahmen werden auch nicht durch die Streitschlichtungsregeln unnötig verzögert, die in den Luftfahrtabkommen enthalten sind. Zwischen der Ankündigung, das Luftfahrtabkommen auszusetzen, und ihrem Vollzug war im kanadischen Vorschlag gerade deshalb eine Zwei-Wochen-Frist vorgesehen, damit eine Streitschlichtung noch hätte erfolgen können.

Wenn trotz allem im Augenblick die Zukunft einer Zusatzklausel nicht günstig beurteilt werden kann, dann deshalb, weil Flugzeugentführungen und Anschläge in den Schatten anderer Terrorakte getreten sind. Die internationale Diskussion um die Klausel ist beendet, ohne daß sie in ein Luftfahrtabkommen Eingang gefunden hat[59]. Nicht weil es sich um „Scheinpragmatik"[60] handelt, sondern weil das Interesse der

---

55 ICAO-Doc 8936-LC/164-2, LC Working Draft No. 793.

56 So der Vertreter Neuseelands ICAO-Doc 8936-LC/164-1, S. 235.

57 ICAO-Doc 8936-LC/164-1, S. 210.

58 ICAO-Doc 8936-LC/164-1, S. 234.

59 Nachweis für die Verträge der USA Kap. II C 1.

Staaten an der Bekämpfung von Handlungen gegen die Sicherheit der Zivilluftfahrt erloschen scheint, ist auch in absehbarer Zeit nicht damit zu rechnen, daß eine Zusatzklausel zwischen Staaten vereinbart wird.

Diese Situation kann sich jedoch schlagartig wieder ändern, wenn es erneut zu Vorfällen kommt, wie sie eingangs dieses Kapitels beschrieben wurden. In diesem Fall wäre ein Wiederaufgreifen der kanadischen Idee ein Mittel, um Staaten auf vertraglichem Weg entgegenzutreten, die den Verpflichtungen nicht nachkommen, die ihnen ohnehin schon das Gewohnheitsrecht auferlegt. Die Zustimmung solcher Staaten zu einem Luftfahrtabkommen mit Zusatzklausel wird zwar nicht einfach zu erlangen sein, jedoch wird sich ein Staat auf Dauer kaum gegen eine solche Klausel wenden können, wenn er auf Luftverkehrsverbindungen angewiesen ist und sich eine Reihe von Staaten zusammenfinden, die diese Verbindungen gewährleisten[61]. Schon zum Tokyo-Abkommen wurde bemerkt:

> "... whether the Convention can be adjudged sucessfull will depend not on its ratification by merely 12 or even 16 states, but in extent to which nations with important aviation interests ratify it. Indeed if the countries which are the major providers of air transportation, or which generate or attract large amounts of air traffic, or whose geographic location is such that a heavy volume of flights traverse their air space, do not ratify the Convention, it can have only limited success as an instrument of international legislation[62]."

Dies gilt entsprechend auch für den Erfolg einer Zusatzklausel. Völlig nutzlos wäre der kanadische Vorschlag nur im Fall von Staaten, die keinerlei Luftverkehr haben[63]. Ein solcher Staat ist aber heute kaum noch denkbar.

Der kanadische Vorschlag hat zugleich einen Aspekt, der bisher kaum beachtet wurde. Jede Klausel, die einem Staat Maßnahmen gegen einen anderen gestattet, birgt die Gefahr in sich, mißbraucht zu werden. Mit der Zusatzklausel ist diese nicht verbunden. Setzt ein Staat ein Luftfahrtabkommen mit einem anderen aus, so hat er selbst dadurch Nachteile, da auch seine Fluggesellschaft den betreffenden Staat nicht mehr anfliegen und überfliegen darf. Eine Maßnahme, durch die ein Staat eine Selbstschädigung in Kauf nimmt, trifft er aber nur in wirklich gravierenden Fällen, wenn er etwa das Risiko, daß der betreffende Staat auch ihm gegenüber eine Pflichtverletzung begeht, so hoch ein-

---

60 *Schütz*, S. 232.

61 *Hirsch / Fuller*, Aircraft Piracy and Extradition, in: New York Law Forum, Bd. 16 (1970), S. 392 ff. machen darauf aufmerksam, daß bereits ein Boykott etwa der USA, Japans, Großbritanniens, Frankreichs, Italiens, der UdSSR und der Bundesrepublik Deutschland sehr wirkungsvoll sei.

62 *Boyle / Pulsifer*, The Tokyò Convention on Offenses and Certain other Acts Commited on board Aircraft, in: JALC, Bd. 30 (1964), S. 305.

63 Darauf macht *Jacobson*, S. 187 aufmerksam.

schätzt, daß er den entgangenen Gewinn seiner Fluggesellschaft hinnimmt.

b) *Außerordentliche Kündigungsklausel*

Statt einer Zusatzklausel, die eine zeitweise Aussetzung der Luftfahrtabkommen ermöglicht, könnte auch eine außerordentliche Kündigungsklausel in die bilateralen Luftfahrtabkommen aufgenommen werden. Sie käme zur Anwendung, wenn ein Staat seinen Verpflichtungen aus den Abkommen von Tokyo, Den Haag oder Montreal oder den entsprechenden gewohnheitsrechtlichen Vorschriften nicht nachkommt.

Eine derartige Kündigungsklausel beinhaltet aber einen wesentlich schwereren Eingriff in das System der Luftfahrtbeziehungen als eine Zusatzklausel, weil durch eine Kündigung die Luftfahrtabkommen beendet würden. Außerdem könnte sich ein Staat unter Berufung auf einen „wichtigen Grund" von ihm unliebsam gewordenen Verpflichtungen aus dem bilateralen Abkommen befreien. Soll die außerordentliche Kündigungsklausel nämlich nicht nur eine Modifikation der Zusatzklausel sein, muß sie umfassender formuliert werden. Als Generalklausel bietet sich eben der „wichtige Grund" an, der Mißbrauch nicht ausschließt, weil er nicht konkret genug zu fassen ist. Es ist daher begreiflich, daß die Möglichkeit, eine außerordentliche Kündigungsklausel in die Luftfahrtabkommen aufzunehmen, nie ernsthaft ins Auge gefaßt wurde.

F. Maßnahmen auf Grund des Völkergewohnheitsrechts

Nachdem sich aus den verschiedenen Verträgen keine Möglichkeiten für einen betroffenen Staat ergeben haben, direkt gegen Staaten vorzugehen, die ihre Pflichten im Zusammenhang mit Handlungen gegen die Sicherheit der Zivilluftfahrt verletzen, werden jetzt die Möglichkeiten überprüft, die das Völkergewohnheitsrecht bietet. Sie können unter dem Begriff „individuelle Durchsetzungsmittel"[64] zusammengefaßt werden.

1. Retorsion

Eine Retorsion ist ein innerhalb der Schranken des Rechts sich bewegender unfreundlicher Akt, durch den ein ebensolcher Akt eines anderen Staates beantwortet wird, um diesen zur Aufgabe seines un-

[64] Diesen Begriff verwendet *Berber*, VR III, § 14 (S. 88). Der z. B. von *Dahm*, VR II, § 85 (S. 408) oder *Tomuschat*, Repressalie und Retorsion, in: ZaöRV, Bd. 33 (1973), S. 184 verwendete Oberbegriff „Selbsthilfe" ist nicht präzise genug. „Selbsthilfe" wird z. B. von *Seidl-Hohenveldern*, VR, Rdnr. 1286 (S. 320) als eigenständige Maßnahme neben Retorsion und Repressalie aufgezählt.

freundlichen Verhaltens zu veranlassen. Sie kann sich aber auch gegen eine völkerrechtswidrige Handlung eines anderen Staates richten, die nicht sofort — was an sich zulässig wäre — mit einer Repressalie beantwortet werden soll[65]. Vom Begriff her ist nicht einzusehen, weshalb die Retorsion nur als Reaktion auf unfreundliche Akte und nicht auch auf völkerrechtswidriges Verhalten angesehen werden soll, wie *Dahm*[66] und *Wengler*[67] meinen. Damit wäre nämlich eine völkerrechtsgemäße Reaktion auf völkerrechtswidriges Verhalten eines anderen Staates begrifflich nicht erfaßt[68]. Retorsionen bedürfen keiner besonderen Rechtfertigung, da sie keine Rechtsverletzungen beinhalten[69].

Dem staatlichen Einfallsreichtum sind im Bereich der Retorsionen keine Grenzen gesetzt, solange sich die Maßnahmen innerhalb des Völkerrechts bewegen. Im Einzelfall wird es oft nicht einfach sein, eine Maßnahme als Retorsion zu erkennen, wenn ihr die eindeutige Verbindung zu dem vorangegangenen Verhalten des anderen Staates fehlt.

Bei Handlungen gegen die Sicherheit der Zivilluftfahrt war in einem Fall diese Verbindung unzweifelhaft gegeben. Nachdem am 18. Februar 1969 ein Kommando der „Volksfront für die Befreiung Palästinas" auf dem Züricher Flughafen versucht hatte, eine israelische Passagiermaschine unter Kontrolle zu bekommen, verhängte die Schweiz gegenüber sämtlichen arabischen Staaten einen Visumzwang[70].

Problematisch bei der Charakterisierung dieser Maßnahme als Retorsion ist allein die offenbar von der Schweiz unterstellte Verantwortlichkeit der arabischen Staaten für den Anschlag. In anderen Fällen sind Retorsionen nicht bekanntgeworden, wiewohl sie in Fällen, wo Flugzeug, Besatzung und Passagiere zurückgehalten werden, zulässig sind. Selbst wenn man die oben[71] vertretene Auffassung nicht teilt, daß dieses Verhalten eine Verletzung des Völkergewohnheitsrechts ist, stellt es doch zumindest einen unfreundlichen Akt dar, der zur Retorsion berechtigte.

Als Retorsionsmaßnahme luftrechtlicher Natur bei pflichtwidrigem Verhalten eines Staates wäre an eine Kündigung der mit diesem abgeschlossenen Luftfahrtabkommen zu denken, die in der Regel mit zwölfmonatiger Frist[72] oder mangels Kündigungsklausel unter den Voraussetzungen des Art. 56 WVK gewohnheitsrechtlich kündbar sind.

---

65 *Berber*, VR III, § 14 I (S. 88).

66 *Dahm*, VR II, § 88 XI (S. 435).

67 *Wengler*, VR I, S. 553.

68 Dies erwähnt *Wengler*, VR I, S. 553 selbst.

69 *Tomuschat*, S. 184.

70 Zum Vorfall selbst AdG 69, 14591 f. und die Darstellung des israelischen Delegationsleiters ICAO-Doc 9087-A 20-RES, P-Min., S. 96. Zu den Nachwirkungen AdG 70, 15359.

71 Kap. I B 3.

Die Kündigung eines Luftverkehrsabkommens als Reaktion auf staatliche Pflichtverletzungen im Zusammenhang mit Handlungen gegen die Sicherheit der Zivilluftfahrt verspricht aber keine große Wirkung. Zwar mag die Ankündigung der Beendigung des Abkommens bei dem anderen Staat zu Überlegungen führen, ob es nicht besser sei, den unfreundlichen Akt bzw. die völkerrechtswidrige Verhaltensweise zu beenden. Da das Abkommen aber erst nach einem Jahr außer Kraft träte, bis dahin also alle Rechte unverändert bestehen blieben, könnten genügend Anstalten getroffen werden, tatsächlich erforderlichen Luftverkehr anderweitig abzuwickeln. Außerdem bleiben dem pflichtverletzenden Staat, sofern er Mitglied des Chicago-Abkommens ist, die Rechte aus Art. 5 dieses Abkommens erhalten. Sollen diese Rechte auch noch aufgehoben werden, müßte das Chicago-Abkommen gekündigt werden. Damit geriete aber das Gefüge des internationalen Luftverkehrs ins Wanken.

Daß bisher betroffene Staaten nicht zum Mittel der Retorsion gegriffen haben, ist auf praktisch-politische Fragen zurückzuführen. Solange sich noch Menschen in der Hand von Terroristen oder in der Gewalt des pflichtverletzenden Staates befinden, geht es primär um deren Befreiung. Diese ist mit einem „harten Kurs", also Gegenmaßnahmen durch einen Staat, schwerer zu erreichen als durch teilweise oder auch völlige Erfüllung von Forderungen. Sind die betreffenden Personen aber einmal freigelassen, erscheint der Fall erledigt und ein Konflikt mit einem pflichtverletzenden Staat unnötig, vor allem dann, wenn dieser seinerseits über Druckmittel, wie z. B. Öl, verfügt.

Vom völkerrechtlichen Standpunkt aus bleibt festzuhalten, daß es keinerlei Bedenken dagegen gibt, daß ein betroffener Staat mit einer Retorsion gegenüber einem Staat reagiert, der seine völkerrechtlichen Verpflichtungen ihm gegenüber nicht erfüllt.

2. Repressalie

„La représaille est un acte de propre justice (Selbsthilfehandlung) de l'Etat lésé, acte répondant — après sommation restée infructueuse — à un acte contraire au droit des gens de l'Etat offenseur. Elle a pour effect de suspendre momentanément, dans les rapports des deux Etats, l'observation de telle ou telle règle du droit des gens. Elle est limitée par les expériences de l'humanité et les règles de la bonne foi, applicables dans les rapports d'Etat à Etat. Elle serait illégale si un acte préalable, contraire du droit des gens, n'en avait fourni le motif. Elle tend à imposer, à l'Etat offenseur, la réparation de l'offense ou le retour à la légalité, en évitation de nouvelles offenses[73]."

---

[72] Vgl. die entsprechenden Artikel der Kap. I Fn. 3 aufgezählten Verträge, von denen nur das sowjetisch-amerikanische Abkommen eine kürzere, nämlich sechsmonatige Kündigungsfrist enthält.

In dieser Definition, die aus dem Schiedsurteil im „Naulilaa-Fall" stammt, sind mit Ausnahme der Proportionalität alle Elemente einer Repressalie enthalten. Dazu hatte es im Schiedsurteil noch geheißen:

> „Cette définition n'exige pas que la représaille reste proportionée à l'offense ... Quant au droit international ... il tend certainement à restreindre la notion de représaille légitime et à prohiber l'excès[74]."

Heute ist anerkannt, daß sich eine Repressalie auf das Mindestmaß beschränken, der Rechtsverletzung proportional und erforderlich sein muß[75]. Sie darf sich namentlich nicht in bloßer Vergeltung erschöpfen, sondern muß zum Ziel haben, den Verletzerstaat von seinem schädigenden Verhalten abzubringen oder ihn zur Wiedergutmachung zu bewegen. Sie darf nicht unverrückbare Tatsachen schaffen, denn sie dient nicht der endgültigen Befriedigung, sondern lediglich der Erzwingung völkerrechtsgemäßen Verhaltens[76].

Mit Blick auf die Art. 2 und 33 SVN wird die Meinung vertreten, die gesamte Institution der Repressalie sei nicht mehr in Einklang zu bringen mit der Verpflichtung, Streitigkeiten mit friedlichen Mitteln beizulegen und in den internationalen Beziehungen von Drohungen oder von der Anwendung von Gewalt Abstand zu nehmen[77]. Daran ist richtig, daß gewaltsame Repressalien mit der bestehenden normativen Rechtslage nicht zu vereinbaren sind[78]. Darüber hinaus besteht aber kein Anlaß, die Zulässigkeit von Repressalien in Zweifel zu ziehen. Art. 33 SVN erfaßt nur Streitigkeiten, deren Fortdauer geeignet ist, die Wahrung des Weltfriedens und der internationalen Sicherheit zu gefährden. Kapitel VII der UNO-Charta regelt nur Maßnahmen bei Bedrohung oder Bruch des Friedens. Eine Völkerrechtsverletzung muß aber nicht derartig schwerwiegende Folgen haben. Wenn dann einem Staat eine Repressalie untersagt wäre, gäbe es außer der Einschaltung einer Schieds- oder Gerichtsinstanz keinerlei Möglichkeit, einen Staat zur Einhaltung des Völkerrechts zu bewegen. Der verletzte Staat wäre

---

73 Sentence arbitrale du 31 juillet 1928 concernant la responsabilité de l'Allemagne à raison des dommages causés dans les colonies portugaises du Sud de l'Afrique, in: Recueil des décisions des tribunaux arbitraux mixtes institués par les traités de paix, Bd. VIII, Paris 1929, S. 422 f.

74 Ebd.

75 *Dahm*, VR II, § 88 V (S. 429 f.); *McNair*, S. 578.

76 *Tomuschat*, S. 186; *Kraus*, Die Gegenwartsproblematik völkerrechtlicher Sanktionen, in: Internationale Gegenwartsfragen, Ausgewählte kleine Schriften von Herbert Kraus, Würzburg 1963, S. 566.

77 *Colombos*, Internationales Seerecht, München—Berlin 1963, § 493 (S. 381); *Nikolić*, Povodom Pitanja Nosica Sankcija u medunarodno pravo, in: Jugoslawenska Revija za medunarodno pravo, Bd. 9 (1962), S. 116.

78 *Scheuner*, Krieg und Bürgerkrieg in der Staatenwelt der Gegenwart, in: Festschrift für Friedrich Berber, München 1973, S. 482; *Brierly*, S. 415; *Waldock*, S. 493; *Brownlie*, Principles of public International Law, 2. Aufl., Oxfort 1973, S. 452; *Schumann*, S. 87 ff. (insbes. S. 91 f. m. w. N.).

gezwungen, die Völkerrechtsverletzung hinzunehmen. Dies kann schwerlich vertreten werden. Die Verpflichtung aus den Art. 2 und 33 SVN geht allein dahin, sich um friedliche Streitbeilegung zu bemühen. Scheitern diese Bemühungen, sind Repressalien nach wie vor zulässig[79].

Auch aus der Wiener Vertragsrechtskonvention ergibt sich nichts anderes. Art. 60 WVK erwähnt als Antwort auf einen Vertragsbruch eines anderen Staates die Kündigung oder Suspension dieses Vertrages, aber keinerlei andere Maßnahmen. Wäre Art. 60 WVK als abschließende Regelung der Rechtsfolgen beim Bruch völkerrechtlicher Verträge gedacht, wäre damit eine Repressalie ausgeschlossen. Dafür gibt es aber keinen Anhaltspunkt[80]. Suspension oder Kündigung ist nur eine Art möglicher staatlicher Reaktion auf einen Vertragsbruch. Über andere, gewohnheitsrechtlich begründete Rechte sagt Art. 60 WVK nichts aus[81].

Im Zusammenhang mit Handlungen gegen die Sicherheit der Zivilluftfahrt kam es 1971 zu einem „Modellfall" einer angeblichen Repressalie. Dieser Fall soll hier eingehender untersucht werden. Am 30. Januar 1971 wurde eine Maschine der „Indian Air Lines", die von Srinagar nach Jammu/Kaschmir fliegen sollte, nach Lahore im damaligen Westpakistan entführt. Die pakistanische Regierung gewährte den beiden Entführern, die Mitglieder der „Nationalen Befreiungsfront Kaschmirs" waren, politisches Asyl, worauf Passagiere und Besatzung das Flugzeug verlassen durften. Die Entführer selbst weigerten sich jedoch, das Flugzeug zu verlassen und drohten mit seiner Sprengung, falls ihren Verwandten in Kaschmir etwas geschähe und nicht 36 Gefangene der „Befreiungsfront" von Indien freigelassen würden. Indien wies diese Forderung am 1. Februar zurück, worauf die Maschine am 2. Februar in Brand gesetzt wurde. Noch am selben Tage untersagte Indien pakistanischen Militärflugzeugen das Überfliegen seines Territoriums zwischen Ost- und Westpakistan. Nach einem erneuten Protest dehnte Indien am 3. Februar das Überflugverbot auf Zivilflugzeuge aus und sagte seine eigenen Flüge über Pakistan ab. In einer Note erklärte es am 5. Februar, das Überflugverbot werde in Kraft bleiben, bis die Frage des Schadensersatzes für Flugzeug, Gepäck der Passagiere, Ladung und Postsendungen zufriedenstellend geregelt sei. Außerdem for-

---

[79] Die überwiegende Literatur setzt die Zulässigkeit der Repressalie stillschweigend voraus. Ausdrücklich erklären sie *Schwarzenberger*, International Law II, S. 58 und *Brierly*, S. 415 f. für zulässig.

[80] *Duckwitz*, Rechtsfolgen bei Verletzung völkerrechtlicher Verträge, Berlin 1975, weist S. 14 darauf hin, daß weder im Entwurf der International Law Commission etwas über die Folgen eines Vertragsbruchs gesagt sei, noch diese Frage auf den beiden Vertragskonferenzen in Wien behandelt wurden. Gründe dafür gibt er S. 15 an.

[81] Vgl. auch die ausführliche Erörterung bei *Simma*, Reflections on Article 60 of the Vienna Convention on the Law of Treaties and Its Background in General International Law, in: ÖstZÖR, N.F. Bd. 20 (1970), S. 5 ff.

derte es die Auslieferung der beiden Entführer[82]. Gegen das Überflugverbot protestierte Pakistan seinerseits beim UN-Sicherheitsrat und bei der ICAO. Außerdem setzte es eine Untersuchungskommission ein, die zu dem Ergebnis kam, die Entführung sei von indischen Geheimdiensten ausgeführt worden[83].

Das Luftfahrtabkommen zwischen Indien und Pakistan[84] sah in Art. IX das Recht jeder Partei vor

> "to withhold, or revoke or impose such appropriate conditions as it may deem necessary with respect to an operating permission in case of failure by a designated airline of the other Party to comply with the laws and regulations of the former Party, or in case, in the judgement of the former Party, there is a failure to fulfil the conditions under which the rights are granted in accordance with this Agreement. Such action shall be taken only after consultation between the Parties."

Art. XI enthielt eine Streitregelungsklausel, die im Konfliktfall Verhandlungen und bei deren Scheitern die Anrufung eines Schiedsgerichts der ICAO oder des IGH vorsah.

Sowohl Indien als auch Pakistan hatten das Chicago-Abkommen und das Transit-Abkommen unterzeichnet, jedoch galt zwischen ihnen noch keines der Abkommen von Tokyo, Den Haag oder Montreal[85]. Da eine Repressalie völkerrechtswidriges Verhalten voraussetzt, ist auf Grund dieser Rechtslage zu prüfen, ob Pakistan sich einer Völkerrechtsverletzung schuldig gemacht hatte.

Ob Pakistan Art. 12 des Chicago-Abkommens verletzt hat, läßt sich auf Grund der gegebenen Fakten nicht feststellen. Aus der Gewährung politischen Asyls alleine kann nicht geschlossen werden, daß die Entführer nicht bestraft wurden. Es steht auch nicht fest, daß pakistanische Luftverkehrsregeln verletzt wurden. Selbst wenn man dies aber unterstellt, stellt sich die Frage, ob eine dann vorliegende Verletzung des Art. 12 Chicago-Abkommens Indien zu seiner Maßnahme berechtigte. Wie erwähnt[86], muß die Repressalie der Rechtsverletzung proportional und darauf gerichtet sein, den Verletzerstaat von seinem völkerrechtswidrigen Verhalten abzubringen. Indien forderte jedoch nicht etwa die Bestrafung der Entführer, sondern deren Auslieferung. Dazu war Pakistan auf Grund des Art. 12 Chicago-Abkommen nicht verpflichtet,

---

82 Darstellung nach: *Rousseau*, Inde et Pakistan: Différend relatif à l'octroi de l'asile par le Pakistan aux auteurs du détournement d'un avion indien opéré le 30 janvier 1971, in: RGDIP, Bd. 76 (1972), S. 216 f.; AdG 71, 16069; FAZ vom 4. 2. 71, S. 4, vom 6. 2. 71, S. 3 und vom 12. 2. 71, S. 5; *Evans*, A Proposed Method of Control, in: JALC, Bd. 37, (1971), S. 175.

83 Dies berichtet nur *Evans*, ebd.

84 Es datierte vom 23. Juni 1948, abgedruckt in: UNTS Bd. 28, S. 143 ff.

85 Indien ist nach ICAO-Doc 9127, S. 110 f. bis zum 31.Dezember 1974 noch keinem der drei Abkommen beigetreten.

86 Vgl. am Beginn dieses Abschnitts.

so daß die indische Maßnahme nicht darauf gerichtet war, Pakistan von völkerrechtswidrigem Verhalten abzubringen. Als Reaktion auf die Nichtbestrafung der Entführer muß das Überflugverbot auch als unproportional bezeichnet werden. Art. 12 bezieht sich nur auf eine Verletzung von Luftverkehrsregeln in einem Luftraum, der ausschließlich nationaler Souveränität — hier also der Pakistans — untersteht, so daß es in der Hand dieses Staates liegt, eine Verletzung von Luftverkehrsregeln festzustellen. Rechte eines anderen Staates werden dadurch kaum betroffen. Hingegen bedeutet ein Überflugverbot die Suspendierung eines bilateralen und unter Umständen mehrerer multilateraler Abkommen, die für den anderen Staat von großer Bedeutung sein können. Im Falle des indischen Überflugverbotes mußte Pakistan für den Verkehr zwischen dem westlichen und östlichen Landesteil erhebliche Umwege in Kauf nehmen. Die indische Maßnahme wurde also nicht durch eine Verletzung des Art. 12 Chicago-Abkommen durch Pakistan gerechtfertigt.

Pakistan oblag weiterhin die Hilfeleistungspflicht aus Art. 25 Chicago-Abkommen. Es gestattete der Maschine die Landung in Lahore und ließ sie bewachen. Ein Vorwurf könnte nur deswegen erhoben werden, weil die Maschine unter den Augen der Bewacher in Brand gesetzt wurde. Dabei sind jedoch die Umstände zu berücksichtigen. Durch die Zusage politischen Asyls war es Pakistan gelungen, alle an Bord befindlichen Personen in Sicherheit zu bringen. Die Drohung, die Maschine zu sprengen, hielt Pakistan davon ab, sie stürmen zu lassen. Aus Art. 25 Chicago-Abkommen ist Pakistan daher kein Vorwurf zu machen. Welche Maßnahmen „tunlich" zur Hilfeleistung sind, hat jeder Staat selbst zu beurteilen. Den dadurch eingeräumten Handlungsspielraum hat Pakistan nicht überschritten, weil die Maschine auch bei Erstürmung hätte zerstört werden können.

Diese Erwägungen gelten auch für die Pflichten aus Art. 22 Chicago-Abkommen sowie die entsprechenden gewohnheitsrechtlichen Verpflichtungen, die Pakistan hatte.

Kann aber ein völkerrechtswidriges Verhalten Pakistans nicht festgestellt werden, fehlt es an der entscheidenden Voraussetzung für eine indische Repressalie. Dessen Maßnahme war somit völkerrechtswidrig.

Der indisch-pakistanische Konflikt ist insoweit exemplarisch, als auch bei Flugzeugentführungen im Nahen Osten in ähnlichen Situationen die Frage nach der Zulässigkeit von Repressalien gegen Staaten gestellt wurde, in deren Gebiet entführte Flugzeuge zur Landung gezwungen wurden. Soweit nicht diese Staaten die Entführung selbst unterstützten oder anschließend zu Erpressungszwecken benutzten, wird ihnen kaum eine völkerrechtliche Pflichtverletzung vorzuwerfen sein. Für Handlungen von „Befreiungsorganisationen" können sie aber nur dann verantwortlich gemacht werden, wenn sie diese tolerieren oder gar unterstützen. In den meisten Fällen, in denen nach Handlungen gegen die Sicherheit der Zivilluftfahrt die Täter nicht verfolgt wurden oder ihnen Asyl gewährt wurde, fehlte es am völkerrechtswidrigen Verhalten der Staaten, das Voraussetzung für eine Repressalie gegen sie wäre.

Da es aber bereits Fälle gab, in denen ein Staat eine Flugzeugentführung ausgenutzt hat[87], sollen mögliche luftrechtliche Repressalien noch näher untersucht werden. Dabei spielt immer wieder der — im Streit zwischen Indien und Pakistan praktizierte — Abbruch der Luftfahrtbeziehungen eine Rolle. Wenngleich gegen einen solchen Abbruch keine grundsätzlichen Bedenken wegen eines speziellen Repressalienverbotes bestehen[88], so könnte diese Maßnahme dennoch wegen der in den bi- und multilateralen Verträgen vereinbarten Schiedsverfahren unzulässig sein.

Die vorgesehenen Schiedsverfahren sind jedoch nicht obligatorisch[89], sondern kommen nur zustande, wenn eine der am Streit beteiligten Parteien dies so will. Wenn die Parteien aber nicht zu einem Schiedsverfahren verpflichtet sind, folgt daraus, daß in den Verträgen andere Möglichkeiten der Streitbeilegung stillschweigend vorausgesetzt sind. Zwar sind Repressalien während eines Schiedsgerichts- oder Versöhnungsverfahrens unzulässig[90], jedoch nicht vorher oder nachher. Demnach verhindern die vorgesehenen Schiedsverfahren keine Repressalie.

Wie am indisch-pakistanischen Konflikt deutlich wurde, ergeben sich aus dem Erfordernis der Proportionalität der Repressalie zur Völkerrechtsverletzung Einschränkungen bei ihrer Anwendung. Die Nichtbeachtung der Verfolgungspflicht von Entführern aus Art. 12 Chicago-Abkommen kann den Abbruch der Luftfahrtbeziehungen nicht rechtfertigen. Auch bei den Pflichten aus den Art. 22 und 25 Chicago-Abkommen hält sich der Abbruch der Luftfahrtbeziehungen nur dann im Rahmen der Proportionalität, wenn die „geeigneten Maßnahmen" oder die „tunlichen Hilfsmaßnahmen" einem Staat ein bestimmtes Verhalten abverlangen und er gegen diese Verpflichtung grob verstößt.

---

87 Vgl. die eingangs Kap. II geschilderten Entführungen vom 23. Juli 1968 und vom 29. August 1969.

88 Beispiele für spezielle Repressalienverbote bei *Wengler*, VR I, S. 518.

89 Art. 84 Chicago-, Art. II Abschnitt 1 Transit-, IV Abschnitt 2 Transport-Abkommen; Art. 10 des Vertrages Bundesrepublik Deutschland-Togo; Art. 13 des Vertrages Großbritannien-Trinidad und Tobago. Art. 15 des Vertrages Ungarn-Österreich sieht kein Schiedsverfahren, sondern nur Streitbeilegung durch Verhandlungen vor, ebenso Art. 18 des Vertrages UdSSR-Bulgarien. Art. 16 des Vertrages UdSSR-USA sieht nur eine Konsultationspflicht vor. Quellenangabe zu den bilateralen Verträgen Kap. I A.

90 *Wengler*, VR I, S. 519.

Schließlich kann auch eine Verletzung der Art. 7 Den Haag- und Montreal-Abkommen den Abbruch von Luftfahrtbeziehungen nicht rechtfertigen, denn die Art. 7 fordern gerade keine Bestrafung von Personen, die eine Handlung gegen die Sicherheit der Zivilluftfahrt begangen haben. Die in Art. 7 festgelegten Verpflichtungen sind also nicht von solcher Bedeutung, daß sie bei Verletzung mit einer schwerwiegenden Repressalie beantwortet werden dürften. Selbst im Falle einer Bestrafungspflicht gäbe es Möglichkeiten, diese zu unterlaufen, indem symbolische Strafen verhängt werden. So wurde im Januar 1970 der Entführer einer Maschine der TWA nach Beirut von einem libanesischen Gericht zu 7 Dollar Strafe verurteilt. Wurde in diesem Fall das Urteil später abgeändert und eine Freiheitsstrafe von 9 Monaten verhängt, so wurden im Herbst 1969 die Entführer eines äthiopischen Flugzeugs in Khartoum nur zu zwei Wochen Gefängnis verurteilt[91].

Die Zurückhaltung von Flugzeug, Passagieren und Besatzung stellt jedoch eine Völkerrechtsverletzung dar, die so schwerwiegend ist, daß auch der Abbruch der Luftfahrtbeziehungen nicht unproportional wäre. Allerdings stellt sich dann die Frage, ob der verletzte Staat, der die Repressalie der Nichterfüllung seiner Vertragspflichten einsetzt, die Rechte aus diesem Vertrag noch in Anspruch nehmen kann.

Art. 60 WVK gibt auf diese Frage keine Antwort, denn er löst nur das Problem der Vertragssuspension oder -kündigung für den Fall, daß derselbe Vertrag zuvor gebrochen wurde. Verweigert ein Staat einem anderen die Rechte aus einem Vertrag, dann ist der andere berechtigt, nunmehr seinerseits ebenfalls die Rechte aus diesem Vertrag zu verweigern. Im vorliegenden Fall geht es aber um die Frage, was geschieht, wenn ein Staat eine gewohnheitsrechtliche oder vertragliche Verpflichtung nicht einhält und ein anderer daraufhin vertragliche Rechte aus einem anderen Vertrag verweigert. Diese Konstellation sei an einem Beispiel verdeutlicht.

Zwischen Staat A und Staat B wurde ein Luftfahrtabkommen abgeschlossen, das der ICAO-Standardform entspricht. Im übrigen ist keiner der beiden Staaten Mitglied eines der multilateralen Abkommen. Nach einer Flugzeugentführung nimmt A Staatsangehörige von B grundlos in Haft. B fordert ihre Freilassung, die A jedoch verweigert. Nach Androhung und weiteren vergeblichen Vermittlungsbemühungen verhängt B gegen A ein Überflugverbot. Hat nunmehr B das Recht, weiterhin die Rechte aus dem Luftfahrtabkommen mit A wahrzunehmen, oder hat B durch seine Repressalie gleichzeitig sein Recht verloren?

In der Literatur findet sich auf diese Frage keine klare Antwort. *Wengler* stellt zwar fest, daß die Reaktion auf einen Vertragsbruch

[91] Die beiden Fälle erwähnt *Aggarwala*, S. 17, Anm. 16.

nicht darin bestehen kann, daß der Verletzte alle ihn belastenden Bestimmungen des Vertrages als endgültig beendet ansieht, jedoch die fortdauernde Bindung des anderen Teils an diejenigen Bestimmungen annimmt, an deren Fortgeltung ihm gelegen ist. Davon nimmt er aber die als Repressalie erfolgende Suspension der Vertragspflichten aus[92]. *Oppenheim / Lauterpacht* sprechen davon, daß Verträge mit dem pflichtverletzenden Staat suspendiert werden können[93]. *Berber* erwähnt als Repressalienmaßnahme den „Eingriff in Vertragsverhältnisse“[94], *Dahm* die „Einstellung der Erfüllung eines Vertrages“[95] und *Partsch* weist nur darauf hin, daß Repressalien von rechtlich eigenmächtigen Handlungen in Vertragsverhältnissen zu unterscheiden seien[96]. Aus diesen Äußerungen ergibt sich ein widersprüchliches Bild. Während Oppenheim / Lauterpacht von „Vertragssuspension“ sprechen und damit offenbar davon ausgehen, daß mit der Verweigerung der Vertragserfüllung auch die Rechte suspendiert werden, scheint Dahm der Auffassung zu sein, die Repressalie bestehe eben in der Einstellung der Vertragserfüllung, ohne daß die Rechte aus dem Vertrag berührt werden. *Schwarzenberger*[97] und *Simma*[98] gehen ausschließlich auf die Probleme des Art. 60 WVK ein. Unmißverständlich stellt nur *Venezia* fest:

> „Les représailles ont pour seul effet de suspendre les accords dont l'exécution est incompatible avec elles[99].“

Die Überlegung, daß die Nichterfüllung der Vertragspflichten durch ein völkerrechtswidriges Verhalten des anderen Staates hervorgerufen wurde, spricht dafür, daß trotz Nichterfüllung der eigenen Verpflichtungen der die Repressalie anwendende Staat auf Erfüllung durch den Völkerrechtsbrecher bestehen kann. Die Völkerrechtsverletzung könnte so gewissermaßen aufgewogen werden. Dürfte der Rechtsbrecher ebenfalls die Vertragserfüllung verweigern, so erwüchse ihm ein neuer Vorteil, weil er von den Pflichten frei würde, die in dem Vertrag enthalten sind, dessen Erfüllung in Übereinstimmung mit dem Völkerrecht verweigert wurde. Die Repressalie verlöre somit einen Teil ihrer Wirkung.

Andererseits enthalten völkerrechtliche Verträge gegenseitige Verpflichtungen, deren eine durch die andere bedingt ist. Über die Re-

[92] *Wengler*, VR I, S. 538.

[93] *Oppenheim / Lauterpacht* II, § 37 (S. 139).

[94] *Berber*, VR III, § 14 II (S. 90).

[95] *Dahm*, VR II, § 88 IV (S. 429).

[96] *Partsch*, Repressalie, in: WdVR III, S. 106.

[97] *Schwarzenberger*, International Law I, S. 537.

[98] *Simma*, S. 5 ff.

[99] *Venezia*, La notion de représailles en droit international public, in: RGDIP, Bd. 64 (1960), S. 495.

pressalie könnte das Prinzip des „do ut des“ durchbrochen werden, wenn ein Staat die Vertragserfüllung verweigern und gleichzeitig vom Vertragspartner Erfüllung verlangen kann. Gehörte es zu den Voraussetzungen dieser Maßnahme, daß die verweigerten Pflichten in Zusammenhang mit der vorausgegangenen Vertragsverletzung des anderen Staates stehen müßten, bliebe dieses „do ut des“-Prinzip noch erhalten. Die Repressalie kann jedoch auf einem ganz anderen Gebiet erfolgen. Wenn sich der sie einsetzende Staat dieses Gebiet beliebig aussuchen kann, ist ihm auch zuzumuten, daß er als Konsequenz dieser Freiheit keine Rechte mehr aus dem Vertrag herleiten kann, dessen Pflichten er zeitweise nicht mehr erfüllen will; er hat ja auch die Möglichkeit, eine Maßnahme zu ergreifen, die keinen Vertrag berührt.

Die Repressalie innerhalb eines Vertrages führt also zu Suspension der gegenseitigen Pflichten und damit unter Umständen des gesamten Vertrages. Im Beispielsfall könnte Staat B die Rechte aus dem Luftfahrtabkommen mit Staat A nicht mehr beanspruchen. Auch im indisch-pakistanischen Konflikt leitete Indien aus dem Abkommen, das es selbst nicht mehr anwenden wollte, keine Rechte mehr ab. Dies äußerte sich darin, daß es seine Flüge nach Pakistan absagte.

Andere Repressalien als ein Überflugverbot sind im Zusammenhang mit Handlungen gegen die Sicherheit der Zivilluftfahrt nicht bekannt geworden. Man könnte außerdem an eine Beschlagnahme von Flugzeugen denken, die sich gerade innerhalb des Hoheitsgebietes aufhalten, sowie an Einreiseverbote über die Flughäfen für Staatsangehörige des Völkerrechtsbrechers.

3. Intervention

Dahm weist darauf hin, daß die Lehre von der Intervention zu den wohl dunkelsten und umstrittensten Kapiteln der Völkerrechtslehre gehört[100]. Im vorliegenden Zusammenhang ist allein von Interesse, ob eine Intervention gerechtfertigt sein kann, wenn ein Staat seine Pflichten gegenüber einem anderen bei Handlungen gegen die Sicherheit der Zivilluftfahrt verletzt.

Die Zulässigkeit der Intervention hängt entscheidend von deren Definition ab. Zwar findet sich der Begriff in Art. 2 (7) SVN, wird dort aber als gegeben vorausgesetzt. In der Literatur definieren *Oppenheim / Lauterpacht:*

> "Intervention is dictatorial interference by a State in the affairs of another State for the purpose of maintaining or altering the actual condition of things[101]."

---

[100] *Dahm*, VR I, § 34 I (S. 201).

[101] *Oppenheim / Lauterpacht* I, § 134, (S. 272); ähnlich *Brierly*, S. 402.

Nach herrschender Ansicht liegt eine Intervention nur vor, wenn ein Eingriff unter Anwendung oder Androhung von Gewalt erfolgt; anderenfalls handelt es sich um bloße, nicht verbotene Beeinflussungen[102]. Dabei wird unter Gewalt militärischer Zwang oder dessen Androhung verstanden[103]. Da es hier nicht um eine Auseinandersetzung mit dem Interventionsbegriff geht, wird die herrschende Ansicht zugrunde gelegt, gegen die sich Überlegungen aus jüngerer Zeit von *Gerlach*[104], *Kewenig*[105] und *Oppermann*[106] noch nicht haben durchsetzen können. Aus der Definition der Intervention läßt sich das Ergebnis aber ohne weiteres entnehmen: die Unzulässigkeit jeder Intervention auf Grund des völkerrechtlichen Gewaltverbotes[107], gleichgültig, auf welche Begründung es gestützt wird.

4. Friedliche Blockade

Die friedliche Blockade ist entweder eine Repressalie oder eine Intervention[108]. Soweit sie eine Intervention darstellt, ist sie nach den vorangegangenen Ausführungen unzulässig. Daß sie überhaupt gesondert behandelt wird, liegt an ihrem Charakter als seerechtliche Maßnahme. Der Gedanke, dazu eine luftrechtliche Parallele zu entwickeln, liegt nahe, nachdem in der GAHS auch der ursprünglich auf die Hohe See beschränkte Pirateriebegriff auf den Luftraum ausgedehnt wurde.

Eine solche Parallele zu ziehen ist aber nur dann sinnvoll, wenn die friedliche Blockade völkerrechtlich noch zulässig ist. Während *Seidl-Hohenveldern* sie als weitgehend problematisch geworden ansieht und auf UN-Resolutionen verweist, in denen sie als Aggression bezeichnet wird[109], halten *Dahm*[110] und *Berber*[111] sie als individuelle Durchsetzungsmittel übereinstimmend für unvereinbar mit der UNO-Charta. Dem ist zuzustimmen, denn die friedliche Blockade ist ausschließlich als militärische Gewaltanwendung denkbar[112]. Dann ist sie aber auf Grund des völkerrechtlichen Gewaltverbotes nur noch in Fällen der Selbstverteidigung gegen einen bewaffneten Angriff (Art. 51 SVN) und als Maß-

---

102 *Gerlach*, S. 84 m. w. N.

103 *Gerlach*, S. 86.

104 *Gerlach* schlägt S. 214 einen neuen Interventionsbegriff vor.

105 *Kewenig*, S. 175 ff.

106 *Oppermann*, Nichteinmischung in innere Angelegenweiten, in: ArchVR, Bd. 14 (1969/70), S. 321 ff.

107 Zum Gewaltverbot vgl. Kap. II B 5.

108 *Oppenheim / Lauterpacht* II, § 44 (S. 145); *Berber*, VR III, § 14 II (S. 91).

109 *Seidl-Hohenveldern*, VR, Rdnr. 934 f. (S. 214).

110 *Dahm*, VR II, § 89 III (S. 437 f.).

111 *Berber*, VR III, § 14 II (S. 91).

112 *Schumann*, S. 98.

nahme der UNO selbst (Art. 39 und 42 SVN) zulässig. Maßnahmen gegen einen Staat, der seine Pflichten im Zusammenhang mit Flugzeugentführungen und Anschlägen verletzt, können aber keine Selbstverteidigungsmaßnahme nach Art. 51 SVN darstellen. Damit erweist sich eine friedliche Blockade im hier interessierenden Zusammenhang als unzulässig, so daß sich die Erörterung einer luftrechtlichen Parallele erübrigt.

5. Außerordentliche Kündigung von Verträgen

Im Gegensatz zu einer Repressalie stellt eine Vertragskündigung keinen Beugezwang durch zeitweise Suspension der Erfüllung von völkerrechtlichen Pflichten dar, sondern sie beinhaltet eine endgültige Verwirkung von Völkerrechtsgütern[113]. Nach der Wiener Vertragsrechtskonvention kommt eine außerordentliche Kündigung eines Vertrages im Falle eines erheblichen Vertragsbruchs (Art. 60 WVK) und im Falle einer grundlegenden Änderung der Umstände (Art. 62 WVK) in Betracht.

Als Maßnahme eines betroffenen Staates gegen einen pflichtverletzenden Staat scheidet die Kündigung eines multilateralen Abkommens sofort aus der Betrachtung aus. Eine solche Kündigung könnte gerade zur Folge haben, daß Maßnahmen, die auf Grund dieser Verträge möglich sind, nicht eingeleitet werden. Außerdem würde das System der Luftfahrtbeziehungen durch eine solche Maßnahme gestört. Die Untersuchung kann damit auf die bilateralen Abkommen beschränkt bleiben.

Nach Art. 60 WVK setzt die außerordentliche Kündigung eines Vertrages einen erheblichen Bruch eines bilateralen Vertrages voraus. Aus der Überprüfung der bilateralen Luftfahrtabkommen ergab sich, daß sie weitgehend Ausgestaltungen des Transit-Abkommens sind. Dieses wiederum enthält keine Pflichten, die im Zusammenhang mit Handlungen gegen die Sicherheit der Zivilluftfahrt eine Rolle spielen[114]. Verletzt ein Staat seine oben[115] festgestellten Pflichten, wird dadurch ein abgeschlossenes Luftfahrtabkommen nicht verletzt, so daß auch eine außerordentliche Kündigung wegen einer schweren Verletzung ausgeschlossen ist.

Jedoch könnte sich ein betroffener Staat auf die „clausula rebus sic stantibus" als Kündigungsgrund berufen, die in Art. 62 WVK niedergelegt ist, wenn die Erfüllung der staatlichen Verpflichtungen bei Entführungen und Anschlägen ungeschriebene Bedingung der Luftfahrtabkommen wäre. Es sind nämlich alle Völkerrechtsnormen dahin aus-

---

113 *Wengler*, VR I, S. 537.

114 Vgl. Kap. I A 2.

115 Kap. I D.

zulegen, daß ihr Befolgungszwang jedenfalls mit dem ursprünglichen Inhalt nicht fortbesteht, wenn Umstände wegfallen, deren Fortexistenz, bzw. wenn neue Umstände eintreten, deren Nichtexistenz als ungeschriebene Bedingung für die Verbindlichkeit der Norm aufzufassen ist[116].

Der Großteil der Luftfahrtabkommen wurde zu einer Zeit abgeschlossen, in der Flugzeugentführungen und Anschläge gegen die Zivilluftfahrt nicht aktuell waren[117]. Wesentliche Grundlage für einen Vertrag ist ein Umstand dann, wenn die beiden Vertragspartner den Vertrag dann nicht eingegangen wären, wenn ein Übervorsichtiger sie zum Zeitpunkt der Vertragsverhandlungen auf die Möglichkeit des nunmehr eingetretenen Umstandes hingewiesen hätte[118]. Einen solchen hypothetischen Parteiwillen festzustellen, erscheint sehr schwierig. Er kann nur aus den jeweiligen Verträgen ermittelt werden, wobei zu beachten ist, daß die Interessen der Vertragspartner bei der Beurteilung von Handlungen gegen die Sicherheit der Zivilluftfahrt sehr unterschiedlich sein können.

Zwei Indizien sprechen dagegen, bei den Luftfahrtabkommen eine Berufung auf die „clausula rebus sic stantibus" zuzulassen. In die Luftfahrtabkommen, die nach 1970 abgeschlossen wurden, sind keinerlei Bestimmungen bezüglich derartiger Handlungen aufgenommen worden. Außerdem enthalten die Luftfahrtabkommen eine Kündigungsklausel, wobei die Frist in der Regel ein Jahr beträgt. Bei Verträgen mit Kündigungsklausel ist es aber meist ausgeschlossen, daß ohne eine vertragsgemäße Kündigung auf die „Clausula" Bezug genommen wird[119]. Die Kündigungsklausel drückt ja gerade den Willen beider Vertragspartner aus, bei einer Veränderung der Interessen oder der Sachlage den Vertrag auf dem Wege der Kündigung aufzulösen.

Diese Indizien alleine lassen noch keine Antwort auf die Frage zu, ob auf Grund der „Clausula" eine außerordentliche Kündigung eines Luftfahrtabkommens zulässig ist. Es ist jedoch weiter zu berücksichtigen, daß es sich bei diesen Abkommen um Verträge mit weitgehend praktisch-technischen Bestimmungen handelt. Daher ist es unwahrscheinlich, daß sie bei Kenntnis des Umstandes, daß der Vertragspartner Pflichten bei Handlungen gegen die Sicherheit der Zivilluftfahrt verletzt, nicht abgeschlossen worden wären, sofern es nur das allgemeine politische Klima zwischen den beiden Staaten zugelassen hätte. Der entscheidende Gesichtspunkt, der dazu führt, daß die Berufung auf die „Clausula" versagt werden muß, liegt im Verhältnis von „clausula rebus

116 *Wengler*, VR I, S. 372.

117 *Schütz*, S. 233.

118 Vgl. *Seidl-Hohenveldern*, VR, Rdnr. 284 (S. 88).

119 *Wengler*, VR I, S. 375; *Berber*, VR I, § 70 IV (S. 499).

sic stantibus“ und dem Satz „pacta sunt servanda“. Zwar weist *Poch de Caviedes* überzeugend nach, daß die „Clausula“ dem Grundsatz „pacta sunt servanda“ nicht widerspricht, sondern ihn im Gegenteil ergänzt[120], dennoch stellt in der Staatenpraxis die Berufung auf die „Clausula“ eine Gefahr für Stabilität und Sicherheit der internationalen Beziehungen dar, die durch den Satz „pacta sunt servanda“ gewährleistet werden. Dieser Gefahr kann nur dadurch begegnet werden, daß an Art. 62 WVK hohe Anforderungen gestellt werden. In einem Fall, in dem eine Reihe von Indizien gegen eine grundlegende Änderung der Umstände sprechen, sind diese Anforderungen keinesfalls erfüllt.

Eine außerordentliche Kündigung eines Luftfahrtabkommens unter Berufung auf Art. 62 WVK wegen einer Pflichtverletzung des Vertragspartners bei Handlungen gegen die Sicherheit der Zivilluftfahrt kommt demnach nicht in Betracht.

G. Beurteilung der erörterten völkergewohnheitsrechtlichen Maßnahmen

Die Untersuchungen ergaben, daß auf Grund des völkerrechtlichen Gewaltverbotes als einseitige Maßnahmen eines Staates gegen einen anderen nur noch Retorsion und Repressalie möglich sind. Andere grundsätzlich in Betracht kommende Maßnahmen, wie eine außerordentliche Vertragskündigung, scheiden wegen des Inhaltes der Luftfahrtabkommen aus. Die Retorsion als „unfreundlicher Akt“, der sich innerhalb der Normen des Völkerrechts bewegt, bedarf keiner besonderen Würdigung, obwohl auch für ihn gilt, daß er nicht unbedingt dazu geeignet ist, einen Konflikt beizulegen. Der Staat, gegen den sich die Retorsion richtet, kann eventuell sogar guten Glaubens der Auffassung sein, sein Verhalten sei völkerrechtlich einwandfrei gewesen. Wenn er dann Gegenmaßnahmen gegen die Retorsion ergreift, kommt es zu einer Konfliktverschärfung[121].

Abgesehen von diesem grundsätzlichen Bedenken, das gleichermaßen auch gegen den Einsatz von Repressalien spricht, ist die Wirksamkeit einer luftrechtlichen Repressalie durch Suspension von Rechten aus den bi- und multilateralen Abkommen zweifelhaft. Sie hängt einmal vom Umfang des gegenseitigen Luftverkehrs ab. Ist er nicht sehr bedeutend, hat seine Unterbrechung auch nur eine geringe Wirkung. Zum anderen hängt die Wirksamkeit davon ab, wie stark der dieser Repressalie

---

120 *Poch de Caviedes,* De la clause „rebus sic stantibus“ à la clause de révision dans les conventions internationales, in: RdC, Bd. 118 (1966, Teil II), S. 166 f.

121 So *Seidl-Hohenveldern,* VR, Rdnr. 1292 (S. 321) für die Repressalie.

ausgesetzte Staat mit dem internationalen Luftverkehr verflochten ist. Je stärker diese Verflechtung ist, desto leichter können die entfallenden Flüge von anderen Fluggesellschaften ausgeglichen werden. Damit zeigt sich zugleich, daß eine Repressalie nur eines Staates gegen einen anderen wegen der Geschäftsinteressen der anderen Fluggesellschaften keine sehr große Wirkung verspricht. Schließen sich ihr jedoch andere Staaten an und zwingen sie ihre Fluggesellschaften zu entsprechendem Verhalten, könnte eine Repressalie einen Staat durchaus zur Aufgabe seines völkerrechtswidrigen Handelns veranlassen.

Eine Veränderung dieser gewohnheitsrechtlichen Lage ist auf absehbare Zeit nicht zu erwarten, solange es nämlich nicht zu einer erneuten Welle von Handlungen gegen die Sicherheit der Zivilluftfahrt kommt, in deren Verlauf sich eine einheitliche Staatenpraxis und Rechtsüberzeugung bildet.

H. Abschließende Stellungnahme zu den möglichen Maßnahmen eines betroffenen Staates gegen einen seine Pflichten verletzenden Staat

Bei einer abschließenden Wertung der Möglichkeiten, die einem betroffenen Staat zur Verfügung stehen, gegen einen Staat vorzugehen, der seine Pflichten bei Handlungen gegen die Sicherheit der Zivilluftfahrt verletzt, ist zunächst festzuhalten, daß es auf vertraglicher Grundlage keinerlei Möglichkeiten gibt, wenn man von der Einschaltung von UNO und ICAO absieht. Dieser Befund ist nicht allzu überraschend, wenn man bedenkt, daß bei einem völkerrechtlichen Vertragsabschluß der Gedanke an einen Vertragsbruch fernliegt. In völkerrechtlichen Verträgen werden sich daher — abgesehen von der Kündigung — höchst selten Bestimmungen über Maßnahmen im Falle der Nichteinhaltung des Vertrages finden lassen.

Der verletzte Staat bleibt so weitgehend auf die ihm gewohnheitsrechtlich zur Verfügung stehenden Mittel angewiesen, also auf Retorsion und Repressalie. Ob sie eingesetzt werden, hängt von der internationalen Bedeutung des betroffenen und des pflichtverletzenden Staates ab.

Wenn *Dahm* feststellt, daß die Repressalie auch heute noch als Ersatz und Lückenbüßer für die fehlende Ordnung der internationalen Gemeinschaft dient[122], muß dem angefügt werden, daß diese Ersatzfunktion als Ordnungselement durch die unterschiedliche wirtschaftliche und politische Bedeutung der verschiedenen Staaten stark relativiert wird. Schon 1924 bemerkte *Maccoby:*

122 *Dahm*, VR II, § 88 X (S. 435).

> "The great point which can be made is that in modern times the effective use of reprisals is confined to the Greater Powers in their relations to the smaller[123]."

Heute stellt *Wengler* fest, daß in der internationalen Gemeinschaft Rechtszwang und sonstiger Zwang der gegenüber dem Völkerrechtsbrecher aktiv legitimierten Völkerrechtssubjekte, sonstiger Zwang der rechtlich nicht aktiv legitimierten Völkerrechtssubjekte gegenüber dem Völkerrechtsbrecher, erlaubter und sogar unerlaubter Gegenzwang des Völkerrechtsbrechers und anderer Völkerrechtssubjekte nebeneinander und gegeneinander laufen[124]. Eine Repressalie ist nur dann erfolgversprechend, wenn sie den Völkerrechtsbrecher empfindlich trifft. Dies bedeutet aber, daß tatsächlich nur mächtige Staaten oder mehrere weniger mächtige gemeinsam eine Repressalie wirksam einsetzen können. Diese Möglichkeit soll im nachfolgenden Kapitel erörtert werden.

---

[123] *Maccoby*, Reprisals as a Measure of Redress Short of War, in: Cambridge Law Journal, Bd. 2 (1924), S. 69.

[124] *Wengler*, VR I, S. 432.

III. Kapitel

Maßnahmen nicht betroffener Staaten gegen einen seine Pflichten verletzenden Staat

Das Vorgehen eines einzelnen Staates gegen einen Staat, der seine Pflichten im Zusammenhang mit Handlungen gegen die Sicherheit der Zivilluftfahrt verletzt, erwies sich als wenig erfolgversprechend, sofern es sich nicht um einen sehr mächtigen Staat handelt. Es ist jetzt zu klären, ob nicht betroffene Staaten selbst Maßnahmen gegen einen pflichtverletzenden Staat ergreifen können und ob sie sich an Maßnahmen eines betroffenen Staates beteiligen können.

Dabei können multilaterale und bilaterale Verträge außer Acht gelassen werden. Wie sich oben[1] ergab, lassen sich aus den multilateralen Abkommen keine direkten staatlichen Maßnahmen rechtfertigen. Aus bilateralen Verträgen lassen sich für einen dritten Staat naturgemäß keine Rechte ableiten, sofern nicht ein Vertrag zugunsten Dritter vorliegt. Bei den bisherigen bilateralen Abkommen ist das nicht der Fall. Ein nicht betroffener Staat könnte sowohl die Möglichkeit haben, internationale Organisationen einzuschalten, als auch selbst auf Grund Völkergewohnheitsrechts gegen den pflichtenverletzenden Staat vorzugehen.

A. Maßnahmen durch Einschaltung internationaler Organisationen

1. Einschaltung der ICAO

Daß direkt am Streit beteiligten Mitgliedstaaten nach Art. 84 des Chicago-Abkommens die Möglichkeit gegeben ist, den ICAO-Rat anzurufen, ist unproblematisch. Dieselbe Möglichkeit ist aber auch nicht betroffenen Staaten einzuräumen.

Art. 84 Chicago-Abkommen spricht von „Meinungsverschiedenheiten zwischen zwei oder mehr Vertragsstaaten über die Auslegung oder Anwendung“ des Abkommens. Ist nun ein nicht betroffener Staat der Auf-

[1] Kap. II A.

fassung, daß beispielsweise die Zurückhaltung von Passagieren im Anschluß an eine Entführung gegen das Chicago-Abkommen verstößt, so liegt eine Meinungsverschiedenheit zwischen ihm und dem zurückhaltenden Staat vor. Sie ermöglicht die Anwendung des Art. 84 selbst dann, wenn der in diesem Fall betroffenen Staat den ICAO-Rat nicht anrufen will. Für diese Auslegung spricht eine weitere Überlegung. Praktiziert ein Staat wiederholt ein völkerrechtswidriges Verhalten gegenüber einem dritten Staat, so besteht in der Praxis die Gefahr, daß aus dem Schweigen eines Staates dazu auf ein Einverständnis mit diesem Verhalten geschlossen wird. Dies ist gerade bei Vertragsinterpretationen, die in verschiedenen Richtungen vorgenommen werden können, der Fall. Um sich dagegen abzusichern, wird ein nicht betroffener Staat zweckmäßigerweise protestieren. Damit wird das Vorliegen einer Streitigkeit im Sinne des Art. 84 Chicago-Abkommens unbestreitbar[2]. Eine Anrufung des ICAO-Rates auf Grund des Transit- oder Transport-Abkommens ist hingegen ebensowenig möglich wie für einen betroffenen Staat[3].

2. Einschaltung der UNO

Art. 35 SVN läßt keinen Zweifel daran, daß jedes Mitglied auf jede Streitigkeit aufmerksam machen kann und Art. 35 (2) SVN eröffnet diese Möglichkeit sogar Nichtmitgliedern. Über Art. 35 SVN kann also auch ein nicht betroffener Staat den Sicherheitsrat oder die Generalversammlung auf staatliche Pflichtverletzungen nach einer Flugzeugentführung aufmerksam machen.

Die weitere Frage, ob ein nicht betroffener Staat den Sicherheitsrat auch gem. Art. 37 SVN zwingen kann, sich mit dem Streit zu befassen, ist hingegen zu verneinen. Art. 37 SVN erfordert eine Streitigkeit, deren Fortdauer geeignet ist, die Wahrung des Weltfriedens und der internationalen Sicherheit zu gefährden und setzt voraus, daß der vorlegende Staat Partei in dieser Streitigkeit ist. Ein nicht betroffener Staat kann durchaus mit dem pflichtwidrig handelnden in Streit geraten. Es ist aber kaum vorstellbar, daß ein Staat wegen eines Vorfalles zwischen zwei anderen Staaten einen Streit mit dem Völkerrechtsbrecher beginnt, der die geforderte friedensgefährdende Intensität hat. Nur dann wäre eine Vorlage an den Sicherheitsrat nach Art. 37 SVN möglich.

---

[2] Für eine weite Auslegung des Art. 84 tritt auch *Rosenmöller*, Die Internationale Organisation der Zivilluftfahrt — ICAO —, Münster 1959, S. 260 f. m. w. N. ein.

[3] Kap. II B 1.

B. Maßnahmen auf Grund des Völkergewohnheitsrechts

1. Retorsion

Für einen nicht betroffenen Staat stellt sich die Frage, inwieweit ein unfreundlicher Akt oder eine Völkerrechtsverletzung gegenüber einem dritten Staat zum Anlaß einer eigenen Retorsion genommen werden darf. Dabei geht es nicht um ihre Zulässigkeit, die außer Frage steht, sondern nur darum, ob es sich dabei noch um eine Retorsion handelt. Ganz überwiegend wird als solche die Reaktion auf einen unfreundlichen Akt eines anderen Staates bezeichnet. Es wird zwar nicht ausdrücklich gesagt, aber doch vorausgesetzt, daß der unfreundliche Akt gegenüber dem Staat erfolgte, der die Retorsion einsetzt[4]. Ob auch die Reaktion auf einen unfreundlichen Akt gegenüber einem dritten Staat eine Retorsion darstellen kann, wird nicht gesagt. Diese Frage nach der „Drittretorsion" ist aber der nach der „Drittrepressalie" sehr ähnlich und ebenso wie diese zu beantworten. Hier wird sie deshalb zunächst zurückgestellt.

2. Repressalie

Während *Dahm*[5], *Berber*[6], *Seidl-Hohenveldern*[7] und das *Institut de Droit International*[8] davon ausgehen, daß nur der verletzte Staat gegen den Völkerrechtsbrecher im Wege der Repressalie vorgehen kann, stellt *Wengler* zur Aktivlegitimation bei Repressalien längere Überlegungen an[9]. Die Selbstverständlichkeit, mit der die These vertreten wird, nur der verletzte Staat sei zur Repressalie berechtigt, überrascht um so mehr, als die Auffassung, auch dritte Staaten seien zu Repressalien berechtigt, auf eine lange Tradition zurückblicken kann. Hier interessiert diese Frage deshalb, weil die Zulässigkeit von Repressalien dritter Staaten die aufgezeigten Mängel einer Repressalie nur eines Staates zumindest teilweise beseitigen könnte.

Droht einem Staat, der im Anschluß an eine Flugzeugentführung Passagiere zu Erpressungszwecken zurückhält, nicht nur der Abbruch der Luftfahrtbeziehungen zu den betroffenen Staaten, sondern auch mit dritten, wird bei seinen Überlegungen nicht mehr kalkulierbar,

---

4 *Dahm*, VR II, § 88 XI (S. 435 f.); *Berber*, VR III, § 14 I (S. 88); *Wengler*, VR I, S. 553; *Seidl-Hohenveldern*, VR, Rdnr. 1288 (S. 320); *Partsch*, Retorsion, in: WdVR III, S. 110; *Oppenheim / Lauterpacht* II, § 29 (S. 134).

5 *Dahm*, VR II, § 85 II (S. 410) und § 88 I (S. 427).

6 *Berber*, VR III, § 14 II (S. 88 f.).

7 *Seidl-Hohenveldern*, VR, Rdnr. 1289 (S. 320 f.).

8 *Institut de Droit International*, Annuaire, Bd. 38 (1934), S. 708.

9 *Wengler*, VR I, S. 579 ff.

welche Staaten gegen ihn Maßnahmen ergreifen werden. Allein diese Ungewißheit kann schon dazu beitragen, daß er sein völkerrechtswidriges Verhalten unterläßt. Zu Recht wird nämlich neben den Nachteilen, die aus der Repressalie einem Staat erwachsen, deren abschreckende Wirkung betont:

> "The primary roles of sanction are to function as a deterrent to unacceptable behavior and to exist as a means for enforcing prescribed behavior when the deterrent fails[10]."

Die Frage nach der Aktivlegitimation zu Repressalien läßt drei mögliche Antworten zu. Es wäre denkbar, daß jeder Staat berechtigt ist, die Erfüllung irgendwelcher vertrags- oder gewohnheitsrechtlicher Pflichten aus allgemeinem Völkerrecht zu verlangen und daß er zu diesem Zweck Beugezwang durch Nichterfüllung eigener Pflichten anwenden kann. Die entgegengesetzte Möglichkeit wäre, daß nur der Staat, demgegenüber gewohnheitsrechtliche oder vertragsrechtliche Pflichten verletzt wurden, zur Repressalie als Beugezwang greifen darf. Schließlich könnte die Antwort zwischen den beiden vorher erwähnten Möglichkeiten zu finden sein, indem bestimmte Völkerrechtsverletzungen alle, andere nur die verletzenden Staaten zur Repressalie berechtigen.

Eine der ersten Stellungnahmen zur Zulässigkeit der Drittrepressalie findet sich bei *Grotius*, wo es heißt:

> „Die Könige und die ihnen gleichstehenden Staatsoberhäupter können Strafen nicht nur wegen des gegen sie und ihre Untertanen begangenen Unrechts fordern, sondern auch wegen Taten, die zwar eigentlich nicht sie selber treffen, aber in einzelnen Personen das Natur- oder Völkerrecht in roher Weise verletzen ... Es ist ... um so anständiger, das Unrecht, das anderen zugefügt worden ist, zu rügen, als das selbst erlittene, je mehr bei letzterem zu fürchten ist, daß der eigene Schmerz das rechte Maß überschreiten läßt[11]."

Einige Ziffern weiter wird nochmals klargestellt:

> „Insoweit folgen wird der Meinung des Innozenz und anderer, wonach die mit Krieg überzogen werden können, welche gegen die Natur sündigen. Anderer Ansicht sind Victoria, Vasquius, Azorius, Molina und andere, welche zu einem gerechten Krieg verlangen, daß der, welcher ihn beginnt, entweder in seiner Person oder in seinem Staate verletzt sei[12]."

Setzt man in der zweiten Passage statt „Krieg", der heute nicht mehr erlaubt ist, „Repressalie" ein, so erklärt Grotius die Drittrepressalie für zulässig, räumt allerdings ein, daß eine ganze Reihe von Autoren an-

---

[10] *Brown-John*, Multilateral Sanctions in International Law. A Comparative Analysis, New York 1975, S. 2.

[11] *Grotius*, De iure belli ac pacis, Libri tres, 1625. Deutsche Übersetzung von Walter Schätzel, Tübingen 1950, 2. Buch, 20. Kap., § 40, Ziff. 1 (S. 354).

[12] *Grotius*, 2. Buch, 20. Kap., § 40, Ziff. 4 (S. 355).

derer Ansicht sind. Wenn sich aber schon zu Zeiten von Grotius zahlreiche Juristen mit der Frage der Drittrepressalie beschäftigt haben, ist es erstaunlich, daß sich heute bei vielen Autoren eine Stellungnahme zu diesem Problem nicht finden läßt[13]. Neben der Auseinandersetzung *Wenglers* sind aus neuerer Zeit nur die Beiträge von *Akehurst*[14] und *Schlochauer*[15] zu erwähnen. Schlochauer begründet seine Auffassung, Repressaliensubjekt könne nur ein Völkerrechtssubjekt sein, gegen das ein völkerrechtliches Delikt verübt wurde[16], wie folgt:

„Der Gedanke, daß mit dem Verstoß gegen eine konkrete Verpflichtung implicite eine Verletzung der Rechtsordnung einhergehe, ist dem Völkerrecht fremd. Dieser Umstand erklärt sich daraus, daß die Völkerrechtsordnung ein Recht nicht über, sondern zwischen den Staaten ist. Obwohl durch die Verletzung des Rechts eines Staates infolge Nichtbeachtung von Vertrags- oder Gewohnheitsrecht gegen den zwingenden allgemeinen Völkerrechtsgrundsatz von der Heiligkeit der Verträge, also gegen die Norm pacta sunt servanda, verstoßen und die Völkerrechtsordnung mißachtet wird, kann die Völkerrechtsordnung den seinen Verpflichtungen zuwiderhandelnden Staat nicht etwa unter dem Gesichtspunkt einer allgemeinen Völkerrechtsverletzung in Anspruch nehmen. Zu einem Vorgehen wegen Völkerrechtsdelikts ist vielmehr nur der durch die Rechtsverletzung unmittelbar betroffene Staat berechtigt[17]."

So unterschiedlich die Auseinandersetzungen Wenglers und Akehursts mit der Frage der Drittrepressalie sind, kommen doch beide zu ähnlichen Ergebnissen. Wengler konstatiert eine historische Entwicklung, die im staatlichen Recht meist dahin gegangen sei, die ursprüngliche Befugnis aller Rechtsgenossen zu Sanktionen gegen eine Rechtsverletzung zu beseitigen. Die Entwicklung im Völkerrecht verlaufe jedenfalls neuestens offenbar in umgekehrter Richtung. Während in der Völkerrechtslehre des 19. Jahrhunderts der Standpunkt vertreten werde, daß nur derjenige Staat auch zu Repressalien befugt sei, dessen eigene Staatsangehörige durch eine Verletzung des allgemeinen Völkerrechts in ihren Interessen beeinträchtigt sind, gebe es heute wenigstens einige Pflichten des allgemeinen Völkerrechts, bei denen sämtliche Staaten zur Vornahme von Beugezwang befugt seien. Eine solche universale Aktivlegitimation sei rechtspolitisch unentbehrlich, wenn bei gewissen Normen wirksamer Beugezwang möglich sein solle. Solche Normen seien die Menschenrechte, Normen des allgemeinen Völkerrechts, wo ein universales Interesse an der Durchsetzung der Befolgung einer abstrakten Norm vermutet werde und — je nach

---

[13] Dies gilt für *Brierly, Brownlie, O'Connell,* sowie für *Guggenheim,* Lehrbuch des Völkerrechts, 2 Bde., Basel 1948 - 1951.

[14] *Akehurst,* Reprisals by Third States, BYIL, Bd. 54 (1970), S. 2 ff.

[15] *Schlochauer,* Die Entwicklung des völkerrechtlichen Deliktrechts, in: ArchVR 1975, S. 239 ff.

[16] *Schlochauer,* S. 273.

[17] *Schlochauer,* S. 242 f.

Auffassung — auch das Verbot der aggressiven äußeren Gewaltanwendung. Im übrigen seien die Staaten zu Repressalien befugt, die als typische Verletzte anzusehen seien[18].

Akehurst untersucht hingegen die Staatenpraxis und stellt fest:

> "There are sound policy reasons for considering that third States are not, as a general rule, allowed to take reprisals. In international disputes of a legal character, both sides usually accuse each other of breaking international law; if third States were able to intervene, there is a serious danger that they would be biased and that they would tend to support their allies, rather than the side which was objectively in the right. The result would be more likely to weaken international law than to strengthen it; and it would certainly cause a very disturbing increase in international tension[19]."

Vom Prinzip der Unzulässigkeit der Drittrepressalie macht Akehurst jedoch drei Ausnahmen, in denen die Staatenpraxis von ihrer Zulässigkeit ausgehe: bei der Durchsetzung richterlicher Entscheidungen, bei der Anwendung des Art. 60 (2) (a) WVK[20] sowie bei der Verletzung von Normen des Gewaltverbotes[21]. Die letzte Ausnahme deckt sich mit der Wenglerschen Auffassung; im übrigen geht Wengler bei der Annahme von zulässigen Drittrepressalien weiter als Akehurst.

Soweit die übrige Literatur zu dem Problem Stellung nimmt, finden sich neben den erwähnten ablehnenden Stimmen[22] Autoren, die ein allgemeines Repressalienrecht für erforderlich halten, weil es keine internationale Instanz zur Durchsetzung des Völkerrechts gibt und Vergeltungsmaßnahmen des verletzten Staates allein die Aufrechterhaltung der Völkerrechtsordnung nicht garantieren könnten. So bemerken *Oppenheim / Lauterpacht:*

> "An affirmative answer must be given to the question whether there exists a common consent of the community of States that the rules of international conduct shall be enforced by external power. Governments of States, and the public opinion of the whole of civilised humanity, agree and consent that the body of the rules for international conduct which is called the Law of Nations shall, if necessary, be enforced by external power, in contradistinction to rules of international morality and courtesy, which are left to the consideration of the conscience of nations. In the absence of a central authority for the enforcement of the rules of the Law of Nations, States have on occasions to take the law into their own hands[23]."

---

[18] *Wengler,* VR I, S. 579 f.

[19] *Akehurst,* S. 15 f.

[20] Art. 60 (2) WVK regelt die Beendigung oder Aussetzung der Geltung eines multilateralen Vertrages im Fall eines erheblichen Bruchs.

[21] *Akehurst,* S. 15.

[22] Vgl. am Beginn dieses Abschnitts.

[23] *Oppenheim / Lauterpacht* I, § 9 (S. 13 f.); ähnlich *Thomas / Thomas,* Non-Intervention, The Law and Its Import in the Americas, Dallas 1956, S. 90 f.

Andere halten im Falle eines Rechtsbruches grundsätzlich nur den direkt verletzten Staat für berechtigt zur Repressalie. Jedoch sollen unbeteiligte Staaten bei Erlaubnis oder Ermächtigung durch den verletzten Staat gleichfalls Repressalien einsetzen dürfen. Begründet wird dies damit, daß auch einem schwächeren Staat die Möglichkeit gegeben sein müsse, sich gegenüber Rechtsbrüchen eines stärkeren Staates zur Wehr zu setzen[24].

Alle vertretenen Auffassungen können letztlich nur rechtspolitische Argumente für sich ins Feld führen. Daraus wird deutlich, daß sich die Frage der Zulässigkeit der Drittrepressalie rein dogmatisch nicht lösen läßt. Die Lösung kann durch eine Abwägung zweier völkerrechtlicher Grundprinzipien gewonnen werden: Völkerrecht als eine Rechtsordnung erfordert die Möglichkeit der Normdurchsetzung; jeder Staat hingegen fordert die Respektierung seiner Souveränität, was eine zentrale Rechtsdurchsetzungsinstanz unmöglich macht. Die Normdurchsetzung kann also nur dezentralisiert durch Staaten erfolgen.

Mit der Souveränität der Staaten, also ihrer Unabhängigkeit in allen inneren und äußeren Angelegenheiten, ist es nicht zu vereinbaren, jedem Staat bei jeder Völkerrechtsverletzung ein Recht zur Repressalie einzuräumen. Jeder Staat hat das Recht, seine Beziehungen zu einem anderen Staat im Rahmen des Völkerrechts frei zu gestalten. Er allein bestimmt also auch die Reaktion auf eine ihm gegenüber erfolgende Rechtsverletzung. Er kann sie hinnehmen oder reagieren, wie er es für angemessen hält. Wenn nun ein anderer Staat auf dieselbe Rechtsverletzung anders reagiert, so betrifft das zunächst diesen Staat in seinem Verhältnis zum Völkerrechtsbrecher. Es bleibt aber auch nicht ohne Auswirkungen auf das Verhältnis des verletzten Staates zum Völkerrechtsbrecher, weil die Reaktion des Drittstaates auf einen Rechtsbruch gegenüber dem verletzten Staat erfolgt. Damit aber mischt sich der Drittstaat in Angelegenheiten des verletzten Staates ein und beeinträchtigt dessen Freiheit zur Gestaltung seiner Beziehungen mit dem Völkerrechtsbrecher[25]. Nicht zu verkennen ist auch, daß das Urteil eines Drittstaates über das Vorliegen einer Völkerrechtsverletzung oftmals deshalb problematisch ist und einer Einmischung nahekommt, weil der Drittstaat nicht alle Rechtsbeziehungen zwischen verletztem Staat und Völkerrechtsbrecher kennen kann.

In der Praxis hätte es höchst bedenkliche Folgen, wenn unter Berufung auf einen Völkerrechtsbruch gegenüber einem anderen Staat ohne

---

[24] *Blesinger*, Die sogenannte vereinbarte und erbetene Intervention, Bonn 1966, S. 172 ff.; *Kelsen*, Principles of International Law, 2. Aufl. 1967, S. 14.

[25] Damit ist nichts darüber gesagt, ob eine solche Einmischung völkerrechtswidrig wäre. Der Begriff der Einmischung ist vielmehr von dem der Intervention zu unterscheiden, vgl. *Oppermann*, S. 339 f.

weitere Voraussetzung eine Repressalie zulässig wäre. Sie, die zur Durchsetzung des Völkerrechts dienen soll, könnte allzu leicht vorgeschoben werden, um sich selbst unangenehmer völkerrechtlicher Verpflichtungen zu entledigen. Auch würden die internationalen Beziehungen der Staaten gefährdet, wenn aus jedem Völkerrechtsbruch eine internationale Auseinandersetzung nicht übersehbaren Umfanges entstehen könnte. Schließlich ist es auch verfehlt, anzunehmen, daß Staaten daran interessiert sein könnten, „Hüter des Völkerrechts" zu sein und darauf zu achten, daß die anderen sich völkerrechtskonform verhalten. Sie sind daran erst dann interessiert, wenn ihre Interessen berührt sind. Dann besteht aber die Gefahr, daß sie diese über das Völkerrecht stellen und statt eine Repressalie einzusetzen, selbst völkerrechtswidrig handeln.

Alle diese Überlegungen führen dazu, daß nicht jeder Staat bei jeder Völkerrechtsverletzung zu einer Repressalie gegen den Rechtsbrecher legitimiert sein kann.

Andererseits kann es auch nicht richtig sein, daß nur der verletzte Staat eine Repressalie ausüben kann, weil ihm oft nur unzulängliche Zwangsmittel zur Verfügung stehen und damit dem Völkerrecht nicht zur Durchsetzung verholfen werden kann. Um dies zu ermöglichen, muß der Kreis der zur Repressalie Berechtigten mehr Staaten umfassen als nur die verletzten.

Um dem Erfordernis der Normdurchsetzung und der staatlichen Souveränität Rechnung zu tragen, gibt es zwei Möglichkeiten: Man stellt höhere Anforderungen an die Völkerrechtsverletzung und gibt allen Staaten die Befugnis zur Repressalie oder man schränkt den Kreis der dazu berechtigten Staaten ein, läßt aber jede Völkerrechtsverletzung ausreichen. Den letzten Weg gehen *Blesinger* und *Kraus*, indem sie Drittstaaten nur dann die Befugnis zur Repressalie zusprechen, wenn sie vom verletzten Staat ermächtigt sind[26].

Diese Lösung trägt der Souveränität voll Rechnung, denn eine Einmischung in Angelegenheiten des verletzten Staates liegt nicht mehr vor, wenn dieser Staat zugestimmt hat. Sie trägt auch der Normdurchsetzung Rechnung, wenn der verletzte Staat selbst eine Repressalie einsetzt und andere Staaten ermächtigt. Darin liegt aber zugleich die entscheidende Schwäche dieser Lösung. In dem Fall, in dem ein verletzter Staat aus irgendwelchen Gründen selbst keine Repressalie einsetzen will und keine Ermächtigung erteilt, gibt es keine Möglichkeit, den Völkerrechtsbrecher zur Aufgabe seiner Handlungsweise zu veranlassen. Gerade bei Handlungen gegen die Sicherheit der Zivilluftfahrt sind solche Fälle denkbar, wenn der Völkerrechtsbrecher Geiseln festhält

[26] *Blesinger*, S. 181 ff.; *Kraus*, S. 567.

und deren Heimatstaat ihr Leben nicht gefährden will. Eine weitere Schwäche des Vorschlags liegt darin, daß jede Völkerrechtsverletzung dritte Staaten zur Repressalie ermächtigen kann. Dies dient zwar der Normdurchsetzung, birgt aber die Gefahr in sich, daß kleine Konflikte sich ausweiten.

Diese Nachteile werden vermieden, wenn eine Repressalie dritter Staaten nur bei schweren Völkerrechtsverletzungen zulässig ist, dann aber unabhängig von einer Ermächtigung durch den verletzten Staat. Daß hier die Souveränität beeinträchtigt wird, wird durch die Schwere der Völkerrechtsverletzung ausgeglichen. Allein in der Unbestimmtheit des Begriffs der „schweren Völkerrechtsverletzung" könnte ein Nachteil dieser Lösung gesehen werden. Andererseits ist es gerade die begriffliche Unbestimmtheit, die der Lösung die Dynamik verleiht, die die Entwicklung des Völkerrechts erfordert.

Eine andere Überlegung führt zum selben Ergebnis. Das Völkerrecht regelt die Beziehungen zwischen den Staaten durch einen Ordnungsrahmen, der die äußere Souveränität der Staaten soweit einschränkt, daß ein geordnetes Nebeneinander einer Vielzahl von Staaten mit unterschiedlichen Interessen gewährleistet wird. Jede Völkerrechtsverletzung bedeutet eine Störung dieses geordneten Nebeneinanders, an dessen Aufrechterhaltung grundsätzlich alle Staaten interessiert sind. Alle Staaten können demnach auch ein Interesse daran haben, gegen einen Völkerrechtsbrecher vorzugehen, wenn sie durch ihn die internationale Ordnung in Frage gestellt sehen. Wann dies der Fall ist, kann jeder Staat nur für sich selbst feststellen, weil es keine übergeordnete Instanz gibt, die darüber entscheiden könnte. Dies kann dazu führen, daß, je nach der Art der Völkerrechtsverletzung, alle Staaten oder nur einige die internationale Ordnung in Frage gestellt sehen. Staaten, die sie in Frage gestellt sehen, müssen Maßnahmen ergreifen können, um die Störung dieser Ordnung zu beseitigen und ihre Respektierung zu sichern. Eine Möglichkeit ist, dem völkerrechtswidrig handelnden Staat die Vorteile, die ihm diese Ordnung bietet, dadurch zu verdeutlichen, daß sie ihm entzogen werden. So wie er Normen des internationalen Rechts verletzt hat, so können jetzt ihm gegenüber Vorschriften mißachtet werden. Aber wenn auch die Reaktion auf eine Völkerrechtsverletzung als Repressalie gerechtfertigt ist, so stellt sie doch gleichfalls eine Störung der internationalen Ordnung dar. Von verschiedenen Staaten kann nämlich derselbe Sachverhalt unterschiedlich beurteilt werden, selbst wenn die Rechtslage eindeutig ist. Damit der Ordnungsrahmen des Völkerrechts möglichst wenig beeinträchtigt wird, muß die Anzahl der Störungen möglichst gering gehalten werden. Dies liegt im Interesse aller Staaten, auch derjenigen, die einen anderen zur Einhaltung des Völkerrechts bringen wollen.

Eine entsprechende Begrenzung des allgemeinen Repressalienrechts läßt sich durch eine Abwägung zwischen dem Erfordernis der unbedingten Einhaltung des Völkerrechts und der Notwendigkeit der Ahndung seiner Mißachtung gewinnen. Der verletzte Staat hat immer das Recht zur Repressalie, da gerade ihm gegenüber der Völkerrechtsbruch erfolgte. Er muß daher immer auch ein Recht zu seiner Ahndung haben. Für dritte Staaten ergibt eine Abwägung, daß sie nur dann zu einer Repressalie befugt sein können, wenn grundlegende Prinzipien des Völkerrechts mißachtet wurden, so daß die Nichtahndung ihrer Verletzung die internationale Ordnung in Frage stellt. Damit ist zugleich auch die Frage beantwortet, bei welcher Art von Völkerrechtsverletzung eine Drittrepressalie zulässig ist: sie ist nicht etwa grundsätzlich auf Verletzungen des Völkergewohnheitsrechts beschränkt, sondern kann auch bei Verletzungen anderer Völkerrechtsnormen eingesetzt werden, sofern nur deren Verletzung die internationale Ordnung in Frage stellt.

Sowohl Wengler wie Akehurst beschreiben eine Reihe solcher Verletzungen[27]. Wenn Akehurst dabei aus dem bisherigen Verhalten der Staaten Fälle der Zulässigkeit der Drittrepressalie abzuleiten versucht, so ist das unzureichend. Die tatsächliche Ausübung einer Repressalie in einem bestimmten Fall besagt noch nichts über ihre Unzulässigkeit in anderen Fällen. Wenglers Betrachtung ist hingegen umfassend und offen im Hinblick auf Entwicklungen, die seit dem Erscheinen seines Lehrbuches eingetreten sind oder noch eintreten werden. Dies allein kann dem Völkerrecht als einer sich ständig entwickelnden Ordnung gerecht werden.

Im Hinblick auf staatliches Verhalten bei Handlungen gegen die Sicherheit der Zivilluftfahrt ist also zu prüfen, inwieweit durch sie grundlegende Prinzipien des Völkerrechts mißachtet werden und die internationale Ordnung in Frage gestellt wird. Dabei wäre es verfehlt, alleine an die staatlichen Pflichten anzuknüpfen, die festgestellt wurden[28]. Diese können nämlich nicht von den Handlungen gegen die Sicherheit der Zivilluftfahrt selbst getrennt werden. Ihre Bedeutung für die Völkerrechtsordnung ist aus einer Gesamtbetrachtung zu entwickeln. Nur so kann man dem modernen Phänomen der zunehmenden Verletzungen von Völkerrechtsnormen durch Individuen, deren Handlungen keinem Staat zugerechnet werden können, gerecht werden. Daß der Einzelmensch das Völkerrecht verletzen kann, ist unzweifelhaft[29]; er kann die internationale Ordnung auch schwer beeinträchtigen, ohne daß es infolge der langwierigen Normbildung schon eine staatliche Ver-

[27] Vgl. in diesem Abschnitt oben bei der Darstellung der Auffassungen beider Autoren.

[28] Kap. I D.

[29] *Wengler*, VR I, S. 154.

pflichtung geben muß, gegen ihn vorzugehen. Gerade hierin äußert sich die Unvollkommenheit des Völkerrechts. Jedoch können schon bestehende Normen im Zusammenhang mit schweren, keinem Staat zurechenbaren Völkerrechtsverletzungen eine größere Bedeutung erlangen. Ihre Verletzung kann deshalb zu einer schweren werden, weil durch sie die vorangehende, nicht zurechenbare verstärkt wird. Dies wird gerade an den Handlungen gegen die Sicherheit der Zivilluftfahrt deutlich, die in ihrer Bedeutung für die Völkerrechtsordnung untersucht werden sollen.

Bei allem Streit um den Inhalt der Menschenrechte ist unbestritten, daß jeder Mensch das Recht auf Leben, Freiheit und Sicherheit der Person hat. Diese Rechte sind beispielsweise in Art. 3 der UN-Menschenrechtserklärung zum Ausdruck gebracht. Darüber hinaus wird auch auf ein „Recht zur Bewegungsfreiheit" hingewiesen[30]. Es bedarf keiner größeren Ausführungen, um zu begründen, daß bei Flugzeugentführungen oder Anschlägen Menschenleben gefährdet werden und die Flugzeuginsassen ihrer Freiheit beraubt werden. Handlungen gegen die Sicherheit der Zivilluftfahrt verletzen also die Menschenrechte.

Weiterhin bedrohen sie das Recht zur staatlichen Selbstbestimmung. Sofern nicht zu Fluchtzwecken, werden Flugzeugentführungen häufig zur Erpressung eines Staates eingesetzt, typischerweise, um die Freilassung dort Inhaftierter oder Verurteilter zu erzwingen. Diese Methode hatte bisher häufig Erfolg, weil die Staaten im Interesse der bedrohten Flugzeuginsassen einer solchen Aufforderung nachkamen. Auf diesem Weg werden sogar — manchmal mit Erfolg — konkrete politische Schritte gefordert[31]. Unabhängig von den Aussichten auf Erfüllung einer Forderung im konkreten Fall, stellen erpresserische Flugzeugentführungen eine erhebliche Bedrohung für alle Staaten dar, zu Handlungen gezwungen zu werden, die nicht nur außen-, sondern auch innenpolitische Schwierigkeiten verursachen können und die staatliche Autorität insgesamt in Frage stellen[32].

---

[30] *v. d. Heydte,* in: Annuaire de l'Institut de Droit International, Bd. 54 (1971), 1. Halbbd. S. 566.

[31] Am 28. September 1973 überfielen drei Palästinenser an der österreichisch-tschechischen Grenze einen Zug aus Moskau, in dem sich unter anderem auch jüdische Emigranten aus der UdSSR befanden. Sie forderten die Verhinderung der Emigration sowjetischer Juden nach Israel. Nachdem Österreich die Schließung des Transitlagers Schönau zugesagt hatte, über das die sowjetischen Juden nach Israel kamen, wurden Geiseln freigelassen. Das Lager wurde tatsächlich geschlossen (Näheres AdG 73, 18237 f.).

Nach dieser erfolgreichen Aktion wurde am 25. November 1973 eine Boeing 747 der niederländischen Fluggesellschaft KLM über dem Irak entführt. Nach der Landung in Tripolis verlangten die arabischen Entführer ohne Erfolg die Schließung von Transitlagern in den Niederlanden und die Einstellung jüdischer Auswanderungen aus der UdSSR nach Israel (AdG 74, 18435).

Anschläge gegen die Zivilluftfahrt dienen dagegen weniger Erpressungszwecken, sondern der Einschüchterung oder direkten Bekämpfung eines Staates[33]. Auch sie sind darauf gerichtet, staatliche Entscheidungen zu beeinflussen und daher eine Verletzung der staatlichen Selbstbestimmung.

Ohne sich in Details zu verlieren, kann auch festgestellt werden, daß Handlungen gegen die Sicherheit der Zivilluftfahrt den Bestrebungen zur internationalen Bekämpfung des Terrorismus zuwiderlaufen. Hier soll nicht detailliert untersucht werden, inwieweit Flugzeugentführungen und insbesondere Anschläge gegen die Zivilluftfahrt als Terrorhandlungen qualifiziert werden können. Als solche sind aber ohne Zweifel Akte anzusehen, deren Opfer mit einem Konflikt nichts zu tun haben, so daß objektiv jede Verbindung zwischen ihm und der Handlung fehlt. Die Debatten innerhalb der UNO lassen deutlich werden, daß alle Staaten nach Wegen suchen, terroristische Aktivitäten zu bekämpfen, auch wenn über den Begriff „Terrorismus" selbst noch keine Einigkeit erzielt werden konnte[34]. Trotz aller Meinungsverschiedenheiten über den Terrorismus können manche Handlungen gegen die Sicherheit der Zivilluftfahrt nach einhelliger Auffassung als Terrorakte angesehen werden, die von allen Staaten verurteilt und als schwere Störung der internationalen Ordnung angesehen werden.

Durch Flugzeugentführungen und Anschläge wird außerdem ein heute unerläßliches Verkehrsmittel, die Luftfahrt, in Frage gestellt. Wenngleich die Existenz eines „Rechts auf freien Luftreiseverkehr"[35] sehr fraglich erscheint, so ist doch die Feststellung berechtigt, daß die

---

[32] Gegen Schweizer Regierungsmitglieder wurde nach der Freilassung von Arabern, die am 18. Februar 1969 einen Anschlag auf ein israelisches Verkehrsflugzeug auf dem Flughafen von Zürich verübt hatten, eine Anzeige wegen Befreiung von Gefangenen, Begünstigung und Amtsmißbrauch erstattet. Die Freilassung erfolgte im Anschluß an die Entführung einer schweizerischen Verkehrsmaschine im Rahmen der „Operation Abu Thaalat". Über die Strafanzeige berichtet ausführlich *Meyer*, Luftfahrtabkommen VI, S. 59 ff. Zur damit verbundenen rechtlichen Problematik *Kuhn*, Notstand des Rechtsstaates, in: SJZ, Bd. 66 (1970), S. 297 ff.

[33] Einen Überblick über Anschläge gibt der israelische Delegierte während der 20. ICAO-Versammlung, ICAO-Doc 9087-A 20-Min., S. 96 ff. Ausführlich zum „Massaker von Lod" und seinen Nachwirkungen *Clutterbuck*, Terrorismus ohne Chance, Stuttgart 1975, S. 152 ff.

[34] Vgl. die Studie des UN-Sekretariats „Measures to prevent international Terrorism", UN-Doc A/C.6/418 vom 2. November 1972; *Glaser*, Le terrorisme international et ses divers aspects, in: RIDC, Bd. 25 (1973), S. 825 ff.; *Leichter*, Die Vereinten Nationen und der internationale Terrorismus, in: Vereinte Nationen 1973, S. 8 ff.; *Rovine*, The Contemporary International Legal Attack on Terrorism, in: Israel Yearbook on Human Rights, Bd. 3 (1973), S. 9 ff., insbes. S. 27 ff.; *Franck / Lockwood Jr.*, Preliminary Thoughts towards an International Convention on Terrorism, in: AJIL, Bd. 68 (1974), S. 69 f.

[35] *v. d. Heydte* behauptet ein derartiges Recht in: Annuaire de l'Institut de Droit International, Bd. 54 (1971), 1. Halbbd. S. 566.

logische Interdependenz des internationalen Systems ein Mindestmaß an Kommunikation erfordert, anderenfalls ein geordnetes und friedliches Zusammenleben nicht möglich wäre[36]. Dementsprechend werden die internationalen Kommunikationsmittel teilweise auch besonders geschützt[37]. Ein solcher Schutz besteht zwar für die Luftfahrt nur über den völlig unzureichenden Art. 15 GAHS[38] und über die Abkommen, die im Rahmen der ICAO abgeschlossen wurden. In diesen Verträgen kommt jedoch auch unmißverständlich zum Ausdruck, daß die Staaten einen ungestörten Luftverkehr wünschen. Während die Notwendigkeit des internationalen Verkehrs unbestreitbar ist, handelt ein Staat, der das Mindestmaß an Kommunikation in Frage stellt, deshalb noch nicht völkerrechtswidrig[39], denn aus einem gewünschten Verhalten kann nicht auf die Existenz einer Norm geschlossen werden, die dieses Verhalten erzwingt. Hier geht es auch allein um die Frage, ob Handlungen gegen die Sicherheit der Zivilluftfahrt das Zusammenleben der Staaten und damit die internationale Ordnung gefährden. Dies ist wegen der Notwendigkeit internationaler Kommunikation zu bejahen.

Schließlich ist noch darauf hinzuweisen, daß Flugzeugentführungen und Anschläge geeignet sind, Konflikte zwischen den Staaten hervorzurufen oder zu verschärfen. Daraus ergibt sich ihr friedensgefährdender Charakter.

Aus alledem folgt, daß Handlungen gegen die Sicherheit der Zivilluftfahrt die Völkerrechtsordnung schwer bedrohen, die das geregelte, friedliche Zusammenleben der Staaten sichern will. Diese Bedrohung führt dazu, daß eine staatliche Pflichtverletzung im Anschluß an eine Entführung oder einen Anschlag gleichfalls als schwerwiegend zu qualifizieren ist. Trotz der wenig entwickelten Normen im Bereich der Handlungen gegen die Sicherheit der Zivilluftfahrt stellt ihre Verletzung dennoch eine Völkerrechtsverletzung dar, die so gravierend ist, daß sie dritten Staaten eine Repressalie erlaubt. Ohne diese Möglichkeit kann der Bedrohung der internationalen Ordnung nicht begegnet werden.

Diese hier vertretene Auffassung entspricht nicht der Auffassung Akehursts[40], deckt sich aber wohl mit der Ansicht Wenglers, der feststellt:

---

[36] Vorsichtiger *Schütz*, S. 238.

[37] Art. 12 des Vertrages zum Schutz der unterseeischen Telegraphenkabel von 1884, Art. 14 und 27 der GAHS; umfassend dazu *Alexandrowicz*, The Law of Global Communications, New York—London 1971.

[38] Vgl. Kap. I A 6.

[39] So aber — hypothetisch — *Schütz*, S. 238.

[40] Vgl. innerhalb dieses Abschnitts.

„Die Entwicklung geht ferner dort zur Aktivlegitimation aller Staaten zur Anwendung von Repressalien bei Verletzungen des allgemeinen Völkerrechts, wo ein universales Interesse an der Durchsetzung der Befolgung einer abstrakten Norm vermutet wird[41].“

Die Repressalie eines dritten Staates, der durch die Handlung des pflichtverletzenden Staates nicht betroffen ist, ist demnach zulässig. Bei einer Repressalie unterliegt der nichtbetroffene Staat selbstverständlich den allgemeinen Regeln über deren Begrenzung[42]. Darüber hinaus ergeben sich jedoch bei der Drittrepressalie weitere Beschränkungen. Das Eingreifen des dritten Staates erfolgt im Interesse der Völkerrechtsordnung, die verletzt wurde. Die Repressalie muß dies erkennen lassen, schon deshalb, damit sie von einer völkerrechtswidrigen Handlung unterschieden werden kann. Die Drittrepressalie muß aus diesem Grund einen eindeutigen Bezug zur Völkerrechtsverletzung haben, was zugleich verhindert, daß sie mißbraucht wird, um unangenehmen Verpflichtungen nicht nachzukommen. Die Repressalie eines nicht betroffenen Staates gegen einen Staat, der seine Pflichten im Zusammenhang mit Handlungen gegen die Sicherheit der Zivilluftfahrt verletzt, kann daher nur im Abbruch der Luftfahrtbeziehungen und in der Verweigerung von Rechten bestehen, wie sie erörtert wurden[43].

Nachdem die Frage der Drittrepressalie geklärt ist, kann jetzt auch die Frage der Drittretorsion beantwortet werden, die offengelassen wurde[44]. Sie ist unter denselben Voraussetzungen zulässig wie die Drittrepressalie.

3. Gemeinsame Repressalien und Retorsionen

Nachdem sich aus der bisherigen Untersuchung ergab, daß betroffene wie nicht betroffene Staaten gegen einen pflichtverletzenden Staat Retorsionen und Repressalien einsetzen können, bleibt noch die Frage zu klären, inwieweit gemeinsame Aktionen[45] mehrerer Staaten gegen den Völkerrechtsbrecher zulässig sind.

Bedenken gegen die Zulässigkeit gemeinsamer Maßnahmen können sich nur daraus ergeben, daß die UNO die alleinige Kompetenz dazu haben könnte. Derartige Bedenken erweisen sich aber als unbegründet. Die Maßnahmen aus Kapitel VII SVN sind nur „bei Bedrohung oder

---

41 *Wengler*, VR I, S. 580 f.

42 Dazu eingangs Kap. II F 2.

43 Kap. II F 2.

44 Kap. III B 1.

45 „Gemeinsam“ wird hier im Unterschied zu „kollektiv“ gebraucht; während gemeinsame Maßnahmen ad hoc von Staaten vereinbart werden, werden kollektive von einer Staatenorganisation getroffen.

Bruch des Friedens und bei Angriffshandlungen" möglich. Zwar stellen staatliche Pflichtverletzungen bei Flugzeugentführungen oder Anschlägen gravierende Völkerrechtsverletzungen dar, damit liegt aber noch nicht notwendigerweise eine friedensbedrohende Handlung von der in Kapitel VII SVN erforderten Intensität vor. Unterhalb der Schwelle dieses Kapitels der UN-Satzung ist aber außer den Aktivitäten zur friedlichen Beilegung von Streitigkeiten nach Kapitel VI SVN keine Maßnahme der UNO möglich. Stellt sich schon die Frage, inwieweit Kapitel VII SVN der UNO eine ausschließliche Kompetenz zuweist, so ist mit Sicherheit außerhalb dieses Kapitels eine Ausschließlichkeit nicht gegeben.

Weiterhin besteht ein Unterschied zwischen einer kollektiven UNO-Maßnahme und gemeinsamen staatlichen Aktionen. Die Zulässigkeit von UNO-Maßnahmen richtet sich ausschließlich nach deren Satzung, nach der der Sicherheitsrat über Maßnahmen zu beschließen hat. Zur Unterstützung dieser Maßnahmen sind die UNO-Mitglieder gem. Art. 49 SVN verpflichtet, ohne daß sie am Zustandekommen des Beschlusses selbst im Sicherheitsrat mitgewirkt und ohne daß sie ein eigenes Interesse haben müssen. Hingegen liegt bei der Drittrepressalie eine besondere Berechtigung jedes einzelnen Staates vor, in bestimmten Fällen von Völkerrechtsverletzungen Maßnahmen zur Aufrechterhaltung der internationalen Ordnung zu ergreifen.

Auch Art. 51 SVN, der das „naturgegebene Recht zur individuellen oder kollektiven Selbstverteidigung" aller UNO-Mitgliedstaaten bekräftigt, bestätigt, daß die UNO keinesfalls das ausschließliche Recht zu gemeinsamen Maßnahmen von Staaten beansprucht. Dieses Monopol beschränkt sich auf die Gewaltanwendung, die bei Repressalien nicht zulässig ist.

Schließlich finden sich in der Staatenpraxis eine ganze Reihe von Verträgen, aus denen deutlich wird, daß die Maßnahmen des UN-Sicherheitsrates nicht als ausschließlich angesehen werden. So finden sich Regeln über gemeinsame Maßnahmen gegen andere Staaten im „Protocol for Limiting and Regulating the Cultivation of the Poppy Plant, the Production of, International and Wholesale Trade in, and Use of Opium" vom 23. Juni 1953[46], in der „Single Convention on Narcotic Drugs" vom 30. März 1961[47] und in der „United Nations Convention on Psychotropic Substances" vom 21. Februar 1971[48].

Gegen die Zulässigkeit von Maßnahmen mehrerer Staaten gegen einen pflichtverletzenden Staat können also keine begründeten Beden-

---

[46] UNTS Bd. 456, S. 3 ff.; es handelt sich um die Art. 12 und 13.

[47] UNTS Bd. 520, S. 151 ff.; Art. 14 und 15.

[48] UN-Doc E/CONF. 58/6; Art. 19.

ken geltend gemacht werden[49]. Es wäre auch höchst widersprüchlich, wenn das Völkerrecht zwar einerseits Drittrepressalien ermöglichen, andererseits aber die daraus resultierende Möglichkeit für gemeinsame Maßnahmen verbieten würde.

C. Beurteilung der erörterten Maßnahmen

Zur Möglichkeit nicht betroffener Staaten, die UNO oder die ICAO mit einem Streit zu befassen, ist nichts anderes anzumerken als bei der Stellungnahme zu den einzelstaatlichen Maßnahmen[50]. Gleiches gilt für die Möglichkeiten, Retorsion und Repressalie einzusetzen[51].

Der letzte Bereich fordert allerdings einige ergänzende Bemerkungen im Hinblick auf gemeinsame Maßnahmen mehrerer Staaten. Wenn grundsätzlich gegen den Einsatz von Repressalien und Retorsionen Bedenken wegen einer möglichen Konfliktverschärfung geltend gemacht werden, so gilt dies bei gemeinsamen Maßnahmen zugleich verstärkt und in geringerem Maße. Verstärkt deshalb, weil mehrere Staaten in den Konflikt einbezogen sind und er dementsprechend größere Bedeutung erhält. In geringerem Maße aber, weil sich der pflichtverletzende Staat durch gemeinsame Maßnahmen eher veranlaßt sieht, sich völkerrechtskonform zu verhalten. Auch die Tatsache, daß bei gemeinsamem Vorgehen mehrerer Staaten Chancen und Risiken der beabsichtigten Maßnahmen besser abgewogen werden, mindert die grundsätzlichen Bedenken. Berücksichtigt man schließlich die für einen Drittstaat bei einer Repressalie geltenden Einschränkungen, so bleibt für eine Konfliktverschärfung nur noch wenig Raum. Die angebotene Möglichkeit stößt damit auf geringe politische Bedenken.

Eine andere Frage ist, inwieweit sich die Staatenpraxis dieser Möglichkeit bedienen wird. Bisher gibt es keinen Fall gemeinsam abgesprochener Repressalien von betroffenen und/oder nicht betroffenen Staaten. Historisch wird an die gemeinsame Intervention mehrerer Staaten zur Niederschlagung des Boxeraufstandes in China im Jahre 1900 erinnert. Sie kann aber kein Beispiel für eine Maßnahme nicht betroffener Staaten sein, weil alle Botschaften der intervenierenden Staaten vorher angegriffen worden waren[52].

---

[49] Davon geht auch durchweg die Literatur aus; vgl. *Duckwitz*, S. 135; *Kraus*, Gegenwartsproblematik, S. 567; *Blesinger*, S. 186; *Brown-John*, S. 45.

[50] Kap. II D.

[51] Kap. II G.

[52] *Akehurst*, S. 3 unter Bezug auf Fleming, The Siege at Peking, 1959, die darin enthaltene Liste auf S. 182 und eine Karte bei S. 113.

Auf eine mögliche Schwierigkeit für gemeinsame Maßnahmen weist *Wright* hin, der der Auffassung ist, derartige Maßnahmen erforderten ein ständiges gemeinsames Organ[53]. In der Tat erfordern Maßnahmen gegen einen pflichtverletzenden Staat eine schnelle Reaktion. Bei den heute vorhandenen Kommunikationsmitteln wäre sie aber auch ohne ständiges Organ möglich, wenngleich vorherige Absprachen eine wesentliche Erleichterung bedeuteten.

Das Abspracheproblem ist innerhalb der Organisation der Amerikanischen Staaten (OAS) gelöst, deren Paktsystem Maßnahmen gegen Nichtmitglieder auf Grund der Art. 6 und 8 des Rio-Vertrages[54] vorsieht. Jedoch handelt es sich dabei nicht um gemeinsame, sondern um kollektive Repressalien oder Retorsionen, denn sie werden von einem im Vertrag vorgesehenen Organ beschlossen und sind nach Art. 20 des Rio-Vertrages für alle Vertragsstaaten verbindlich. Derartige kollektive Maßnahmen werden im folgenden Kapitel untersucht, da sie bei Handlungen gegen die Sicherheit der Zivilluftfahrt nur durch UNO oder ICAO denkbar sind. Selbst in der Praxis der OAS gibt es aber nur einen Fall, in dem Maßnahmen gegen Nichtmitglieder ergriffen wurden[55].

D. Mögliche Verbesserungen

Verbesserungen im Bereich der Maßnahmen nicht betroffener Staaten sind insofern vorstellbar, als ihre jetzt auf dem Repressalienrecht beruhenden Möglichkeiten vertraglich abgesichert werden könnten. Dadurch werden zwar keine anderen Maßnahmen ermöglicht, jedoch wäre ein Streit darüber ausgeschlossen, ob die in Anspruch genommene Norm des Völkergewohnheitsrechts besteht.

Zum einen könnte der nicht betroffene Staat in seinen Luftfahrtabkommen mit anderen Staaten eine dem kanadischen Vorschlag entsprechende Klausel[56] vereinbaren. Er ist dann in jedem Fall, in dem der andere Staat seine Pflichten in Zusammenhang mit Handlungen gegen die Sicherheit der Zivilluftfahrt verletzt, berechtigt, die gegen-

[53] *Wright*, Collective Rights and Duties for the Enforcement of Treaty Obligation, in: Proceedings of the American Society of International Law, Bd. 26 (1932), S. 115.

[54] „Inter-American Treaty of Reciprocal Assistence" vom 2. September 1947, abgeschlossen in Rio de Janeiro, abgedruckt in: ArchVR, Bd. 1 (1948 - 49), S. 471 ff.

[55] *Gerold*, Die Sicherung des Friedens durch die Organisation der Amerikanischen Staaten (OAS), Berlin 1971, S. 138.

[56] Dazu eingehend Kap. II E 2 a.

seitigen Luftfahrtbeziehungen zu unterbrechen, die ihnen zugrunde liegenden Verträge zu suspendieren und unter Umständen zu kündigen.

Die andere Möglichkeit wäre, daß dieses Recht von anderen Staaten in Verträgen zugunsten Dritter verankert wird, sich also auch zugunsten eines nicht betroffenen Staates auswirkt. Mit diesem Verfahren würde ein Staat gleichzeitig gegenüber allen anderen verpflichtet, mit denen er Luftfahrtbeziehungen unterhält, ohne daß es besonderer Verträge mit diesen Staaten bedürfte.

Die Realisierungsaussichten für beide Möglichkeiten müssen gering veranschlagt werden, nachdem die Handlungen gegen die Sicherheit der Zivilluftfahrt und damit auch das staatliche Interesse an ihrer Bekämpfung in jüngerer Zeit nachgelassen haben. Es gilt hier ähnliches wie bei der Prognose über die Zukunft der Zusatzklausel[57]. Die vertragliche Absicherung bei den Maßnahmen nicht betroffener Staaten ist auch letztlich nicht entscheidend, da diese auch auf dem Weg der Repressalie möglich sind.

---

[57] Vgl. am Ende des Abschnitts Kap. II E 2 a.

IV. Kapitel

Maßnahmen internationaler Organisationen gegen einen seine Pflichten verletzenden Staat

Wie eingangs erwähnt[1], sollen nur die Möglichkeiten völkerrechtlich handlungsfähiger mondialer Organisationen untersucht werden, die sich mit der Problematik von Handlungen gegen die Sicherheit der Zivilluftfahrt befassen und Maßnahmen gegen pflichtverletzende Staaten ergreifen können.

Solche Organisationen sind nur die UNO und deren Sonderorganisation ICAO. Da sich deren mögliche Maßnahmen aus Verträgen ergeben, sind die jeweiligen Satzungen zu untersuchen. Beide Organisationen haben eine Mitgliederzahl, die es erlaubt, die UNO-Satzung und das Chicago-Abkommen als weltweit gültig anzusehen[2], zumal ihnen bis heute kein wichtiger Staat ferngeblieben ist, wenn man von der Problematik geteilter Länder absieht.

Abkommensänderungen werden nur für die ICAO erörtert, in der es derartige Bestrebungen gab; in der UNO sind sie, obwohl im Kapitel XVIII SVN vorgesehen, nicht zu erwarten.

A. Maßnahmen der UNO

1. Möglichkeiten der friedlichen Streitbeilegung

Innerhalb der UNO können sowohl Sicherheitsrat als auch Generalversammlung Initiativen zur friedlichen Streitbeilegung ergreifen. Dem Sicherheitsrat ist aber gem. Art. 24 (1) SVN die Hauptverantwortung für die Wahrung des Weltfriedens und der internationalen Sicherheit übertragen[3], was auch in Art. 12 (1) SVN zum Ausdruck kommt. Nur seine Maßnahmen sind für die Mitgliedstaaten verbindlich (Art. 25 und 48 (1) SVN). Die Möglichkeiten des Sicherheitsrates werden daher zuerst geprüft.

---

[1] Einl. 2.

[2] Zu Beginn der 31. Vollversammlung im September 1976 wurde das 145. Mitglied in die UNO aufgenommen. Nach ICAO-Doc 9127 hatte die ICAO 129 Mitglieder (Stand: 31. Dez. 1974).

[3] *Goodrich / Hambro / Simons,* S. 202.

a) Sicherheitsrat

Zur Wahrung des Weltfriedens und der internationalen Sicherheit sind dem Sicherheitsrat in Art. 24 (2) SVN besondere Befugnisse zugewiesen, die sich für die friedliche Streitschlichtung in Kapitel VI SVN finden. Darüber hinaus hat der Sicherheitsrat auch ungeschriebene Befugnisse, die zur Erfüllung seiner Aufgaben aus der UNO-Satzung erforderlich sind[4]. Er kann beispielsweise Entschließungen fassen, vermitteln oder auch schiedsrichterliche Funktionen wahrnehmen. Das Recht zu Empfehlungen in der Sache ist umstritten[5].

Nachdem die Möglichkeiten eines Staates, die UNO einzuschalten, bereits erörtert wurden[6], ist nur noch zu klären, ob der Sicherheitsrat auch von sich aus Maßnahmen zur Streitschlichtung einleiten kann. Dies ist nach Art. 33 (2) SVN möglich, da staatliche Pflichtverletzungen bei Handlungen gegen die Sicherheit der Zivilluftfahrt geeignet sind, den Weltfrieden und die internationale Sicherheit zu gefährden[7]. Allerdings ist es auf Grund dieser Vorschrift nur möglich, die Parteien zur Beilegung der Streitigkeit aufzufordern. Eine solche Aufforderung verspricht wenig Erfolg, weil die Parteien entweder bereits von alleine den in Art. 33 (1) SVN beschriebenen Weg eingeschlagen haben und ohne Erfolg blieben, oder weil sie eine Streitbeilegung für unmöglich halten.

Dem Sicherheitsrat stehen außerdem die Untersuchungsmöglichkeiten des Art. 34 zur Verfügung, die aber nur die Feststellung ermöglichen, ob es sich um eine friedens- oder sicherheitsgefährdende Streitigkeit handelt. Er hat auch eine Empfehlungsmöglichkeit nach Art. 36 oder 38 SVN. Beides hat jedoch nur unverbindlichen Charakter, ebenso wie auch die erwähnten ungeschriebenen Möglichkeiten.

b) Generalversammlung

Im Gegensatz zum Sicherheitsrat, der nach Art. 28 SVN seine Aufgaben ständig wahrnehmen können muß, hat die Generalversammlung schon auf Grund ihres nur periodischen Zusammentretens kaum die Möglichkeit, in einem konkreten Streitfall Stellung zu nehmen. Andererseits kann sie sich aber mit Fragen beschäftigen, die sich noch nicht zu einer Streitigkeit entwickelt haben und auch in solchen Fällen Empfehlungen geben (Art. 10 und 14 SVN). Auch auf Grund des Art. 11 SVN könnte sich die Generalversammlung mit Handlungen gegen die Sicherheit der Zivilluftfahrt beschäftigen.

---

4 *Dahm*, VR II, § 77 IV (S. 375 f.); *Goodrich / Hambro / Simons*, S. 204.

5 *Dahm*, VR II, § 77 IV (S. 375 f.).

6 Kap. II B 2 und Kap. III A 2.

7 Vgl. genauer innerhalb Kap. III B 2.

c) Bisherige Praxis der beiden UN-Organe

Sowohl der Sicherheitsrat als auch die Generalversammlung haben sich mehrfach mit dem Problem der Handlungen gegen die Sicherheit der Zivilluftfahrt als solchem befaßt[8]. Nach dem sprunghaften Ansteigen der Zahl der Flugzeugentführungen im Jahre 1968 erinnerte der damalige US-Präsident Nixon bei Eröffnung der 24. UN-Generalversammlung 1969 an dieses Problem im Zusammenhang mit dem Nahostkonflikt. Der niederländische Außenminister forderte, es auf die Tagesordnung dieser Vollversammlung zu setzen. Dieser Forderung schlossen sich andere Staaten an. Weil der formulierte Tagesordnungspunkt den Begriff „Luftpiraterie" enthielt, kam es aber bereits im Vorfeld der eigentlichen Erörterungen zu Auseinandersetzungen. Die UdSSR warf den diesen Tagesordnungspunkt befürwortenden Staaten vor, sie wollten nur die Aufmerksamkeit „von gewissen anderen Aggressionsakten", deren Ergebnis die Flugzeugentführungen seien, ablenken. Schließlich einigte man sich darauf, den Tagesordnungspunkt „détournement par la force des aéronefs en vol" zu nennen[9]. Die Generalversammlung verabschiedete dann am 12. Dezember 1969 ihre erste Resolution. In ihr wurden die Staaten aufgefordert, wirksame gesetzliche Maßnahmen gegen alle Arten der rechtswidrigen Behinderung, Inbesitznahme oder sonstigen rechtswidrigen Ausübung der Kontrolle über zivile Luftfahrzeuge im Flug durch Gewalt oder Drohung mit Gewalt vorzusehen. Die Staaten sollen Personen, die solche Handlungen begehen, verfolgen, die Bemühungen der ICAO unterstützen und das Abkommen von Tokyo ratifizieren[10]. 77 Staaten stimmten der Resolution zu. 18 enthielten sich der Stimme, 1 Staat lehnte sie ab und 30 nahmen an der Abstimmung nicht teil.

Auf die Tagesordnung der 25. UN-Generalversammlung wurde der Punkt „Aerial hijacking or interference with civil air travel" auf Antrag von 14 Staaten gesetzt[11]. Im 6. Ausschuß, dem er zur Beratung überwiesen wurde, legten 31 Staaten einen Resolutionsentwurf vor, der später auch nahezu unverändert von der Generalversammlung verabschiedet wurde. Im Ausschuß kam es jedoch zu aufschlußreichen Anträgen. Ziffer 1 des Resolutionsentwurfs sah die Verurteilung aller Flugzeugentführungen oder sonstigen Behinderungen der Zivilluftfahrt vor, und zwar unabhängig vom Grund oder Motiv, aus dem sie

---

[8] Soweit diese Gremien sich mit Handlungen gegen die Sicherheit der Zivilluftfahrt unter dem Aspekt des Terrorismus beschäftigt haben, wird dies in der Schlußbetrachtung 2 erörtert.

[9] *Du Pontavice,* S. 309 f.

[10] UN-Doc A/RES/2551 (XXIV); deutscher Text bei *Meyer,* Luftfahrtabkommen VI, S. 85 f.

[11] UN-Doc A/8091; die Generalversammlung faßte einen entsprechenden Beschluß am 6. Oktober 1970 in der 1860. Plenarsitzung.

begangen werden. Gerade diese Passage wollte Tansania gestrichen wissen und damit offenbar bestimmte Motive als Rechtfertigung für Handlungen gegen die Sicherheit der Zivilluftfahrt zulassen. Tansania wandte sich auch gegen die Aufforderung an die Staaten, gemeinsame und einzelne Maßnahmen zu treffen, um zu gewährleisten, daß Fluggäste, Besatzung und Flugzeuge nicht als Mittel zur Erlangung erpresserischer Vorteile benutzt werden. Über diese Aufforderung wurde im Ausschuß gesondert abgestimmt, sie wurde aber mit 86 Stimmen bei 1 Gegenstimme und 22 Enthaltungen beibehalten. Bei der Schlußabstimmung im Ausschuß gab es keine Gegenstimme und nur 10 Enthaltungen, darunter jedoch die Staaten, denen die schwersten Pflichtverletzungen anzulasten sind, Algerien und Syrien, sowie weitere Staaten des Nahen Ostens[12]. Die Abstimmung in der Generalversammlung am 25. November 1970 ergab 105 Jastimmen, keine Neinstimme und 8 Enthaltungen. Dadurch, daß in der Resolution ohne jede Ausnahme alle Flugzeugentführungen oder sonstigen Behinderungen der Zivilluftfahrt durch Drohung oder Anwendung von Gewalt verurteilt werden und durch die Feststellung, daß rechtswidriges Zurückhalten von Fluggästen und Besatzungen als Form der unrechtmäßigen Behinderung des freien und ununterbrochenen Luftverkehrs zu verurteilen ist, ging die zweite Stellungnahme der Generalversammlung wesentlich weiter als die erste[13].

Der Sicherheitsrat nahm erstmals am 31. Dezember 1968 in einem konkreten Fall Stellung zum Problembereich der Handlungen gegen die Sicherheit der Zivilluftfahrt, allerdings in engem Zusammenhang mit dem Nahostkonflikt. Am 28. Dezember 1968 landeten israelische Kommandos mit Hubschraubern auf dem Beiruter Flughafen und sprengten 13 dort abgestellte Flugzeuge der libanesischen Luftfahrtgesellschaft in die Luft, wobei Personen nicht zu Schaden kamen[14]. Am 29. Dezember forderte der Ständige UNO-Vertreter Libanons daraufhin ein Zusammentreten des Sicherheitsrates[15]. Am selben Tag forderte auch Israel eine Sitzung des Sicherheitsrates, weil Libanon Beschlüsse des Sicherheitsrates verletzt habe, indem es Kriegshandlungen, Gewalt und Terror durch Organisationen unterstütze und begünstige, die von Libanon aus gegen Israel operierten und insbesondere den israelischen Luftverkehr bedrohten[16]. Damit spielte Israel auf einen Vorfall am 26. Dezember 1968 in Athen an, wo Araber einen Anschlag auf ein

[12] Vgl. UN-Doc A/8176 — Report of the Sixth Committee.

[13] Es handelt sich um die Resolution UN-Doc A/RES/2645 (XXV); deutscher Text bei *Meyer*, Luftfahrtabkommen VI, S. 87 f.

[14] Vgl. AdG 69, 14432.

[15] UN-Doc S/8945.

[16] UN-Doc S/8946.

israelisches Verkehrsflugzeug verübt hatten, bei dem ein Israeli getötet und eine Stewardeß verletzt worden waren[17]. In einer einstimmig gefaßten Resolution wurde Israel vom Sicherheitsrat wegen seiner Militäraktion gegen den Beiruter Flughafen verurteilt, wobei gleichzeitig die Notwendigkeit des freien ununterbrochenen Zivilluftverkehrs hervorgehoben wurde[18].

Eine Grundsatzentschließung faßte der Sicherheitsrat am 9. September 1970. Er zeigte sich „schwer betroffen von der Bedrohung des Lebens unschuldiger Zivilpersonen durch Flugzeugentführungen und andere Behinderungen des internationalen Reiseverkehrs", appellierte an alle Beteiligten, Fluggäste und Besatzungen nach einer Entführung unverzüglich und ausnahmslos freizulassen und forderte die Staaten auf, alle möglichen rechtlichen Schritte zu ergreifen, um weitere Handlungen gegen die Sicherheit der Zivilluftfahrt zu verhindern[19]. Am 20. Juni 1972 befaßte er sich erneut mit dem Problem und gab eine Stellungnahme („consensus statement") ab, in der er an seine erste Resolution erinnerte und einige Punkte daraus ausdrücklich wiederholte[20].

Bei einer kritischen Würdigung der Beschäftigung der UNO mit dem Problem der Handlungen gegen die Sicherheit der Zivilluftfahrt muß festgestellt werden, daß die Resolutionen und Stellungnahmen nur vage formuliert und sehr allgemein gehalten sind. Sie drücken zwar moralische Ansprüche aus, bieten aber wenig Hilfen zur konkreten Problembewältigung. Dies ist Ergebnis des Bemühens, überhaupt Stellungnahmen der UNO zu ermöglichen, die auf dem Hintergrund des Nahostkonflikts erfolgten und dementsprechend von gegensätzlichen Auffassungen in dieser Frage geprägt waren. Besonders deutlich wurde das in der Diskussion um die Formulierung des Tagesordnungspunktes in der Generalversammlung. Die Verurteilung Israels wegen des Angriffs auf den Flughafen Beirut ist zwar, wenn man die Zusammenhänge außer acht läßt, unzweifelhaft zu Recht erfolgt, aber eines Unbehagens kann man sich nicht erwehren, weil Aktionen gegen Israel nie verurteilt wurden. Der Vorwurf, daß in diesem Zusammenhang mit zweierlei Maß gemessen wird, erscheint durchaus gerechtfertigt. Wie in der UNO selbst über Stellungnahmen gedacht wird, kommt symptomatisch in einer UN-Pressemeldung zum Ausdruck. Als der Präsident

---

17 Vgl. AdG 69, 14432.

18 UN-Doc S/RES/262 vom 31. Dezember 1968; zur rechtlichen Problematik: *Falk*, The Beirut Raid and the International Law of Retaliation, in: AJIL, Bd. 63 (1969), S. 415 ff.; *Blum*, The Beirut Raid and the International Double Standard, in: AJIL, Bd. 64 (1970), S. 73 ff.

19 UN-Doc S/RES/286; deutscher Text bei *Meyer*, Luftfahrtsabkommen VI, S. 97, Fn. 40.

20 UN-Doc S/10705.

des Sicherheitsrates die Erklärung dieses Gremiums vom 20. Juni 1972 in einer Pressekonferenz verlas, wurde er anschließend von Pressevertretern gefragt, ob die Mitglieder des Sicherheitsrates tatsächlich der Auffassung seien, daß durch diese Erklärung Flugzeugentführungen verhindert würden. Er antwortete, daß vorbeugende Maßnahmen auf diesem Gebiet nicht Sache des Sicherheitsrates seien, sondern vom politischen Handlungswillen der Staaten abhingen[21]. Diese resignierende Antwort macht deutlich, daß der Sicherheitsrat in einem konkreten Konflikt, in dem die Meinungen der Staaten auseinandergehen, nur vor der Alternative steht, sich nicht zu äußern oder Stellungnahmen abzugeben, die zumindest die fünf ständigen Sicherheitsratsmitglieder einigermaßen zufriedenstellen.

Bei dieser Alternative ist eine Stellungnahme, wie sie in den oben erwähnten Äußerungen der UNO deutlich wird, einem Schweigen vorzuziehen. Sie bringt zwar keinen Beitrag zur konkreten Problembewältigung, dies ist aber auch nicht unbedingt erforderlich, weil es in der ICAO eine Organisation gibt, die sich mit diesem Problem beschäftigt. Deren Arbeit kann durch Stellungnahmen der UNO-Gremien gewürdigt und damit — zumindest psychologisch — gefördert werden. *McWhinney* bemerkt sogar:

> "It would be constitutionally inelegant, to say the least, for the UN Security Council or the UN General Assembly to attempt to pre-empt or occupy a field falling within the special competence of that agency — at least until such time as the agency had demonstrated itself as being incapable or unwilling to act in any concrete and meaningful way[22]."

Die ICAO hat sich mit Handlungen gegen die Sicherheit der Zivilluftfahrt nicht nur erfolgreich beschäftigt, als sie zu einer Bedrohung für die Luftfahrt wurden, sondern sogar vorausschauende Aktivitäten entfaltet, wenn man an das Tokyo-Abkommen denkt. Jedoch birgt die Argumentation McWhinneys, gerade was konkrete Maßnahmen gegen Staaten angeht, die Gefahr in sich, daß die UNO derartige Maßnahmen mit Rücksicht auf die ICAO nicht ergreift, die ICAO umgekehrt sich aber nicht für befugt hält, Schritte gegen Staaten einzuleiten, weil sie dafür die UNO als zuständig ansieht. Immerhin sollte ein derartiger „negativer Kompetenzkonflikt" durch Absprachen zwischen beiden Organisationen zu vermeiden sein.

Die schließlich doch unbefriedigende Haltung der UNO erklärte sich daraus, daß für weitergehende Maßnahmen als die ergriffenen auf Grund der Interessengegensätze der Staaten keine Realisierungschancen

---

[21] UN-Press Section, Weekly News Summary, Press Release WS/560, 23. Juni 1972.

[22] *McWhinney*, The Illegal Diversion of Aircraft and International Law, Leyden 1975, S. 20.

bestanden[23]. Dennoch sollen auch diese Möglichkeiten untersucht werden. Je mehr Staaten nämlich von Handlungen gegen die Sicherheit der Zivilluftfahrt betroffen werden, desto eher wird man innerhalb der UNO auch an drastischere Maßnahmen als Appelle zur friedlichen Streitbeilegung und Kooperation bei der Bewältigung des Problems denken.

2. Andere Möglichkeiten

Bei den Möglichkeiten jenseits der friedlichen Beilegung von Streitigkeiten ist insbesondere an Maßnahmen des Sicherheitsrates auf Grund des Kapitels VII SVN zu denken. Nach Art. 39 SVN ist Voraussetzung für alle diese Maßnahmen — abgesehen von Art. 40 SVN — das Vorliegen einer Bedrohung oder eines Bruches des Friedens oder einer Angriffshandlung. Der Sicherheitsrat hat dies jedoch auch in Fällen bejaht, wo die Bedrohung des Friedens eher theoretisch war[24].

Damit ist aber noch nicht gesagt, daß die Voraussetzungen des Art. 39 SVN auch bei staatlichen Pflichtverletzungen im Zusammenhang mit Handlungen gegen die Sicherheit der Zivilluftfahrt erfüllt sein können. Zum Ausgangspunkt bei der Beantwortung dieser Frage sollen die bisher schwersten Fälle von staatlichen Pflichtverletzungen gemacht werden: die dargestellten Flugzeugentführungen vom 23. Juli 1968[25] und vom 29. August 1969[26], wo in beiden Fällen Passagiere im Anschluß an die Entführungen von Staaten zu Erpressungszwecken festgehalten wurden. Dieser Ausgangspunkt ist deshalb angebracht, weil es nutzlos erscheint, sicherlich denkbare Fälle zu konstruieren, die eine Feststellung des Sicherheitsrates im Sinne des Art. 39 SVN möglich machten[27], denen aber jeglicher Bezug zur Realität fehlt. Die beiden erwähnten Fälle gehören zu den wenigen, in denen ein völkerrechtswidriges Verhalten Algeriens und Syriens unzweifelhaft ist.

Art. 39 SVN enthält drei Modalitäten, deren Tatbestände dem Ermessen des Sicherheitsrates weiten Spielraum gewähren:

---

[23] Wie *Faller*, S. 33 berichtet, beabsichtigte die israelische Regierung im Zusammenhang mit dem Vorfall vom 23. Juli 1968 den Sicherheitsrat anzurufen. Sie sah dann jedoch davon ab, weil ein sowjetisches Veto zu erwarten war und zudem im Juli 1968 der algerische UN-Delegierte den Vorsitz im Sicherheitsrat führte. Die israelische Regierung schätzte also die Interessengegensätze so hoch ein, daß sie nicht einmal den Versuch machte, den Sicherheitsrat mit einer ihn betreffenden Angelegenheit zu befassen.

[24] *Waldock*, S. 490.

[25] Vgl. eingangs Kap. II Fall 2.

[26] Vgl. eingangs Kap. II Fall 3.

[27] Auch wenn, wie *Dahm*, VR II, § 81 IV (S. 390) feststellt, in der Praxis oft eine solche Feststellung unterbleibt, ist doch das Bejahen der Voraussetzungen des Art. 39 SVN für Maßnahmen des VII. Kapitels SVN nötig.

"A measure of discretion is always involved in evaluating the facts of a situation, and the lack of any definition or consensus concerning the meaning of the terms used in Art. 39 leaves considerable room for subjective political judgements[28]."

In beiden erwähnten Fällen staatlicher Pflichtverletzungen wird man trotz dieses Ermessensspielraums das Vorliegen der Voraussetzungen des Art. 39 SVN verneinen müssen, so daß auch Maßnahmen aus dem VII. Kapitel SVN oder nach den Art. 5 und 6 SVN nicht in Betracht kommen. Eine Friedensbedrohung als der weiteste Tatbestand des Art. 39 SVN erfordert eine unmittelbare, aktuelle Bedrohung des Friedens und nicht nur eine potentielle Gefahr[29], also einen ernsten Konflikt zwischen zwei Staaten, der in der Folge zu einer Gewaltanwendung führen kann. Das staatliche Verhalten in beiden Fällen ist als schwere Verletzung der Völkerrechtsordnung zu bezeichnen[30], das auch durchaus zu einer Friedensbedrohung werden kann. Nur gab es bisher keinen Fall, in dem es tatsächlich zu einer Friedensbedrohung kam. Die betroffenen Staaten begnügten sich mit Protesten und Mitteln, die zu keinem Zeitpunkt eine ernste Auseinandersetzung erwarten ließen. Es kam noch nicht einmal zum Einsatz von Repressalien[31]. In den beiden Ausgangsfällen wurde zwar auf die pflichtverletzenden Staaten ein erheblicher Druck ausgeübt. Er resultierte aber mehr aus den Boykottdrohungen der internationalen Pilotenvereinigung (IFALPA) und der internationalen Transportarbeiter-Organisation (ITF), als aus Maßnahmen seitens betroffener oder nicht betroffener Staaten. Demnach kam es bisher nicht zu einer Friedensbedrohung im Zusammenhang mit staatlichen Pflichtverletzungen bei Handlungen gegen die Sicherheit der Zivilluftfahrt.

Nach den Vorfällen vom Juli 1968 und August 1969 wurden in den drei Abkommen von Tokyo, Den Haag und Montreal, die erst nach diesen Flugzeugentführungen in Kraft traten, die staatlichen Pflichten bei Handlungen gegen die Sicherheit der Zivilluftfahrt festgelegt. Es erscheint nahezu unmöglich, daß sich ein Staat, selbst wenn er den Abkommen fernbleibt und gewohnheitsrechtliche Verpflichtungen leugnen sollte, der Wirkung dieser Abkommen entziehen kann. Daher ist mit noch schwereren Pflichtverletzungen, als sie bisher vorkamen, nicht zu rechnen. Wenn aber schon bisher keine anderen UNO-Maßnahmen als solche zur friedlichen Streitbeilegung zulässig waren, wird sich das demnach auch in Zukunft nicht ändern. Die Frage, ob solche Maßnah-

---

28 *Goodrich / Hambro / Simons*, S. 293.

29 *Dahm*, VR II, § 81 IV (S. 381).

30 Vgl. innerhalb Kap. III B 2.

31 Im Kap. II F 2 erwähnten indisch-pakistanischen Konflikt erwies sich die indische Maßnahme als völkerrechtswidrig; sie kann daher nicht als Repressalie bezeichnet werden.

men ergriffen würden, hängt also bei Handlungen gegen die Sicherheit der Zivilluftfahrt zunächst nicht von einer möglichen Funktionsunfähigkeit eines UNO-Organs ab, sondern davon, daß die Voraussetzungen für ein Tätigwerden vorliegen. Dies ist für Maßnahmen aus Kapitel VII SVN bei staatlichen Pflichtverletzungen nach Flugzeugentführungen oder Anschlägen zu verneinen.

B. Maßnahmen der ICAO

Bei den Maßnahmen der ICAO gegen Staaten, die ihre Pflichten bei Handlungen gegen die Sicherheit der Zivilluftfahrt verletzen, braucht auf die Abkommen von Tokyo, Den Haag und Montreal nicht eingegangen zu werden. Diese Abkommen kamen zwar unter der Mitarbeit der ICAO zustande, sind aber ansonsten multilaterale Abkommen zwischen Staaten, die der ICAO keine Rechte einräumen. Untersucht werden jedoch mögliche Änderungen dieser Abkommen, die innerhalb der ICAO diskutiert wurden. Zu untersuchen sind weiterhin das Chicago-Abkommen, das Transit- und das Transport-Abkommen, mögliche Änderungen dieser Abkommen und mögliche neue Abkommen, bei deren Zustandekommen die ICAO eine ähnlich bedeutende Rolle wie bei den drei bisher abgeschlossenen Abkommen spielen könnte. Auf Resolutionen der ICAO wird nicht eingegangen[32], denn im Gegensatz zu UNO-Resolutionen lassen Resolutionen der ICAO keine besonderen Rückschlüsse auf die Einschätzung der Bedeutung von Handlungen gegen die Sicherheit der Zivilluftfahrt durch die ICAO zu. Die Beschäftigung mit Fragen der Sicherheit der Zivilluftfahrt ist ja gerade Arbeitsfeld der ICAO.

1. Chicago-Abkommen

Wie festgestellt[33], trifft der ICAO-Rat bei einer Streitigkeit über das Chicago-Abkommen und die aus ihm erwachsenden Verpflichtungen auf Ersuchen eines Staates eine Entscheidung. Dies gilt auch dann, wenn ein Staat der Auffassung ist, ein anderer habe seine Pflichten aus den Art. 12, 22 und 25 bei Handlungen gegen die Sicherheit der Zivilluftfahrt verletzt[34]. Da der Rat nach Art. 50 a ein ständiges Organ ist, kann eine solche Entscheidung auch schnell getroffen werden. Anders als im

[32] Die noch gültigen ICAO-Resolutionen im Zusammenhang mit Handlungen gegen die Sicherheit der Zivilluftfahrt finden sich in ICAO-Doc 9124 — Assembly resolutions in force — Part VIII, S. 127 ff.

[33] Kap. II B 1 und Kap. III A 1.

[34] Zum Verfahren eingehend *Rosenmöller*, S. 261 ff.

UN-Sicherheitsrat genügt für einen Ratsbeschluß die Zustimmung der Mehrheit seiner Mitglieder (Art. 52), so daß es keine Schwierigkeiten wegen eines „Veto-Rechtes“ gibt.

Welche Entscheidungen bei einer Abkommensverletzung möglich sind, regeln die Art. 87 und 88. Die Sanktion des Art. 87 ist nur für die Durchsetzung von Entscheidungen über die Vereinbarkeit des Betriebs einer Luftlinie mit der Konvention vorgesehen[35]. Sie kann sich also nicht gegen einen pflichtverletzenden Staat richten und ist daher hier nicht von Interesse. In Art. 88 ist hingegen vorgesehen, daß den Staaten, die die Entscheidungen des Rates oder andere Bestimmungen des Kapitels XVIII Chicago-Abkommen nicht beachten, nach einer entsprechenden Feststellung durch die ICAO-Versammlung[36] das Stimmrecht in Rat und Versammlung entzogen wird. Selbstverständlich kann diese Sanktion erst verhängt werden, wenn eine endgültige Entscheidung vorliegt und so viel Zeit verstrichen ist, daß der Staat der Entscheidung hätte nachkommen können[37].

Art. 88 ist die einzige Sanktionsvorschrift im Chicago-Abkommen gegen vertragsverletzende Staaten. Der Entzug des Stimmrechts in den ICAO-Gremien erscheint aber ungeeignet, einen Staat zur Einhaltung seiner Verpflichtungen bei Handlungen gegen die Sicherheit der Zivilluftfahrt zu bringen. Dieser Maßnahme fehlt die direkte nachteilige Auswirkung auf den pflichtverletzenden Staat, die ihn zur Änderung seines Verhaltens veranlassen könnte. Zudem hat die Versammlung bei einer Feststellung nach Art. 88 einen weiten Beurteilungsspielraum[38] und wird sich nicht leicht zu einer Maßnahme bewegen lassen, die die Universalität der ICAO bedrohen kann. So bemerkt *Manin* zu Art. 88 mit Recht:

> „L'intention est louable, mais l'efficacité et de l'action et de la sanction est plus que douteuse[39].“

Hinzu kommt, daß die Versammlung, die über den Stimmrechtsentzug zu entscheiden hat, in der Regel nur einmal jährlich zusammentritt und daher eine schnelle Reaktion auf Pflichtverletzungen nicht möglich ist. Wegen der Berufungsmöglichkeit des Art. 86 kann bis zu deren endgültiger Feststellung ohnehin lange Zeit verstreichen.

---

[35] *Rosenmöller*, S. 280.

[36] Daß die Versammlung diese Feststellung trifft, ist Art. 88 nicht unmittelbar zu entnehmen; vgl. aber *Rosenmöller*, S. 281 und *Buergenthal*, Law-Making in the International Civil Aviation Organisation, New York 1969, S. 150.

[37] *Rosenmöller*, S. 281.

[38] *Buergenthal*, S. 150 ff.

[39] *Manin*, L'Organisation de l'Aviation Civile International, Paris 1970, S. 263.

Maßnahmen auf Grund des Chicago-Abkommens sind also ungeeignet, um gegen einen pflichtverletzenden Staat eingesetzt zu werden und ihn zur Erfüllung seiner Verpflichtungen zu bewegen.

2. Transit-Abkommen

Art. II Abschnitt 1 des Transit-Abkommens sieht bei Vertragsverletzungen die Möglichkeit vor, auf Empfehlung des ICAO-Rates durch die ICAO-Versammlung mit Zweidrittelmehrheit die Rechte eines Staates aus diesem Abkommen zu suspendieren. Dabei handelt es sich nach Art. I Abschnitt 1 um die Rechte zum Überfliegen eines Territoriums ohne Landung und zu Landungen nichtgewerblicher Art. Diese Suspendierungsmöglichkeit gilt jedoch nur für Verletzungen des Transit-Abkommens selbst. Wie festgestellt[40], ergeben sich aus ihm keine staatlichen Verpflichtungen bei Handlungen gegen die Sicherheit der Zivilluftfahrt. Bei Verletzungen dieser Pflichten kann es also nicht zu einem Verstoß gegen das Transit-Abkommen kommen. Damit gibt es auch keine Möglichkeit, die Rechte eines pflichtverletzenden Staates aus dem Abkommen zu suspendieren.

3. Transport-Abkommen

Das Transport-Abkommen kann auf Grund seiner wenigen Mitgliedstaaten kaum für ein Vorgehen der ICAO gegen einen Staat herangezogen werden[41]. Es enthält im übrigen in Art. IV Abschnitt 2 eine Art. II Abschnitt 1 des Transit-Abkommens entsprechende Regelung. Auch im Transport-Abkommen ist also keine Grundlage für ein Vorgehen der ICAO gegen einen Staat zu finden, der seine Pflichten bei Flugzeugentführungen oder Anschlägen nicht erfüllt.

4. Vorschläge zur Änderung der bestehenden Abkommen

a) Chicago-Abkommen

Weil ein Vorgehen nur eines Staates sowie auch das gemeinsame Vorgehen mehrerer Staaten gegen einen pflichtverletzenden Staat eher zu einer Konfliktverschärfung führt als Maßnahmen im Rahmen einer internationalen Organisation, wurden eine Reihe von Vorschlägen gemacht, die der ICAO solche Maßnahmen ermöglicht hätten. Darunter waren zwei Vorschläge, die das Chicago-Abkommen so ändern wollten,

---

40 Kap. I A 2.

41 Nach ICAO-Doc 9127, S. 89 hat es 12 Mitgliedstaaten.

daß es bisher nicht mögliche Maßnahmen gegen pflichtverletzende Staaten erlaubt hätte.

Der erste dieser Vorschläge wurde der ICAO von Frankreich unterbreitet. Er wurde zusammen mit dem zweiten, britisch-schweizerischen Vorschlag während der 20. (außerordentlichen) Tagung des ICAO-Rechtsausschusses diskutiert und war Gegenstand der Verhandlungen auf der 20. (außerordentlichen) Tagung der ICAO-Versammlung in Rom[42].

In der Begründung ihres Vorschlages bemerkte die französische Regierung unter Anspielung auf einen in einem Unterausschuß des Rechtsausschusses diskutierten amerikanisch-kanadischen Vorschlag[43] für einen Sanktionsmechanismus:

> „Le Gouvernement français partage l'avis selon lequel une Convention sur les sanctions collectives doit bénificier d'un très large appui pour répondre efficacement aux préoccupations qui l'inspirent. Or, il doute qu'un project du type de celui qui a déjà été examiné par le sous-comité puisse recueillir un vaste assentiment.
>
> Aussi se demande-t-il si une idée qui avait autrefois été avancée dans certains milieux aéronautiques internationaux ne mériterait pas d'être approfondie. Il s'agirait de rendre obligatoires les dispositions de la Convention de La Haye pour tous les Etats membres de l'OACI sous peine d'exclusion de cette organisation[44]."

Der Vorschlag der französischen Regierung ging dahin, die Artikel 1 bis 11 des Den Haag-Abkommens durch eine Änderung des Chicago-Abkommens, für die nach Art. 94 (a) eine Zweidrittelmehrheit erforderlich ist, in das Chicago-Abkommen aufzunehmen. Ein Staat, der nicht innerhalb eines Jahres nach Inkrafttreten diese Änderung ratifiziert haben würde, sollte entsprechend Art. 94 (b) nicht mehr Mitglied des Chicago-Abkommens sein. Art. 94 (b) bestimmt:

> „Wenn nach Ansicht der Versammlung die Art der Änderung eine solche Maßnahme rechtfertigt, kann die Versammlung in ihrer die Annahme empfehlenden Entschließung bestimmen, daß jeder Staat, der die Änderung innerhalb einer bestimmten Frist nach ihrem Inkrafttreten nicht ratifiziert hat, aufhört, Mitglied der Organisation und Vertragspartei des Abkommens zu sein."

Dieser Vorschlag, der ebenso wie alle anderen von der ICAO-Versammlung in Rom verworfen wurde, ist nur auf den ersten Blick bestechend. Zunächst fällt auf, daß nur Tatbestände des Den Haag-, nicht aber des Montreal-Abkommens in das Chicago-Abkommen auf-

---

[42] Der französische Vorschlag ist in ICAO-Doc 9050-LC/169-2, S. 40 ff. mit der ihn begründenden Note abgedruckt, der britisch-schweizerische in ICAO-Doc 9050-LC/169-2, S. 53 ff.; beide Vorschläge finden sich auch in RGAE, Bd. 36 (1973), S. 86 ff.

[43] Vgl. Kap. IV B 6 a.

[44] ICAO-Doc 9050-LC/169-2, S. 42 f.

genommen werden sollten. Das Montreal-Abkommen war zum Zeitpunkt des französischen Vorschlages bereits unterzeichnet. Begründet wurde das Fehlen diesbezüglicher Vorschriften mit dem Auftrag, den der ICAO-Rat dem Rechtsausschuß erteilt hatte[45]. Wenn aber schon die Änderung eines multilateralen Abkommens mit allen damit verbundenen Problemen[46] versucht werden sollte, hätte man den Beschluß des ICAO-Rates nicht so eng auffassen dürfen.

An den Sanktionsmöglichkeiten des Chicago-Abkommens hätte der französische Vorschlag nichts geändert. Darauf kam es ihm allerdings auch nicht an. Er zielte mehr darauf ab, das Streitschlichtungsverfahren aus dem Chicago-Abkommen auf Verstöße gegen die im Den Haag-Abkommen festgelegten Verpflichtungen anzuwenden[47], obwohl in diesem bereits eine Schiedsregelung enthalten ist[48]. Es wäre also dabei geblieben, daß als einzige Maßnahme gegen einen Staat, der gegen Pflichten aus dem ergänzten Chicago-Abkommen verstoßen hätte, der Entzug des Stimmrechts in Rat und Versammlung möglich gewesen wäre. Dies war bereits ohne Änderung des Chicago-Abkommens der Fall, da ein Verstoß gegen Art. 9 Den Haag-Abkommen zugleich eine Verletzung des Chicago-Abkommens bedeutet[49]. Nur für die Auslieferungs- oder Verfolgungspflicht des Art. 7, die nicht aus dem Chicago-Abkommen abgeleitet werden kann, hätte somit der französische Vorschlag eine Erweiterung des Streitschlichtungsverfahrens nach Art. 84 ff. Chicago-Abkommen gebracht.

Resultat des Vorschlages wäre gewesen, daß die Staaten entweder die Änderung des Chicago-Abkommens hätten ratifizieren müssen, oder aus der ICAO ausgeschlossen worden wären, nur um größtenteils ohnehin bestehende Verpflichtungen ausdrücklich zu verankern. Sosehr die Klarstellung dieser Verpflichtungen wünschenswert erscheint, hätte sie doch in diesem Fall bedeutet, die Universalität der ICAO aufs Spiel zu setzen und einen höchst langwierigen Prozeß der Abkommensänderung in Kauf zu nehmen, der sogar das Risiko des Nichtzustandekommens in sich getragen hätte.

Die Universalität der ICAO wäre aufs Spiel gesetzt worden, wenn die Zahl der für das Inkrafttreten der Abkommensänderung erforderlichen Ratifizierungen niedrig festgesetzt worden wäre. Ein Jahr nach

45 ICAO-Doc 9050-LC/169-2, S. 64.

46 Eingehend dazu *Gertler*, Amendments to the Chicago-Convention: Lessons from Proposals that failed, in: JALC, Bd. 40 (1974), S. 225 ff.

47 So die Antwort der französischen Delegation auf verschiedene Fragen innerhalb der Arbeitsgruppe des Rechtsausschusses, ICAO-Doc 9050-LC/169-2, S. 63.

48 Art. 12 Den Haag-Abkommen.

49 Vgl. Kap. I A 1.

Inkrafttreten der Änderung wären alle die Staaten, die die Änderung noch nicht ratifiziert hätten, aus der ICAO ausgeschlossen gewesen. Es hätte sich um eine durchaus beachtliche Zahl handeln können. Um dies zu verhindern, hatte der französische Vorschlag die Zahl der notwendigen Ratifizierungen gem. Art. 94 (a) auf zwei Drittel der ICAO-Mitgliedstaaten festsetzen wollen. Dem Einwand, das vorgesehene Verfahren sei schwierig und zeitraubend, hielt Frankreich entgegen:

„Cette objection peut toutefois être présentée à l'encontre de n'importe quel projet de Convention élaboré en la matière. En effet, on voit mal comment une Convention de sanctions collectives pourrait être efficace si elle n'a pas été l'objet d'une très large acceptation. Dès lors son entrée en vigueur sera nécessairement subordonnée à un assez grand nombre de ratifications. Celles-ci semblent en outre devoir être plus facilement acquises dans la nouvelle perspective ainsi offerte. La Convention de La Haye a, en deux ans, été signée par plus de 80 Etats et ratifiée par près de 60. On peut dès lors nourrir l'espoir que son incorporation à la Convention de Chicago pourrait être opérée sans difficultés majeures, ni retard abusif[50]."

Das kann jedoch nicht überzeugen. Eine eigene neue Konvention innerhalb der ICAO hätte zwar zu ihrer Annahme nach Art. 9 (2) WVK einer Zweidrittelmehrheit bedurft, aber bei einer wesentlich geringeren Zahl von Ratifikationen in Kraft treten können[51], ohne die Gefahr, daß ein Staat aus der ICAO ausgeschlossen gewesen wäre. Die Effektivität einer solchen separaten Konvention hängt nicht nur von der Zahl der Mitgliedstaaten, sondern auch davon ab, welche Staaten sie ratifiziert haben. Boykottmaßnahmen etwa, die als Sanktionen bei Pflichtverletzungen in Betracht kommen, sind wirksam, wenn sie von den großen Luftfahrtnationen befolgt werden. Entscheidender Einwand gegen den französischen Vorschlag bleibt aber, daß er selbst bei Realisierung keine wirksamen Maßnahmen gegen einen pflichtverletzenden Staat ermöglicht hätte, weil der Stimmrechtsentzug und das damit verbundene Verfahren nicht geeignet sind, Staaten zur Einhaltung ihrer Verpflichtungen zu bringen[52].

Der französische Vorschlag ist jedoch auch aus der Situation zu würdigen, aus der heraus er gemacht wurde. Gegen den amerikanisch-kanadischen Vorschlag[53] waren schwere Bedenken erhoben worden, die seine Realisierung unwahrscheinlich erscheinen ließen[54]. In dieser Situa-

---

[50] Aus der Note der französischen Regierung, mit der ihr Vorschlag begründet wurde, ICAO-Doc 9050-LC/169-2, S. 45.

[51] Art. 21 (1) Tokyo-Abkommen sah für das Inkrafttreten 12 Ratifikationen vor, Art. 13 (3) des Den Haag-Abkommens 10 und Art. 15 (3) des Montreal-Abkommens ebenfalls 10.

[52] Vgl. Kap. IV B 1.

[53] Genauer Kap. IV B 6 a.

[54] Dies wird auch in der französischen Begleitnote zum Vorschlag deutlich, vgl. ICAO-Doc 9050-LC/169-2, S. 40 ff.

tion wäre jede Übereinkunft hilfreich gewesen, in der noch einmal eindeutig die Verpflichtungen der Staaten bei Handlungen gegen die Sicherheit der Zivilluftfahrt betont worden wären.

Während der 20. (außerordentlichen) Tagung des ICAO-Rechtsausschusses im Januar 1973 in Montreal konnte keine Einigung darüber erzielt werden, ob der Vorschlag Frankreichs dem britisch-schweizerischen Vorschlag vorzuziehen sei, der ebenfalls eine Änderung des Chicago-Abkommens vorsah. Der Kernpunkt des französischen Vorschlages, die Anwendung des Art. 94 (b) Chicago-Abkommens, wurde nicht diskutiert[55]. Der Rechtsausschuß empfahl dem Rat, beide Vorschläge einer außerordentlichen ICAO-Versammlung vorzulegen[56]. Dort wurde eine Anwendung des Art. 94 (b) mit 73 gegen 11 Stimmen bei 6 Enthaltungen im Executive Committee[57] abgelehnt[58], so daß sich das Plenum der ICAO-Versammlung nicht mehr mit dem französischen Vorschlag befaßte.

Der britisch-schweizerische Vorschlag[59] sah vor, in das Chicago-Abkommen ein neues Kapitel „Maßnahmen zum Schutz der Sicherheit der Zivilluftfahrt" einzufügen. In drei Artikeln wurden die Verpflichtungen aus dem Den Haag- und dem Montreal-Abkommen wiederholt, in einem später angefügten vierten dem ICAO-Rat das Recht eingeräumt, im Falle einer Handlung gegen die Sicherheit der Zivilluftfahrt geeignete Verhaltensempfehlungen an jeden Staat zu richten. Außerdem war eine Neufassung der Art. 86 bis 88 vorgesehen. Art. 86 sollte dahin ergänzt werden, daß Ratsentscheidungen auf Grund des neuen Kapitels auch bei einer eventuellen Berufung vorläufig in Kraft bleiben sollten. Der neuformulierte Art. 87 enthielt den Kernpunkt des britisch-schweizerischen Vorschlages: die Vertragsstaaten sollten sich verpflichten, den Betrieb eines Luftverkehrsunternehmens eines anderen Vertragsstaates durch ihr Hoheitsgebiet auch dann nicht zuzulassen, wenn dieser nicht in Übereinstimmung mit dem angefügten Kapitel handelte und dies durch den Rat festgestellt wurde. Art. 88 sollte zum zweiten Absatz des Art. 87 werden. Damit wäre Art. 87, der in seiner jetzigen Fassung nur bei Verstößen eines Luftverkehrsunternehmens anwendbar ist, zur zentralen Sanktionsvorschrift bei der Bekämpfung von Handlungen gegen die Sicherheit der Zivilluftfahrt geworden.

Der britisch-schweizerische Vorschlag vermied zum einen die Gefährdung der Universalität der ICAO, zum anderen beinhaltete er im Ge-

---

55 Vgl. den Bericht der Arbeitsgruppe zu diesen Vorschlägen, ICAO-Doc 9050-LC/169-1, S. 147.

56 ICAO-Doc 9050-LC/169-2, S. 34 ff.

57 Zu dessen Funktion *Rosenmöller*, S. 43; *Erler*, S. 19.

58 ICAO-Doc 9088-A 20-EX, S. 57 f.

59 ICAO-Doc 9050-LC/169-2, S. 53 ff.

gensatz zum französischen Vorschlag eine Maßnahme, die einen pflichtverletzenden Staat unmittelbar träfe: die Suspendierung des Luftverkehrs zwischen ihm und den anderen Staaten, die diese Änderung ratifizierten.

Juristische Probleme wirft der Vorschlag in dreierlei Hinsicht auf. Es fragt sich, ob er mit den gegenseitigen Luftfahrtabkommen in Einklang zu bringen ist, ob die Rechte der suspendierenden Staaten gegenüber dem pflichtverletzenden fortbestehen und ob der ICAO-Rat eine Pflichtverletzung wegen der damit verbundenen Folgen überhaupt feststellen darf.

Die erste Frage läßt sich einfach beantworten, wenn man berücksichtigt, daß auch innerhalb eines multilateralen Vertrages Pflichten zwischen den einzelnen Staaten bestehen. Die Vertragsänderung des Chicago-Abkommens gilt nur für die Staaten, die sie ratifizieren. Zwischen den übrigen gilt das Chicago-Abkommen in der alten Fassung[60]. Für diese Staaten besteht das Problem der Vereinbarkeit mit den gegenseitigen Luftfahrtabkommen nicht. Die Staaten, die die Änderung ratifizieren, gehen damit eine neue Verpflichtung ein, die unter Umständen dem zwischen ihnen gültigen Luftfahrtabkommen widerspricht. In diesem Fall gilt auch im Völkerrecht die Regel „lex posterior derogat legi anteriori", die man auch in Art. 30 (3) WVK findet. Somit werden die gegenseitigen Luftfahrtabkommen durch die Ratifizierung der Änderung des Chicago-Abkommens modifiziert. Es kommt also nicht zu einem Widerspruch zwischen dem geänderten Chicago-Abkommen und den bilateralen Luftfahrtabkommen.

Die Frage nach dem Fortbestehen der Rechte im Falle der Suspendierung von vertraglichen Verpflichtungen stellte sich bereits bei der Repressalie. Dort wurde festgestellt, daß mit der Suspendierung von Pflichten auch die Rechte aus einem Abkommen verloren gehen[61]. Damit ist aber noch nichts über die hier aufgeworfene Frage gesagt. Schon der Begriff Repressalie für eine vertraglich vereinbarte Maßnahme ist verfehlt. Es handelt sich definitionsgemäß um eine an sich völkerrechtswidrige Maßnahme, die durch das vorherige rechtswidrige Verhalten des anderen Staates gerechtfertigt ist[62]. Eine vertraglich vorgesehene Maßnahme kann aber nicht völkerrechtswidrig sein, wenn man von der Frage ihrer Vereinbarkeit mit ius cogens absieht.

Die Antwort bei der Repressalie ergab sich aus der Gegenseitigkeit der Verpflichtungen und der Tatsache, daß ein zu Repressalien greifender Staat beliebige Pflichten verletzen darf. Dies ist gerade nicht mög-

---

60 Vgl. Art. 40 (4) WVK.
61 Vgl. innerhalb Kap. II F 2.
62 Vgl. zu Beginn Kap. II F 2.

lich, wenn in einem Abkommen die Folgen einer Vertragsverletzung genau geregelt werden. Auch kann bei einem multilateralen Vertrag wie dem von Chicago dann nicht mehr von einem reinen Gegenseitigkeitsverhältnis gesprochen werden, wenn internationale Gremien konstituiert und im Falle von Vertragsverletzungen eingeschaltet werden. Gerade das sah der britisch-schweizerische Vorschlag vor. Es sollten nicht etwa ein oder mehrere Staaten gemeinsam Maßnahmen gegen den Vertragsbrüchigen ergreifen, sondern eine Vertragsverletzung sollte durch den ICAO-Rat festgestellt werden. Die Vertragsstaaten hätten nur die festgelegten Konsequenzen aus dieser Feststellung gezogen. Diese Situation ist mit der bei einer einzelstaatlichen Repressalie unvergleichbar, so daß auch die dort gefundene Lösung hier keine Gültigkeit hat.

Die Antwort kann sich dann nur aus dem britisch-schweizerischen Vorschlag selbst ergeben. Danach verpflichten sich die Vertragsstaaten dazu, einem Luftverkehrsunternehmen eines vertragsbrüchigen Staates die Benutzung des Luftraumes über ihren Territorien zu untersagen. Über die Rechte der Staaten, die diese Maßnahmen ergreifen, ist nichts gesagt. Da diese Rechte jedoch in bilateralen Abkommen, im Transit-Abkommen und Transport-Abkommen gesichert sind und diese Abkommen durch den neugefaßten Art. 87 Chicago-Abkommen insoweit nicht geändert werden, bleiben sie erhalten. Es ist also nicht richtig, davon zu sprechen, daß der britisch-schweizerische Vorschlag zu einem Boykott der Luftverbindungen von und zu dem Vertragsbrecher geführt hätte[63]; boykottiert würde nur das Luftverkehrsunternehmen dieses Staates, während die anderen Vertragspartner den Flugverkehr von und nach diesem Staat aufrecht erhalten könnten. Der Vertragsbrecher wäre weiter verpflichtet, die Rechte aus den Luftfahrtabkommen bzw. dem Transit-Abkommen zu gewähren. Er könnte sich dieser Verpflichtung nur durch eine Kündigung der entsprechenden Abkommen entziehen. Ob er allerdings tatsächlich den Staaten, die sein Luftverkehrsunternehmen boykottieren, Lande- und Überflugrechte gewähren würde, ist fraglich[64]. Dies ändert aber nichts an der Rechtslage.

Bedenken, der ICAO-Rat dürfe keine Feststellung treffen, wie sie der britisch-schweizerische Vorschlag vorsah, wurden damit begründet, daß diese Feststellung bei vertragsgemäßem Verhalten der Mitgliedstaaten eine Blockade zur Folge habe. Allein der UN-Sicherheitsrat aber dürfe eine solche Maßnahme verhängen[65]. Der vorgesehene Boykott ist jedoch

[63] So aber *FitzGerald*, Recent Proposals for Concerted Action Against States in Respect of Unlawful Interference with International Civil Aviation, in: JALC, Bd. 40 (1974), S. 187.

[64] Zweifelnd auch *Rosenmöller*, S. 284 für das Transit-Abkommen.

[65] Vgl. die Ausführungen des sowjetischen Delegierten während der ICAO-Versammlung in Rom, ICAO-Doc 9088-A 20-EX, S. 85 ff.

nicht mit bewaffneter Gewalt verbunden. Er stellt also auch keine Blockade nach Art. 42 SVN dar, sondern allenfalls eine Maßnahme im Rahmen des Art. 41 SVN, nach dem der Sicherheitsrat eine vollständige oder teilweise Unterbrechung des Luftverkehrs beschließen kann. Der britisch-schweizerische Vorschlag hätte aber keine vollständige oder teilweise Unterbrechung des Luftverkehrs zur Folge. Wie oben erörtert, wird nämlich nur das Luftverkehrsunternehmen des pflichtverletzenden Staates boykottiert. Die Rechte der Unternehmen anderer Staaten bleiben erhalten, so daß diese auch den Luftverkehr aufrechterhalten können. Selbst wenn aber ein Boykott im Sinne des Art. 41 SVN vorläge, ist zu bezweifeln, daß dem Sicherheitsrat die ausschließliche Kompetenz zur Ergreifung dieser Maßnahmen zukommt. Sie dürfen nach Art. 41 nur ergriffen werden, um Beschlüssen des Sicherheitsrates Wirksamkeit zu verleihen; dieser faßt aber nicht zu allen wichtigen Themen Beschlüsse, so daß er auch oft selbst keine Maßnahmen nach Art. 41 SVN ergreifen kann. In einem solchen Fall können internationale Organisationen nicht gehindert sein, derartige Empfehlungen zu geben.

Auch wenn sich rechtliche Bedenken gegen den britisch-schweizerischen Vorschlag als unbegründet erwiesen, hätte er doch Nachteile. Der schwerwiegendste Einwand richtet sich gegen das Grundkonzept, die Änderung des Chicago-Abkommens. *Gertler* weist darauf hin, daß seit der Konferenz von Chicago im Jahre 1944 im Abkommen noch keine inhaltlichen Änderungen vorgenommen wurde, sondern diese immer Verfahrens- oder Institutionsfragen betrafen[66]. Dies läßt sich auf einen Unwillen zurückführen,

> „to weaken the one solid edifice remaining to international civil aviation",

wie es ein Delegierter während der 17. (außerordentlichen) ICAO-Versammlung ausdrückte[67]. In der Tat ist es für ein internationales Abkommen nicht von Vorteil, wenn es durch Ergänzungen immer weiter zerfällt, weil diese Ergänzungen nur zwischen den Staaten gelten, die sie ratifizieren. Bereits die verabschiedeten Änderungen des Chicago-Abkommens führten zu Schwierigkeiten, obwohl sie keine inhaltlichen Fragen betrafen[68].

Neben diesem grundsätzlichen Einwand gegen den britisch-schweizerischen Vorschlag gilt für den konkreten Fall, daß bestehende Möglichkeiten ausgeschöpft werden sollten, bevor neue geschaffen werden. Der Versuch, die Artikel 12, 22 und 25 des Chicago-Abkommens auf staat-

---

[66] *Gertler*, S. 225.

[67] ICAO-Doc 8894-A 17-Min. EX/1-8, S. 11.

[68] Dazu *Gertler*, S. 236 ff.; *Erler*, S. 96 ff.

liche Pflichtverletzung anzuwenden und die bereits bestehende Möglichkeit des Art. 88 Chicago-Abkommens zu nutzen, wurde nie gemacht. Durch das Anstreben einer Abkommensänderung wurde deutlich, daß nach Ansicht zahlreicher Staaten die gewohnheitsrechtlichen Verpflichtungen bei Flugzeugentführungen und Anschlägen oder die festgestellten Verpflichtungen aus dem Chicago-Abkommen nicht bestehen. So bemerkt auch *McWhinney:*

> "It may even be suggested the specification of an already existant international law rule or obligation in the form of a norm of treaty-based law, may actually, from the psychological viewpoint at least, tend to weaken that rule's pre-existing customary international law-based authority by implying that it is some sort of 'new' international law principle, which must run the gauntlet of formal adoption and ratification by states before it can become legally binding upon them or be considered part of general international law[69]."

Gerade die im Chicago-Abkommen niedergelegte Satzung der ICAO erwies sich bisher als flexibel genug, um auftauchende Probleme zu bewältigen[70], ohne daß sie deshalb als unpräzise zu bezeichnen wäre[71]. Die erwähnten Bestimmungen hätten durchaus eine Interpretation zugelassen, wie sie in dieser Arbeit vorgenommen wurde[72] und der gewohnheitsrechtlichen Lage entsprochen hätte[73]. Mit einer solchen Interpretation wäre das gewünschte Ziel, Maßnahmen gegen pflichtverletzende Staaten ergreifen zu können, erreicht worden, ohne ergebnislose Konferenzen durchführen zu müssen. Diese Bemerkungen gelten für alle Bestrebungen, neue Übereinkommen — gleich welcher Form — zur Bekämpfung staatlicher Pflichtverletzungen bei Handlungen gegen die Sicherheit der Zivilluftfahrt zu schaffen.

Der britisch-schweizerische Vorschlag wurde während seiner Diskussion in der ICAO immer mehr verwässert, bis er auf der ICAO-Versammlung von Rom endgültig scheiterte. Bereits auf der 17. (außerordentlichen) Tagung der Versammlung im Juni 1970 hatte die Schweiz mit Blick auf Handlungen gegen die Sicherheit der Zivilluftfahrt eine

---

[69] Annuaire de l'Institut de Droit International, Bd. 54 (1971), 1. Halbbd. S. 679.

[70] Dazu *Gertler,* S. 235 ff.

[71] Mit den Anforderungen an die Satzung einer internationalen Organisation beschäftigen sich eingehend: *Jenks,* Some Constitutional Problems of International Organization, in: BYIL, Bd. 22 (1946), S. 16; *Phillips,* Constitutional Revision in the Specialized Agencies, in: AJIL, Bd. 62 (1968), S. 654.

Luard, The Process of Change in International Organizations, in: *ders.,* The Evolution of International Organizations, London 1966, S. 9 ff. weist auf die verschiedenen Möglichkeiten des Wandels in internationalen Organisationen durch „decision-making" hin. Dazu auch *Buergenthal,* S. 226.

[72] Kap. I A 1.

[73] Kap. I B.

Ergänzung des Chicago-Abkommens angeregt[74]. Ihr Vorschlag fand seinen Niederschlag in einer Resolution der Versammlung, die den Rat aufforderte, diese Frage prüfen zu lassen[75]. Mit der Diskussion um den amerikanisch-kanadischen Vorschlag einer neuen Konvention[76] wurde der Schweizer Vorschlag nicht mehr verfolgt. Als nach einer Streichung des Themas vom Arbeitsprogramm der ICAO[77] der Rat im Juni 1972 den Rechtsausschuß anwies:

> "to work on the preparation of an international convention to establish appropriate multilateral procedures within the ICAO framework for determining whether there is a need for joint action[78]",

unterbreitete die Schweiz ihren Gedanken erneut gemeinsam mit Großbritannien in einem Abkommensentwurf. Der Rechtsausschuß beschloß, diesen Entwurf ebenso wie den französischen Vorschlag zur Vorlage an eine außerordentliche ICAO-Versammlung zu empfehlen[79]. Dieser Empfehlung folgte der ICAO-Rat am 5. März 1974[80]. Während der ICAO-Versammlung von Rom erwies sich, daß auch der britisch-schweizerische Vorschlag keine Realisierungschance hatte.

Immerhin bejahte das Executive Committee, das den französischen Vorschlag eindeutig abgelehnt hatte, die Ergänzung des Art. 87, wie sie im britisch-schweizerischen Vorschlag vorgesehen war, mit 42 gegen 34 Stimmen bei 14 Enthaltungen[81]. Dieses Stimmenverhältnis war jedoch weit von einer Zweidrittelmehrheit entfernt, wie sie in der Versammlung zu einer Abkommensänderung nach Art. 94 (a) Chicago-Abkommen erforderlich ist. Daraufhin versuchten die Delegationen der beiden initiierenden Staaten, den gegen ihren Vorschlag vorgebrachten Bedenken Rechnung zu tragen. Statt des alten Vorschlages, Art. 87 zu ändern und Art. 88 in Art. 87 aufgehen zu lassen, legten sie dem Executive Committee einen neuen Entwurf vor, der Art. 87 unverändert lassen und statt dessen Art. 88 ergänzen wollte[82]. Ein solcher Versuch schien deshalb aussichtsreich, weil sich im Executive Committee 63 Staaten gegen 6 bei 22 Enthaltungen dafür ausgesprochen hatten, Bestimmungen im Zusammenhang mit Handlungen gegen die Sicherheit der Zivilluftfahrt in das Chicago-Abkommen aufzunehmen[83].

---

[74] ICAO-Doc A 17-WP/27, abgedruckt in: ICAO-Doc 8936-LC/164-2, S. 89 ff.

[75] ICAO-Doc A 17 - 21, abgedruckt in: ICAO-Doc 8895-A 17-RES, S. 31.

[76] Vgl. Kap. IV B 6 a.

[77] Dazu genauer innerhalb Kap. IV B 6 a.

[78] ICAO-Doc 9028-C/1008, S. 40 f.

[79] ICAO-Doc 9050-LC/169-2, S. 34 ff.

[80] ICAO-Doc C-Min. 78/5.

[81] ICAO-Doc 9088-A 20-EX, S. 58.

[82] Der Text des neuen Entwurfs ist bei *FitzGerald*, S. 192 abgedruckt. Zur Begründung vgl. die Ausführungen des schweizerischen Delegierten, ICAO-Doc 9088-A 20-EX, S. 87 f.

[83] ICAO-Doc 9088-A 20-EX, S. 63 f.

Der neuformulierte Art. 88 sah vor, daß nach einer entsprechenden Feststellung durch den ICAO-Rat auf dessen Empfehlung hin jeder Vertragsstaat einem pflichtverletzenden Staat die Benutzung seines Luftraumes verbieten sollte. Zugleich wurden dem ICAO-Rat Möglichkeiten eingeräumt, seine Empfehlung auszusetzen, zu ändern oder zurückzunehmen, was nach dem ursprünglichen Vorschlag nicht vorgesehen war.

Diese Abschwächung genügte jedoch verschiedenen Staaten noch immer nicht. So unterbreitete der Sudan den Vorschlag, die Feststellung, daß ein Staat seine Pflichten aus dem Chicago-Abkommen verletzt habe, solle die ICAO-Versammlung mit Zweidrittelmehrheit treffen; Quatar wollte gegen die so getroffene Entscheidung sogar noch eine Berufungsmöglichkeit vorsehen[84]. Mit diesem Verfahren wäre die Änderung wirkungslos gewesen, da die ICAO-Versammlung nach Art. 48 (a) nur mindestens einmal alle drei Jahre zusammentreten muß[85] oder zu einer außerordentlichen Tagung einberufen werden müßte, die erhebliche organisatorische Vorbereitungen erfordert. Eine schnelle Reaktion, wie sie bei einer Ratsentscheidung möglich gewesen wäre, ist auf diesem Weg undenkbar.

In der Diskussion im Executive Committee brachte dann aber eine Reihe von Staaten zum Ausdruck, daß sie sich einem System kollektiver Sanktionen außerhalb der UNO aus rechtlichen und praktischen Gründen widersetzen würden[86]. Die geänderte Fassung des britisch-schweizerischen Vorschlages wurde mit 39 gegen 25 Stimmen bei 18 Enthaltungen abgelehnt[87]. Damit waren alle Hoffnungen zunichte, innerhalb des Chicago-Abkommens wirksame Maßnahmen gegen Staaten ergreifen zu können, die ihre Pflichten bei Handlungen gegen die Sicherheit der Zivilluftfahrt verletzen. Weitere Vorschläge lagen nicht vor.

Zwar wurde nach der Ablehnung des französischen und britisch-schweizerischen Vorschlages im Executive Committee noch weiter über die Frage einer Ergänzung des Chicago-Abkommens durch Übernahme von Verpflichtungen aus den Abkommen von Tokyo, Den Haag und Montreal diskutiert. Sie sollten in einem Kapitel XVI bis in Teil III des Chicago-Abkommens eingefügt werden und waren „Ergänzende Bestimmungen zur Verbesserung der Sicherheit in der internationalen Zivilluftfahrt“ überschrieben. Diese Änderung hätte aber für den hier

[84] ICAO-Doc 9088-A 20-EX, S. 89.

[85] Art. 48 (a) ist in der Fassung des Änderungsprotokolls vom 14. Juni 1954 wiedergegeben, das nach ICAO-Doc 9085, Suppl. July 1974 von 99 Staaten ratifiziert ist. In der ursprünglichen Fassung sah Art. 48 jährlich eine ICAO-Versammlung vor.

[86] Vgl. ICAO-Doc 9088-A 20-EX, S. 89 ff. und 108 ff.

[87] ICAO-Doc 9088-A 20-EX, S. 115 f.

in Frage stehenden Zusammenhang keine Verbesserung gebracht, da sie der ICAO keine anderen Maßnahmen als die bereits bestehenden eröffnete. Selbst diese Ergänzungen erhielten in der ICAO-Versammlung nicht die erforderliche Zustimmung, obwohl sie vom Executive Committee empfohlen worden waren[88].

b) Transit- und Transport-Abkommen

Auch das Transit- und das Transport-Abkommen könnten so geändert werden, daß die darin gewährten „Freiheiten der Luft" von einem völkerrechtsgemäßen Verhalten der Staaten bei Handlungen gegen die Sicherheit der Zivilluftfahrt abhingen. Beide enthalten keine Bestimmungen über Vertragsänderungen. Sie stehen jedoch in so engem Zusammenhang mit dem Chicago-Abkommen, daß man dessen Art. 94 (a) dafür heranziehen kann, ohne auf die gewohnheitsrechtliche Befugnis zurückgreifen zu müssen, wie sie in Art. 40 WVK ausgedrückt ist.

Im Unterschied zum Chicago-Abkommen kennen aber Transit- und Transport-Abkommen keine eigenen Organe, so daß schon eine Schwierigkeit darin besteht, die Vertragsstaaten zu einer Änderungskonferenz zu bewegen. Außerdem gelten beide nur für den Linienflugverkehr, so daß eine Vertragsänderung keine so umfassende Wirkung hätte wie die Änderung des Chicago-Abkommens. Schließlich haben beide eine geringere Mitgliederzahl als das Chicago-Abkommen, so daß sie auch deshalb ungeeignet sind, Sanktionen gegen pflichtverletzende Staaten in ihnen zu verankern.

Entscheidend gegen einen Versuch, diese Abkommen zu ändern, spricht aber das Verhalten der ICAO-Mitgliedstaaten gegenüber derartigen Maßnahmen während der 20. (außerordentlichen) ICAO-Versammlung in Rom. Kommt nämlich schon innerhalb des Chicago-Abkommens keine Einigung über eine Abkommensänderung zustande, so ist das bei den mehr technischen Transit- und Transport-Abkommen erst recht nicht zu erwarten. Ein Vorschlag, diese Abkommen zu ändern, wurde bisher auch nicht unterbreitet.

c) Tokyo-, Den Haag- und Montreal-Abkommen

Die zum Chicago-Abkommen vorgeschlagenen Änderungen zielten noch darauf ab, die staatlichen Verpflichtungen bei Handlungen gegen die Sicherheit der Zivilluftfahrt zu erweitern und Maßnahmen für den

---

[88] Zur Diskussion in der Versammlung ICAO-Doc 9087-A 20-RES, P-Min., S. 122 ff. Die endgültige Abstimmung erbrachte 54 Ja-Stimmen, keine Nein-Stimme und 34 Enthaltungen. Für eine Annahme wären 67 Ja-Stimmen erforderlich gewesen.

Fall einer Verletzung vorzusehen. Im Gegensatz dazu beschränkten sich Vorschläge zur Änderung des Den Haag- und Montreal-Abkommens darauf, die Auslieferungsvorschriften in den jeweiligen Art. 8 zu verschärfen und einen neuen Deliktstyp in das Montreal-Abkommen aufzunehmen. Vorschläge zur Änderung des Tokyo-Abkommens wurden nicht gemacht und erscheinen auch wenig sinnvoll, da es von den beiden nachfolgenden Konventionen inhaltlich weit überholt wurde.

Die UdSSR unterbreitete erstmals dem Unterausschuß des Rechtsausschusses, der vom 4. - 15. Dezember 1972 in Washington tagte, den Vorschlag, die Auslieferungsvorschriften des Den Haag- und des Montreal-Abkommens zu ändern. Jeder Vertragsstaat sollte verpflichtet sein, dem Flaggenstaat eines entführten oder am Boden oder in der Luft beschädigten oder zerstörten Flugzeuges den oder die Täter auszuliefern[89]. Ausgenommen von der Auslieferungspflicht sollten nur Staatsangehörige des zur Auslieferung aufgeforderten Staates sein. Die Änderung der Abkommen sollte nur für die Staaten gelten, die sie ratifizierten[90]. Sie wirft daher keine besonderen Probleme auf.

Vom Ansatz her scheint der UdSSR-Vorschlag durchaus geeignet, Handlungen gegen die Sicherheit der Zivilluftfahrt zu verhindern, weil die Gewißheit der Auslieferung und damit der Bestrafung viele Täter abschrecken kann. Er liefert jedoch keinen Beitrag zu dem Problem von Maßnahmen gegen Staaten, die sich den internationalen Abkommen nicht anschließen und ihre gewohnheitsrechtlichen Pflichten bei Flugzeugentführungen und Anschlägen verletzen. Hinzu kommt, daß selbst Staaten, die ihr möglichstes bei der Bekämpfung von Handlungen gegen die Sicherheit der Zivilluftfahrt tun, einer solchen Abkommensänderung nicht beigetreten wären. In der Bundesrepublik Deutschland wäre eine solche Bestimmung mit Art. 16 des Grundgesetzes nicht in Einklang zu bringen[91]. Auch andere Staaten sehen die Gewährung eines Asylrechts für politisch motivierte Straftäter als souveränes Recht an[92], wobei sie auch selbst darüber befinden wollen, wann eine politisch motivierte Straftat vorliegt[93]. Einige Staaten schließlich sahen Probleme darin, daß sie über die Abkommensänderung plötzlich Täter an Staaten hätten ausliefern müssen, die sie politisch bekämpfen. Dies gilt sowohl für die arabischen Staaten gegenüber Israel, als auch für gewisse afrikanische

[89] Vgl. ICAO-Doc 9050-LC/169-2, S. 113.

[90] Der Vorschlag ist abgedruckt in ICAO-Doc 9050-LC/169-2, S. 60 ff.; teilweise findet er sich in RGAE, Bd. 36 (1973), S. 99 ff. und RFDA, Bd. 28 (1974), S. 87 ff.

[91] Vgl. die Stellungnahme des deutschen Delegationsleiters in ICAO-Doc 9087-A 20-RES, P-Min., S. 54, der allerdings nur von „Schwierigkeiten" spricht.

[92] *Hailbronner*, Luftpiraterie, S. 42.

[93] Dies geht aus den Stellungnahmen der USA, ICAO-Doc 9087-A 20-RES, P-Min., S. 37 und insbesondere Ober-Voltas, ebd., S. 69 hervor.

Staaten gegenüber Südafrika. Dieses Problem war bereits bei der Diskussion um das Den Haag-Abkommen aufgetaucht[94].

Der sowjetische Vorschlag wurde im Unterausschuß des Rechtsausschusses nicht diskutiert, sondern an den Rechtsausschuß weitergeleitet, der eine Arbeitsgruppe mit ihm befaßte, die zu keiner einheitlichen Auffassung kam[95]. Dennoch schlug der Rechtsausschuß vor, den Vorschlag einer diplomatischen Konferenz zu unterbreiten, die gleichzeitig mit der ICAO-Versammlung in Rom stattfand. Dort verfehlte er nur knapp die erforderliche Mehrheit. Für eine entsprechende Änderung des Den Haag-Abkommens stimmten 46 Staaten, dagegen 25, und 18 enthielten sich der Stimme. Bei der Änderung des Montreal-Abkommens war die Ablehnung mit 42 gegen 32 bei 17 Enthaltungen deutlicher[96]. Auch aus diesen Stimmenverhältnissen wird deutlich, daß die vorgeschlagene Änderung ihr Ziel der wirksamen Abschreckung von Handlungen gegen die Sicherheit der Zivilluftfahrt nicht hätte erreichen können, wenn man dafür unterstellt, daß die ablehnenden Staaten die Änderung nicht übernommen hätten.

Auch ein anderer Vorschlag zur Änderung des Montreal-Abkommens scheiterte auf der Luftrechtskonferenz von Rom am Erfordernis der Zweidrittelmehrheit. Nachdem Art. 1 des Montreal-Abkommens eine Reihe unerlaubter Handlungen gegen Flugzeuge und Flugnavigationseinrichtungen aufzählt, stellte man nach Abschluß des Abkommens fest, daß Gewaltakte gegen Personen im Flughafenbereich nicht von ihm erfaßt wurden. Weder das „Massaker von Lod", bei dem Japaner im Flughafengebäude wahllos um sich schossen und 24 Passagiere töteten sowie 77 verletzten, noch ein ähnlicher Vorfall in Athen, bei dem es einen Toten und mehrere Verletzte gab, fielen unter eine der im Art. 1 Montreal-Abkommen aufgezählten Handlungen[97]. Da solche Handlungen aber gleichfalls die Zivilluftfahrt beeinträchtigen, schlug die griechische Regierung vor, das Abkommen durch eine Ziffer 1 f entsprechend zu erweitern und auch die Art. 4 und 5 entsprechend zu ergänzen.

Nach einigen Änderungen der griechischen Vorlage in einer Arbeitsgruppe empfahl die Commission of the Whole nach erneuten Abänderungen dem Plenum der Luftrechtskonferenz mit 56 Stimmen, bei 36 Enthaltungen und ohne Gegenstimme, den griechischen Vorschlag an-

---

[94] Vgl. dazu *Hailbronner*, Luftpiraterie, S. 44 ff.

[95] ICAO-Doc 9050-LC/169-1, S. 147.

[96] Die Angaben über die diplomatische Konferenz von Rom sind dem Aufsatz von *FitzGerald* entnommen, da die Dokumente über die Konferenz bei Abschluß der Arbeit im Mai 1976 noch nicht gedruckt vorlagen. Die erwähnten Abstimmungsergebnisse finden sich S. 216.

[97] Die erwähnten Vorfälle stellt der israelische Delegationsleiter in: ICAO-Doc 9087-A 20-RES, P-Min., S. 96 und 98 dar.

zunehmen. Im Konferenzplenum fand sich zunächst eine klare Mehrheit dafür, Art. 1 des Montreal-Abkommens wie folgt zu ergänzen:

Any person commits an offence if he unlawfully and intentionally:

...

f) performs an act of violence in an airport serving international air navigation:

(i) against the persons entrusted within that airport with the safety of air navigation, if such act is likely to endanger the safety of aircraft in flight; or

Für diese Ergänzung stimmten 46 Staaten, dagegen 15, 30 enthielten sich der Stimme.

Der zweite Teil des Vorschlages scheiterte jedoch. Diese Bestimmung lautete in Fortsetzung des angenommenen Teils:

(ii) against persons who are in the embarkation or disembarkation phases, if such act is seriously detrimental to international civil aviation.

Für die Annahme durch diese Bestimmung stimmten zwar 45 Staaten, dagegen aber 23, so daß an der erforderlichen Zweidrittelmehrheit eine Stimme fehlte. Auch die weiteren Vorschläge zur Anpassung der Art. 4 und 5 des Montreal-Abkommens wurden dementsprechend teilweise abgelehnt. Als die reduzierte Fassung, die auf den angenommenen Änderungen beruhte, insgesamt zur Abstimmung gestellt wurde, fehlten zur Zwei-Drittel-Mehrheit 5 Stimmen: 43 Staaten stimmten für sie, 28 dagegen. Damit war auch der Vorschlag, das Montreal-Abkommen im Hinblick auf eine neue Art von Handlungen gegen die Sicherheit der Zivilluftfahrt zu ergänzen, gescheitert[98].

Was Staaten bewogen haben mag, zwar für Flughafenpersonal eine Schutzvorschrift wie den vorgeschlagenen Art. 1 Ziff. 1 f zu bejahen, dann aber diesen Schutz für unbeteiligte Passagiere zu verweigern, bleibt unerfindlich.

5. Beurteilung möglicher Abkommensänderungen

Da alle Versuche scheitern, eines der multilateralen Abkommen zu ändern, die bei Handlungen gegen die Sicherheit der Zivilluftfahrt von Bedeutung sind, stellt sich die Frage, ob derartige Abkommensänderungen ein taugliches Instrument bei der internationalen Bekämpfung von Flugzeugentführungen und Anschlägen sein können. Aus rein juristischer Sicht ist diese Frage zu bejahen. Jedoch müssen bei einer Beurteilung möglicher Abkommensänderungen auch praktisch-

---

98 Darstellung des Konferenzverlaufs nach *FitzGerald*, S. 216 ff. Vgl. auch Kap. IV Fn. 96.

politische Gesichtspunkte berücksichtigt werden, die in den internationalen Beziehungen eine wesentliche Rolle spielen.

Die bei den angestrebten Änderungen multilateraler Abkommen auf der ICAO-Versammlung in Rom, der gleichzeitig abgehaltenen Luftrechtskonferenz und den Diskussionen innerhalb der ICAO vor diesen Treffen gesammelten Erfahrungen sprechen dafür, abgeschlossene multilaterale Abkommen nicht zu verändern, sondern neue zu schließen. Dies gilt vor allem dann, wenn unter den verschiedenen Mitgliedstaaten eines Abkommens unterschiedliche, unvereinbare Auffassungen über ein Problem vorhanden sind. Das multilaterale Abkommen stellt dann einen funktionierenden Kompromiß dar, der durch eine Änderung aus dem Gleichgewicht zu kommen droht und damit das weitere Funktionieren des Abkommens in Frage stellt.

Dagegen spricht nicht die Tatsache, daß immerhin zwei Ergänzungsartikel zum Chicago-Abkommen und eine Ergänzung zum Montreal-Abkommen die erforderliche Zweidrittelmehrheit erhielten. Diese Änderungen betrafen lediglich staatliche Verpflichtungen, nicht aber Maßnahmen, die bei Verletzung dieser Verpflichtungen ergriffen werden sollten.

Immer, wenn die Frage von Maßnahmen gegen einen Staat gestellt wurde, kam es zu außerordentlich heftigen Auseinandersetzungen. So wurde beispielsweise im Rechtsausschuß mit 23 gegen 19 Stimmen bei 12 Enthaltungen festgestellt, daß in einer möglicherweise abzuschließenden neuen Konvention Maßnahmen gegen Staaten, die ihr beitreten, enthalten sein könnten[99]. Der Rechtsausschuß zerstritt sich also nicht etwa bei der Frage, ob eine neue Konvention derartige Maßnahmen vorsehen sollte, sondern bereits bei der juristisch selbstverständlich zu bejahenden Frage, ob derartige vertragliche Maßnahmen möglich seien. Die knappe Mehrheit in dieser Frage spiegelt die politischen Meinungsgegensätze im Rechtsausschuß wieder.

Im Interesse der Erhaltung der bereits abgeschlossenen Abkommen, die ja eine Reihe von staatlichen Verpflichtungen bei Handlungen gegen die Sicherheit der Zivilluftfahrt enthalten, sollten keine weiteren Versuche mehr gemacht werden, sie abzuändern. Bei dem Abschluß neuer Abkommen tritt nämlich keine Gefährdung der bereits bestehenden ein. Die interessierten Staaten werden ein neues Abkommen ebenso unterzeichnen, wie sie die Änderung eines abgeschlossenen ratifizieren; Gegner werden ihm fernbleiben, ebenso wie sie sich einer Änderung nicht angeschlossen hätten. Das bislang funktionierende multilaterale Abkommen bleibt unberührt.

---

[99] Die Diskussion des Rechtsausschusses ist in: ICAO-Doc 9050-LC/169-1 wiedergegeben; Arbeitspapiere und Abstimmungsergebnisse finden sich in: ICAO-Doc 9050-LC/169-2.

Für einen neuen Vertrag zur Bekämpfung von Handlungen gegen die Sicherheit der Zivilluftfahrt spricht auch eine psychologische Erwägung. Der Wille der Staaten, gegen ein Verhalten vorzugehen, kommt deutlicher zum Ausdruck, wenn ein besonderes Abkommen gegen dieses Verhalten abgeschlossen wird, als wenn dies durch eine Ergänzung bestehender geschieht. Außerdem muß bei einem Neuabschluß nicht auf Regelungen verzichtet werden, die zwar notwendig sind, aber einem oder mehreren Staaten nicht akzeptabel erscheinen. Wird ein bestehendes multilaterales Abkommen geändert, so muß im Interesse der Erhaltung seiner Einheitlichkeit auf die Vorstellung jedes Vertragsstaates Rücksicht genommen werden, damit es nicht zu sehr zerfällt. Auch bei einem neuen multilateralen Vertrag muß ein Kompromiß zwischen größtmöglicher Staatenbeteiligung und möglichst hoher Wirksamkeit geschlossen werden, der zu einem Dilemma werden kann:

> "One basic dilemma, of course, is that a multilateral convention with teeth in it may attract only a few, and tardy, signatures and ratifications; while a multilateral convention without teeth in it may hardly be worth all the expenditure of intellectual energy and time involved in it[100]."

Dieses Grundproblem kann bei neuen Abkommen aber unter der Voraussetzung, daß wichtige Staten sich darüber einig sind, eher zugunsten einer „convention with teeth in it" gelöst werden, weil bestehende Abkommen unberührt bleiben.

6. Vorschläge für ein neues Abkommen

a) Amerikanischer Vorschlag

Im Oktober 1970 schlug die amerikanische Regierung den Abschluß einer „Convention regarding the Safety and Security of International Civil Air Transport Services" vor[101]. Dieser Abkommensentwurf sah ein zweistufiges Verfahren vor. Glaubt ein „interessierter Staat", ein anderer verletze seine Verpflichtungen zur Freigabe von Flugzeug, Besatzung und Passagieren, so ist er berechtigt, dies allen anderen interessierten Staaten sowie dem vermeintlichen Verletzer mitzuteilen und Beratungen über seine Vorwürfe zu verlangen. „Interessierter Staat" ist der Eintragungs- oder Betriebsstaat des Flugzeugs, der Heimatstaat von Passagieren und in Fällen von Anschlägen auch der Staat, in dem sich der Vorfall abspielt. An den vorgesehenen Beratungen sind neben den interessierten Staaten auch alle diejenigen teilzunehmen berechtigt, die zu dem beschuldigten Staat Luftfahrtbeziehungen unterhalten. Mit

---

[100] *McWhinney*, in: Annuaire de l'Institut de Droit International, Bd. 54 (1971), 1. Halbbd. S. 678 f.

[101] Abgedruckt in: ICAO-Doc 8936-LC/164-2, S. 188 ff.; Kent. L. J. Bd. 59 (1970), S. 312 ff.; *McWhinney*, Aerial Piracy, Appendix 8, S. 183 ff.

Mehrheit der Abstimmenden wird festgestellt, ob eine Pflichtverletzung vorliegt. Glaubt ein interessierter Staat, ein anderer verletze seine Verpflichtungen hinsichtlich der Inhaftierung, Strafverfolgung oder Auslieferung, so wird eine solche Pflichtverletzung von einer Kommission festgestellt, die vom Präsidenten des Internationalen Gerichtshofes eingesetzt wird.

Nach der Feststellung einer Pflichtverletzung sollten die interessierten Staaten und die Luftverkehrsstaaten entscheiden, ob und welche gemeinsamen Maßnahmen gegen den pflichtverletzenden ergriffen werden sollen. Als solche Maßnahmen erwähnte der US-Vorschlag die Unterbrechung aller Flüge von und nach diesem Staat, sowie andere Maßnahmen, die darauf zielen, die Sicherheit dieser Flüge zu sichern.

Über den Abbruch des Luftverkehrs mit dem pflichtverletzenden Staat sollten die Luftverkehrsstaaten, über andere Maßnahmen neben diesen auch die interessierten Staaten entscheiden. Diese Entscheidungen sollten mit einfacher Mehrheit getroffen werden und für alle an dem Beschluß Beteiligten verbindlich sein, also auch für diejenigen, die sich gegen gemeinsame Maßnahmen aussprachen. Darüber hinaus sollten auch Luftverkehrsstaaten oder interessierte Staaten daran gebunden sein, die nicht an den Beratungen teilnahmen, aber dem Abkommen beigetreten sind. Dem Staat, demgegenüber gemeinsame Maßnahmen ergriffen werden sollten, war das Recht eingeräumt, Beratungen zwecks ihrer Änderung, Aufschiebung oder Beendigung zu verlangen.

Eine der Schlüsselbestimmungen des vorgelegten Entwurfs war die Möglichkeit, Maßnahmen gegen Staaten zu ergreifen, die weder Tokyo-, Den Haag- oder Montreal-Abkommen, noch die vorgeschlagene Konvention unterzeichnet hatten. Gerade auf diese Bestimmung kam es dem amerikanischen Entwurf an:

> "The U.S. government regards it as appropriate for States to protect the safety of civil aviation generally by taking action against States, whether or not parties to the Convention on Hijacking, which fail to take into custody, and extradite or prosecute, hijackers. Anything less would be an admission that States cannot or should not, act in concert to ensure the safety and security of civil aviation[102]."

Gegen den amerikanischen Vorschlag wurde eingewendet, er begründe Rechte und Pflichten auch für Nichtvertragsstaaten und verstoße damit gegen den Gewohnheitsrechtssatz „pacta tertiis nec nocent, nec prosunt", wie er auch in Art. 34 WVK niedergelegt ist[103].

---

[102] *Rhinelander*, The International Law of Aerial Piracy. New Proposals for the New Dimension, in: McWhinney, Aerial Piracy, S. 65.

[103] Vgl. den Bericht des Unterausschusses LC/SC CR-Report 27/4/71, S. 5 f.

Diese Behauptung soll zunächst für das Feststellungsverfahren des amerikanischen Vorschlages überprüft werden. Pflichten werden darin für Staaten nicht begründet, denn es ist nur ein Recht vorgesehen, an diesem Verfahren teilzunehmen. Unzweifelhaft schafft der Vertrag aber auch für Nichtmitgliedstaaten ein Recht, bei der Feststellung von Pflichtverletzungen mitzuwirken. Dazu sollte jeder Luftverkehrsstaat und jeder interessierte Staat berechtigt sein. Diese Bestimmung kann jedoch den Satz „pacta tertiis nec nocent, nec prosunt" nicht verletzen. Wenn ein Staat nämlich am Feststellungsverfahren teilnimmt, gibt er damit zu erkennen, daß er das ihm eingeräumte Recht wahrnehmen will. Bei Zustimmung des Betroffenen kann aber kein unzulässiger Vertrag zugunsten eines Dritten mehr vorliegen[104]. Sinn des Verbotes von Verträgen zugunsten Dritter kann es allein sein, zu verhindern, daß einem Staat Rechte aufgedrängt werden. Dies geschieht durch die vorgeschlagene Konvention nicht.

Beim Maßnahmeverfahren stellt sich die Frage, ob nicht ein Vertrag zu Lasten Dritter vorliegt. Art. 4 F bestimmt:

> "A decision to take joint action ... shall be binding on all air service States and interested States whether or not such a State actually participated in or voted in favour of the joint action, except that such a decision shall be recommandatory with respect to any interested State or air service State that is not a party to this Convention."

Durch den „except"-Satz ist eindeutig klargestellt, daß Art. 4 eine Verpflichtung nur für Vertragsstaaten begründen soll, während für andere der Beschluß nur Empfehlungscharakter hat. Soweit ein Vertragsstaat durch eine Entscheidung gebunden wird, der er nicht zugestimmt hat oder bei der er nicht mitgewirkt hat, hat er sich dieser Regelung durch die Ratifizierung des Abkommens unterworfen. Art. 4 F stellt also weder für einen Vertragsstaat, noch für einen Nichtvertragsstaat eine Regelung zu Lasten Dritter dar.

Die These, die Konvention begründe Pflichten für Nichtvertragsstaaten, beruht denn auch eher auf den stillschweigenden Voraussetzungen, die ihr zugrunde liegen. Die Konvention geht nämlich davon aus, daß tatsächlich Verpflichtungen bestehen, Flugzeug, Besatzung und Passagieren nach einer Entführung sobald als möglich die Weiterreise zu gestatten und die Entführer zu verfolgen oder auszuliefern. An diese Verpflichtungen knüpft sie Feststellungs- und Maßnahmeverfahren an, ohne sie ausdrücklich festzustellen. Aus dem Fehlen dieser ausdrücklichen Feststellung zu schließen, es liege kein Vertrag zu Lasten Dritter vor, würde dem Entwurf nicht gerecht. Der einer Pflichtverletzung be-

[104] Vgl. Art. 34 WVK; *Dahm*, VR III, § 16 I (S. 115).

schuldigte Nichtmitgliedstaat kann sich sehr wohl Sanktionen ausgesetzt sehen, die zu seinen Lasten gehen.

Auch bei Verträgen zu Lasten Dritter sind allerdings echte und unechte zu unterscheiden[105]. Während aus einem echten Vertrag zu Lasten Dritter dem Dritten unmittelbare Verpflichtungen erwachsen, ist dies beim unechten nicht der Fall. In einem unechten Vertrag zu Lasten Dritter werden zwischen zwei oder mehr Parteien Absprachen getroffen, die dritte Staaten benachteiligen oder unter Druck setzen sollen, ohne daß sich rechtliche Verpflichtungen für die Drittstaaten daraus ergeben[106]. Der Satz „pacta tertiis nec nocent, nec prosunt" gilt zunächst nur für echte Verträge zu Lasten Dritter, weil es mit der Vorstellung von staatlicher Souveränität schlechthin unvereinbar ist, daß einem Staat Verpflichtungen gegen seinen Willen durch einen Vertrag auferlegt werden[107].

Der US-Konventionsentwurf wäre nur dann ein echter Vertrag zu Lasten Dritter und damit unzulässig, wenn er in Rechtspositionen dritter Staaten eingriffe. Das ist aber nicht der Fall. Soweit in dem Entwurf Pflichten angenommen werden, ist dies nicht geeignet, sie zu erzeugen oder gar dritten Staaten aufzuerlegen. Wenn in der Konvention Folgen an vermeintliche staatliche Pflichten geknüpft werden, so sollen diese Folgen, deren völkerrechtliche Zulässigkeit noch erörtert werden muß, allein dazu dienen, Staaten zur Einhaltung der Verpflichtungen zu bewegen, die nach Ansicht der Vertragsparteien bestehen. Ob sie tatsächlich bestehen, entscheidet über die Zulässigkeit der Maßnahmen der Vertragspartner. Der US-Konventionsentwurf ist also ein unechter Vertrag zu Lasten Dritter.

Ob und wann ein solcher Vertrag völkerrechtlich unzulässig ist, ist deshalb schwierig zu entscheiden, weil jeder völkerrechtliche Vertrag Auswirkungen auf die internationalen Beziehungen hat und deshalb auf Drittstaaten einwirkt. Diese Einwirkung überschreitet nur dann die Grenze des Erlaubten, wenn sie sich als unzulässige Intervention darstellt[108]. Die Konvention sollte zur Durchsetzung völkerrechtlicher Pflichten dienen. Der Versuch, Staaten zur Respektierung von Völkerrechtsnormen zu bewegen, kann aber niemals eine unzulässige Intervention sein. Die Behauptung, der US-Vorschlag beinhalte einen Verstoß gegen die Wiener Vertragsrechtskonvention, ist also unzutreffend[109]. Bedenken

---

[105] *Gellermann*, Völkerrechtliche Verträge zu Lasten Dritter, Göttingen 1963, S. 12 f.; ähnlich *Dahm*, VR III, § 16 III (S. 118).

[106] *Gellermann*, ebd.; *Dahm*, ebd.

[107] Vgl. auch Art. 34 WVK.

[108] *Gellermann*, S. 145; vgl. zur Intervention auch Kap. II F 3.

[109] Diese Behauptung wurde unter anderem auch vom französischen Delegierten während der 18. Tagung des ICAO-Rechtsausschusses vertreten, ICAO-Doc 8936-LC/164-1, S. 227.

können allein darauf gegründet werden, daß die vorgesehene Feststellung einer Pflichtverletzung und das Ergreifen von Gegenmaßnahmen völkerrechtlich unzulässig wären.

Die Untersuchung der Frage, ob sich ein Staat einer der im US-Vorschlag bezeichneten Handlungsweisen schuldig gemacht hat, könnte eine unzulässige Einmischung in die Angelegenheiten eines anderen Staates darstellen. Wenn aber das Vorhalten völkerrechtswidrigen Verhaltens keine ungerechtfertigte Einmischung darstellt[110], kann auch eine entsprechende Untersuchung, die derartigen Vorhaltungen vorausgeht, keine Einmischung darstellen, solange sie nicht rechtsmißbräuchlich ist.

Damit ist nur noch zu prüfen, ob die im Konventionsentwurf vorgesehenen Maßnahmen in Übereinstimmung mit dem Völkerrecht stehen. Vorgesehen sind Maßnahmen zur Sicherung des Luftverkehrs von und nach einem Staat, der bestimmten aufgezählten Verpflichtungen nicht nachkommt. Beispielhaft ist als Maßnahme der Abbruch der Luftfahrtbeziehungen erwähnt, wenn andere Sicherungsmaßnahmen keinen Erfolg versprechen. Diese Maßnahme ist, wie festgestellt wurde[111], mit den geltenden bilateralen Luftfahrtabkommen nicht zu vereinbaren. Ihre Zulässigkeit kann auch nicht aus weitgefaßten Bestimmungen des Chicago-Abkommens abgeleitet werden. Wenn *Rhinelander* auch zu Recht die Argumentation zurückweist, der US-Vorschlag sei mit diesem Abkommen nicht zu vereinbaren[112], so ist damit über die Vereinbarkeit des Abbruchs der Luftfahrtbeziehungen mit den bilateralen Abkommen nichts gesagt.

Problematisch ist diese Frage nur bezüglich der Staaten, die der Konvention nicht beitreten. Für die Mitgliedstaaten werden durch die Ratifizierung die entgegenstehenden Bestimmungen in den gegenseitigen Luftfahrtabkommen entsprechend dem Satz „lex posterior derogat legi anteriori" abgeändert, wie dies auch bei dem britisch-schweizerischen Vorschlag der Fall gewesen wäre[113]. Für die Staaten, die der Konvention nicht beitreten, bestimmt sich das Rechtsverhältnis zu den Mitgliedstaaten aber weiterhin nach den bisher gültigen Verträgen. Nach diesen gibt es keine Möglichkeit, in einem der von der neuen Konvention beschriebenen Fälle die Luftfahrtbeziehungen zu unterbrechen.

Die neue Konvention ist also unvereinbar mit den bilateralen Abkommen, soweit sie den Abbruch der Luftfahrtbeziehungen zu Staaten ermöglicht, die ihr nicht beitreten. Daraus kann aber noch nicht ge-

---

110 *Seidl-Hohenveldern,* VR, Rdnr. 1086 (S. 254).

111 Kap. II C 1.

112 *Rhinelander,* S. 67 f.

113 Kap. IV B 4 a.

schlossen werden, sie sei völkerrechtswidrig. Wie nachgewiesen wurde[114] ist in den meisten der Fälle, die die Konvention erfaßt, eine Repressalie auch eines nicht betroffenen Staates zulässig. Es bestanden keine begründeten Bedenken dagegen, daß mehrere Staaten gemeinsam gegen einen Völkerrechtsbrecher vorgehen[115]. Dann ist aber auch gegen ein Abkommen nichts einzuwenden, daß dieses gemeinsame Vorgehen mit einer Repressalie zum Gegenstand hat, soweit gegen eine solche in den in dem Abkommen erwähnten Fällen nichts einzuwenden ist.

An diesem Punkt müssen allerdings Vorbehalte gegen den amerikanischen Vorschlag angemeldet werden. Die Freigabe von entführten Flugzeugen, deren Besatzungen und der Passagiere besteht als gewohnheitsrechtliche Verpflichtung aller Staaten[116], worauf der US-Vorschlag auch hindeutet, wenn er nicht von „Art. 11 Tokyo-Abkommen", sondern von den „Prinzipien des Art. 11 Tokyo-Abkommen" spricht.

Die gleiche Formulierung für die Pflicht zur Verhaftung, Auslieferung oder Verfolgung von Flugzeugentführern oder Personen, die einen Anschlag verübten, begegnet aber erheblichen Bedenken. Für diese Verpflichtungen bezieht sich der amerikanische Vorschlag auf die Prinzipien des Den Haag- und Montreal-Abkommens, die zum Zeitpunkt seiner Vorlage noch nicht einmal angenommen waren. Tatsächlich enthalten die beiden später verabschiedeten Abkommen jeweils in Art. 7 die im US-Vorschlag angenommenen Pflichten. Dies rechtfertigt es aber noch nicht, entsprechende gewohnheitsrechtliche Verpflichtungen anzunehmen. Rhinelander bemerkt zu dieser Frage:

> "These Articles ... expecially insofar as they dealt with the obligation to prosecute persons causing harm to aliens, reflected certain general principles of international law dealing with state responsibility[117]."

Nun wurde festgestellt[118], daß sich in besonderen Situationen aus den Regeln über den Schutz ausländischer Personen und Güter eine Verpflichtung zur Verfolgung von Flugzeugentführern oder Personen, die einen Anschlag verübten, ergeben kann. Dies ist jedoch keine generelle gewohnheitsrechtliche Verpflichtung für die Staaten. Daraus folgt, daß es sich bei der Nichtbeachtung der Art. 7 Den Haag- und Montreal-Abkommen nur in Ausnahmefällen um eine Verletzung von Völkergewohnheitsrecht handeln kann, da die beiden Abkommen keine gewohnheitsrechtliche Gültigkeit beanspruchen können.

Sofern keine Völkerrechtsverletzung vorliegt, ist aber auch eine Repressalie unzulässig. Das bedeutet, daß die US-Konvention in Fällen,

---

[114] Kap. III B 2.
[115] Kap. III B 3.
[116] Kap. I D.
[117] *Rhinelander*, S. 65.
[118] Kap. I B 3.

wo ein Staat einen Täter nicht in Haft nimmt, verfolgt oder ausliefert, in der Regel zu gemeinsamen völkerrechtswidrigen Maßnahmen geführt hätte. Mangels vorherigen völkerrechtswidrigen Verhaltens kann der Abbruch der Luftfahrtbeziehungen in diesen Fällen nicht als Repressalie gerechtfertigt sein.

Daran ändert sich auch nichts dadurch, daß in solchen Fällen ein anderes Feststellungsverfahren vorgesehen war als in den Fällen der Zurückhaltung von Flugzeug, Passagieren oder Besatzung. Die Kommission, die aus einer Expertenliste durch den Präsidenten des Internationalen Gerichtshofes berufen werden sollte, hätte nämlich nicht zu untersuchen gehabt, ob eine Verpflichtung bestand, wie sie die Konvention voraussetzte, sondern nur, ob der gegebene Sachverhalt die Feststellung einer Pflichtverletzung rechtfertigte. Die Bestimmung des Art. 3 des Konventionsentwurfes wäre somit nur dann unbedenklich, wenn sie sich auf Staaten bezöge, die das Den Haag- und/oder Montreal-Abkommen und/oder die neue Konvention ratifizierten. Gegenüber anderen Staaten müßte vor dem Maßnahmeverfahren zunächst festgestellt werden, ob eine Situation vorlag, in der der betreffende Staat tatsächlich zur Inhaftierung, Auslieferung oder Bestrafung verpflichtet gewesen ist. Nur wenn dies zu bejahen ist, können die im Maßnahmeverfahren vorgesehenen Sanktionen in Übereinstimmung mit dem Völkerrecht ergriffen werden.

Eine Verpflichtung zur Inhaftierung, Strafverfolgung und Auslieferung kann auch unabhängig von Handlungen gegen die Sicherheit der Zivilluftfahrt unter dem Gesichtspunkt der Wiedergutmachungspflicht im Anschluß an ein völkerrechtliches Delikt bestehen[119]. Darauf zielt wahrscheinlich Rhinelander in seiner zitierten Bemerkung ab. Unterstützt etwa ein Staat bewaffnete Aktionen gegen einen anderen, in deren Verlauf es zu einer Flugzeugentführung oder einem Anschlag kommt, so kann er wegen der vorangehenden Unterstützung für die Handlung gegen die Sicherheit der Zivilluftfahrt verantwortlich und deshalb zur Wiedergutmachung in Form der Auslieferung der Täter verpflichtet sein. Eine solche Verpflichtung resultiert dann aber aus einem völkerrechtswidrigen Verhalten eines Staates vor einer Handlung gegen die Sicherheit der Zivilluftfahrt, das nicht Gegenstand dieser Untersuchung ist.

Ein anderes Problem ergibt sich aus der Frage, ob nicht durch Maßnahmen auf Grund der US-Konvention die Schiedsklauseln in den übrigen Abkommen unterlaufen würden. Schiedsklauseln finden sich sowohl in den erörterten multilateralen, als auch in den bilateralen Abkommen. Auch dieses Problem ist begrenzt auf das Verhältnis von Mit-

---

[119] Zur Wiedergutmachungspflicht *Dahm*, VR III, § 36 (S. 241 ff.); *Berber*, VR III, § 5 I (S. 23 ff.).

glied- zu Nichtmitgliedstaaten des Abkommens, weil zwischen Mitgliedstaaten der „lex posterior"-Satz die Schiedsklauseln modifizierte. Wie die Frage der Vereinbarkeit des US-Vorschlages mit den bilateralen Luftverkehrsabkommen löst sich auch dieses Problem. Obligatorische Schiedsklauseln würden eine Repressalie unzulässig machen. Soweit sie aber zulässig ist, kann nicht von einem Unterlaufen dieser Klauseln gesprochen werden. Die Schiedsklauseln in den entsprechenden Abkommen sind aber nicht obligatorisch, verhindern also eine Repressalie nicht, sofern deren allgemeine Voraussetzungen vorliegen. Damit sind Bedenken wegen Verletzungen der Schiedsklauseln im selben Umfang begründet wie bei Art. 3 des Konventionsentwurfs, weil Nichtinhaftierung, Unterlassung der Strafverfolgung und Nichtauslieferung im Regelfall nicht völkerrechtswidrig sind und daher auch keine Repressalie rechtfertigen können.

Im Konventionsentwurf wurde zwar mit Art. 7 versucht, Bedenken gegen die vorgesehenen Sanktionen zu begegnen. Art. 7 bestimmte, daß jede auf Grund des Abkommens ergriffene Maßnahme

> "shall be considered consistent with the object and purpose of the obligations of States parties to the Chicago Convention and shall not be considered inconsistent with any bilateral air transport agreement existing between States parties to the Chicago Convention."

Da auch diese Bestimmung nur zwischen den Vertragspartnern gilt, kann sie die aufgezeigten Bedenken im Verhältnis Mitgliedstaaten - Nichtmitgliedstaaten nicht beseitigen. Um den Entwurf in Einklang mit dem Völkerrecht zu bringen, müßte Art. 3 dahin geändert werden, daß die dort vorgesehene Kommission überprüft, ob eine Verpflichtung zur Inhaftierung, Strafverfolgung oder Auslieferung vorlag und dann untersucht, ob in dem in Frage stehenden Fall diese Verpflichtung verletzt wurde. Dieses Verfahren würde sowohl die Bedenken gegen die Bestimmung des Art. 3 des Entwurfes, als auch die Bedenken wegen der Schiedsklauseln in anderen Abkommen ausräumen.

Innerhalb der ICAO stieß der US-Vorschlag von Anfang an auf Widerstand. Er wurde auf der 18. Tagung des Rechtsausschusses im Herbst 1970 vorgelegt und, ebenso wie der kanadische Vorschlag, in einer Arbeitsgruppe diskutiert, die vorschlug, den kanadischen Vorschlag mit dem US-Vorschlag zu verbinden[120]. Demgemäß arbeiteten Vertreter beider Länder einen gemeinsamen Entwurf aus, der einem Unterausschuß des Rechtsausschusses im April 1971 vorlag[121]. Dieser Entwurf unterschied sich nicht wesentlich von dem ursprüglichen US-Vorschlag. Er war zwar detaillierter, enthielt aber weiterhin die Be-

---

[120] Vgl. Kap. II E 2 a.

[121] Abgedruckt in: ICAO-Doc LC/SC CR-Report 27/4/71, Appendix D (S. 29 ff.).

stimmungen, die sich in dieser Untersuchung als bedenklich erwiesen. Zu ihm arbeitete der Unterausschuß einen Fragenkatalog aus, um nach Eingang der Antworten von den ICAO-Mitgliedstaaten seine Arbeit fortzusetzen[122]. Dazu kam es jedoch nicht mehr. Im Juli 1971 strich nämlich die 18. ICAO-Versammlung den Punkt „Joint action against States in default under the Tokyo- Hague and Montreal Conventions" nach längerer Diskussion vom laufenden Arbeitsprogramm des ICAO-Rechtsausschusses. Trotz heftiger Opposition von Seiten der Vereinigten Staaten, Kanadas, Israels und einiger anderer Staaten erfolgte diese Streichung mit 41 gegen 31 Stimmen bei 15 Enthaltungen[123].

Erst als eine Reihe neuerlicher Handlungen gegen die Sicherheit der Zivilluftfahrt die International Federation of Airline Pilot's Associations (IFALPA) veranlaßt hatte, für den 19. Juni 1972 einen 24-stündigen weltweiten Pilotenstreik auszurufen, beschloß der ICAO-Rat, den Rechtsausschuß wieder mit der Frage einer Konvention gegen Staaten zu befassen, die ihre Pflichten bei Handlungen gegen die Sicherheit der Zivilluftfahrt verletzen[124]. Im September 1972 trat erneut der Unterausschuß des Rechtsausschusses zusammen, dem der amerikanische Vorschlag wieder vorgelegt wurde. Dieser Unterausschuß einigte sich zwar nicht auf einen formellen Konventionsentwurf, jedoch wurden auf Grund seiner Beschlüsse elf Artikel eines Abkommens erarbeitet. Ein „Article on Joint Action", der dem Unterausschuß von Kanada, den USA, Großbritannien und den Niederlanden vorgelegt worden war, wurde zusammen mit diesem Abkommensentwurf dem Rechtsausschuß überwiesen[125].

Dort wurde während der 20. Tagung im Januar 1973 sehr schnell deutlich, daß keiner der Vorschläge eine Realisierungsschance hatte. In einer Reihe von grundsätzlichen Fragen wurde entschieden:

a) daß in einem eventuellen neuen Abkommen keine Bestimmungen enthalten sein sollten, die sich gegen einen Staat richten, der dem neuen Abkommen fernbleibt — dafür setzten sich nur 12 Staaten ein, während 35 solche Bestimmungen ablehnten;

b) daß ohne Zustimmung eines Staates dessen Verhalten nicht Gegenstand einer Untersuchung sein dürfte — für Untersuchungsmöglichkeiten stimmten 18 Staaten, dagegen 32;

---

122 Vgl. ICAO-Doc LC/SC CR-Report 27/4/71, S. 22; einen kurzen Überblick über die Arbeit des Unterausschusses gibt *Mankiewicz*, Organisation de l'Aviation Civile Internationale, in: AFDI, Bd. 18 (1972), S. 823.

123 Die Diskussion ist in ICAO-Doc 8963-A 18-Min., P 1 - 16, S. 126 ff. wiedergegeben.

124 ICAO-Doc 9028-C/1008, S. 40 f. Vgl. auch oben Kap. IV B 4 a.

125 Vgl. den Bericht des Unterausschusses ICAO-Doc LC/SC CR (1972)-Report, abgedruckt in: ICAO-Doc 9050-LC/169-2, Appendix F, S. 106 ff.

c) daß Empfehlungen an einen Nichtvertragsstaat vorgesehen werden sollten — dies wurde mit 24 gegen 21 Stimmen durchgesetzt;

d) daß keine gemeinsamen Maßnahmen gegen einen Nichtvertragsstaat vorgesehen werden sollten, auch wenn sie völkerrechtlich zulässig seien — die Ablehnung erfolgte mit 27 gegen 23 Stimmen;

e) daß keine Maßnahmen gegen einen Vertragsstaat des eventuellen neuen Abkommens vorgesehen sein sollten — für solche Maßnahmen sprachen sich 18, dagegen 30 Staaten aus;

f) daß eine Ergänzung des Chicago-Abkommens Bestimmungen mit Sanktionen gegen Mitgliedstaaten enthalten könne, die von einem anderen Organ als dem UN-Sicherheitsrat ergriffen werden — dies wurde mit 29 gegen 19 Stimmen bejaht;

g) daß eine Ergänzung des Chicago-Abkommens Sanktionsbestimmungen gegen Vertragsstaaten in anderen als den bisher vorgesehenen Fällen enthalten solle — während 23 Staaten sich dafür aussprachen, lehnten 19 Staaten ab.

Mit den Entscheidungen zu a), b), d) und e) war dem US-Vorschlag die Grundlage entzogen, ebenso wie einem Vorschlag der Bundesrepublik Deutschland[126], der jedoch nichts grundsätzlich Neues enthielt, so daß er nicht näher erörtert werden muß.

b) Nordischer Vorschlag

Der von Dänemark, Finnland, Norwegen und Schweden vorgelegte Vorschlag sah zwar Empfehlungen an einen Staat vor, der seine Pflichten bei Handlungen gegen die Sicherheit der Zivilluftfahrt nicht erfüllt, aber keine Möglichkeit, Maßnahmen gegen einen solchen Staat zu ergreifen[127]. Jeder Vertragsstaat sollte das Recht haben, das Zusammentreten des ICAO-Rates zu verlangen, um erhobene Vorwürfe zu überprüfen, die dieser Vertragsstaat einem anderen Staat machte, wenn sie betrafen:

— die Verpflichtung, Passagieren und Besatzung die Weiterreise zu ermöglichen und den Berechtigten Flugzeug und Ladung zu übergeben;

— die Verpflichtung, alles zu tun, um die Kontrolle des rechtmäßigen Flugzeugführers über das Flugzeug wiederherzustellen;

— die Verpflichtung, den oder die Täter einer Handlung gegen die Sicherheit der Zivilluftfahrt, die sich auf seinem Territorium befinden, in Haft zu nehmen, sofern es die Umstände rechtfertigen;

---

[126] LC/WD No. 825, in: ICAO-Doc 9050-LC/169-2, S. 289 ff.

[127] Der Vorschlag ist abgedruckt in: ICAO-Doc 9050-LC/169-2, S. 313 ff. und RGAE, Bd. 36 (1973), S. 97 ff.

— die Verpflichtung zur Auslieferung der genannten Personen oder die Unterbreitung ihres Falles an die eigenen Strafverfolgungsbehörden.

Der ICAO-Rat sollte auch das Verhalten von Nichtmitgliedstaaten entsprechend Art. 55 (e) des Chicago-Abkommens im Rahmen des neuen Vertrages überprüfen, jedoch nur bei Mitgliedstaaten oder im Einverständnis mit Nichtmitgliedstaaten eine Untersuchungskommission von Fachleuten einsetzen dürfen. Wenn der ICAO-Rat eine Pflichtverletzung feststellte, sollte er die Vertragsstaaten, die ICAO-Mitgliedstaaten und den beschuldigten Staat unterrichten; gegenüber letzterem sollte er Empfehlungen aussprechen dürfen, die die Situation bereinigten. Wenn dieser Empfehlung nicht Folge geleistet würde, sollte der Generalsekretär der ICAO auf Verlangen jedes Mitgliedes des neuen Abkommens eine Konferenz einberufen, an der alle Vertragsstaaten teilzunehmen berechtigt sein sollten. Auch diese Konferenz sollte die Befugnis haben, dem beschuldigten Staat gegenüber Empfehlungen auszusprechen. Schließlich sah ein eigener Artikel vor, daß der Präsident des ICAO-Rates seine Vermittlung anbieten dürfe.

Daß dieser Vorschlag keinerlei juristische Probleme aufwirft, liegt auf der Hand. Er lag der 20. Tagung des ICAO-Rechtsausschusses vor und entsprach voll den Grundsatzentscheidungen, die dieser für ein eventuelles neues Abkommen traf[128]. Auf Grund der Diskussion im Ausschuß wurde er dennoch leicht abgeändert. Insbesondere sollte ein beschuldigter Staat an den Beratungen über sein Verhalten sowohl im ICAO-Rat als auch in einer einberufenen Konferenz teilnehmen können[129]. Der Rechtsausschuß beschloß, den abgeänderten nordischen Vorschlag dem ICAO-Rat zur Vorlage an eine diplomatische Konferenz zu empfehlen[130]. Diese Konferenz beriet ihn zusammen mit dem Vorschlag der UdSSR zur Änderung des Den Haag- und Montreal-Abkommens[131].

Bei Abstimmungen über Grundsatzfragen in der Commission of the Whole wurden jedoch wesentliche Elemente des nordischen Vorschlages abgelehnt. So wurde die Idee einer Untersuchungskommission von unabhängigen Fachleuten mit 33 Stimmen gegen 30 bei 22 Enthaltungen verworfen. Auch die Möglichkeit, einem Staat Empfehlungen zu geben, der nicht dem neuen Abkommen beitrat, wurde mit 40 gegen 30 Stimmen bei 13 Enthaltungen und in anderem Zusammenhang mit 47 gegen 22 Stimmen bei 12 Enthaltungen verworfen. Daraufhin er-

---

[128] Vgl. diese voranstehenden Entscheidungen.

[129] LC/WD No. 831 Revised, in: ICAO-Doc 9050-LC/169-2, S. 57 f.

[130] ICAO-Doc 9050-LC/169-2, S. 34 ff.

[131] Dazu Kap. IV B 4 c.

klärte der Vertreter Schwedens für die nordischen Staaten eine weitere Diskussion des Vorschlages für sinnlos[132].

c) Belgischer Vorschlag

Ein von Belgien unterbreiteter Vorschlag für eine neue Konvention sah die Einrichtung einer unabhängigen neunköpfigen, von den Vertragspartnern auf drei Jahre gewählten Kommission vor. Sie sollte in Fällen, wo ein Mitgliedstaat einem anderen ein Verhalten vorwarf, das eine Bedrohung für die Sicherheit der Zivilluftfahrt darstellte, mit einfacher Mehrheit entscheiden, ob eine solche Bedrohung tatsächlich vorlag[133]. Im Unterschied zum nordischen Vorschlag sollte dieses Verfahren nur unter den Mitgliedern der Konvention Anwendung finden können. Beim Vorliegen einer Bedrohung der Sicherheit der internationalen Zivilluftfahrt sollte die Kommission Maßnahmen zu deren Beseitigung empfehlen. Bei deren Nichtbefolgung durch den betreffenden Staat innerhalb einer bestimmten Frist sollte die Kommission den übrigen Mitgliedstaaten des Abkommens Maßnahmen zum Schutz der Zivilluftfahrt angesichts des Verhaltens dieses Staates empfehlen. Dabei waren Straf- und Zwangsmaßnahmen ausdrücklich ausgeschlossen. Zudem war vorgesehen, daß gegen die Feststellungen der Kommission Berufung vor dem IGH oder einem Schiedsgericht möglich sein sollte.

Auch dieser Vorschlag ist juristisch unproblematisch. Er lag in anderer Fassung bereits der 20. Tagung des Rechtsausschusses vor und sollte dort in einer Arbeitsgruppe beraten werden, wozu es aber nicht kam[134]. Dennoch wurde vorgeschlagen, ihn einer diplomatischen Konferenz zu unterbreiten[135]. Dort wurde in Grundsatzabstimmungen deutlich, daß es keine Unterstützung für die Einrichtung einer unabhängigen Kommission gab[136]. Eine Arbeitsgruppe, die für die Commission of the Whole Entwürfe vorbereiten sollte, konnte sich auf keinerlei Texte mehr einigen. Damit war auch der belgische Vorschlag gescheitert.

d) Beurteilung der Vorschläge für ein neues Abkommen

Die behandelten Vorschläge enthalten eine deutliche Abstufung der ins Auge gefaßten Maßnahmen. Direkte Maßnahmen gegen einen Staat, der seine Pflichten bei Handlungen gegen die Sicherheit der Zivil-

---

[132] Darstellung nach *FitzGerald*, S. 207 ff.

[133] Der der Luftrechtskonferenz in Rom vorliegende Entwurf ist abgedruckt in: RFDA, Bd. 28 (1974), S. 83 ff.

[134] Dies geht aus ICAO-Doc 9050-LC/169-1, S. 72 hervor; der dem Rechtsausschuß vorliegende belgische Entwurf ist abgedruckt in: ICAO-Doc 9050-LC/169-2, S. 327 f.

[135] ICAO-Doc 9050-LC/169-2, S. 34 ff.

[136] Vgl. im vorangehenden Abschnitt.

luftfahrt verletzt, sah allein der amerikanische Vorschlag vor, der noch unter dem Eindruck sich häufender Flugzeugentführungen und sonstiger Anschläge gemacht wurde. Die beiden anderen Vorschläge standen hingegen nicht mehr unter dem unmittelbaren Einfluß solcher Vorfälle und berücksichtigten zudem schon die Erfahrungen, die bei der Diskussion des US-Vorschlages innerhalb der ICAO gesammelt werden konnten.

Ermöglichte es der nordische Vorschlag immerhin noch, Pflichtverletzungen auch von Staaten zu überprüfen, die dem neuen Abkommen nicht beitreten würden, schloß der belgische selbst diese Möglichkeit aus. Beide Entwürfe setzten zudem allein auf die Wirksamkeit von Appellen. Zwar darf der Druck der Weltöffentlichkeit nicht außer Acht gelassen werden, der in den beiden schwerwiegendsten Fällen von staatlicher Pflichtverletzung wesentlich zur Freilassung der festgehaltenen Personen führte[137]. Dieser Druck ist aber unwirksam, wenn er nicht von mehreren Staaten gemeinsam ausgeübt wird oder wenn ein Staat es sich glaubt leisten zu können, ihn zu mißachten.

Der belgische Vorschlag, der auch von der Bundesrepublik Deutschland unterstützt wurde, ist daher als schädlich und der nordische Vorschlag als kaum nützlich zur Bekämpfung staatlicher Pflichtverletzungen bei Handlungen gegen die Sicherheit der Zivilluftfahrt zu werten. In beiden Fällen wurden keine Sanktionen gegen pflichtverletzende Staaten vorgesehen. Der belgische Vorschlag schloß in der der Luftrechtskonferenz in Rom vorgelegten Fassung derartige Maßnahmen sogar ausdrücklich aus. Er hätte zu der Frage geführt, ob ein Staat, der diesem Abkommen beigetreten ist, noch Repressalien als Zwangsmittel hätte einsetzen dürfen. Der Kommission als der Autorität, die Maßnahmen gegen pflichtverletzende Staaten ergreifen sollte, war nämlich ausdrücklich der Einsatz von Zwangs- und Strafmaßnahmen untersagt. Es ist jedoch nicht anzunehmen, daß die einzelnen Staaten mit Unterzeichnung des Abkommens auf die Ausübung ihrer souveränen Rechte verzichtet hätten. Sie könnten also auch weiterhin Einzelmaßnahmen ergreifen oder zu gemeinsamen Maßnahmen schreiten. Gerade letztere wären durch den belgischen Vorschlag aber eher verhindert als gefördert worden, weil die Mitgliedstaaten des neuen Abkommens zunächst die Dienste der Kommission in Anspruch genommen hätten und erst dann an eigene Maßnahmen gedacht hätten.

Der belgische wie der nordische Vorschlag hätten bei ihrer Realisierung verdeutlicht, daß die Staaten sich zu keinen anderen Maßnahmen als den im jeweiligen Abkommen vorgesehenen bereitfinden konnten. Damit wäre aber jegliche abschreckende Wirkung, wie sie etwa durch

---

[137] Vgl. eingangs Kap. II.

den amerikanischen Abkommensentwurf erzielt worden wäre, entfallen. Die potentiellen pflichtverletzenden Staaten wären geradezu darauf aufmerksam gemacht worden, daß sie bei ihrem Handeln nicht mit Gegenmaßnahmen einschneidender Natur zu rechnen brauchten.

Der gravierendste Einwand gegen den belgischen Entwurf ergibt sich daraus, daß nicht einmal Empfehlungen gegenüber einem Staat möglich sein sollten, der dem Abkommen nicht beitritt. Weder Algerien, noch Syrien sind bis heute einem der multilateralen Abkommen über Handlungen gegen die Sicherheit der Zivilluftfahrt beigetreten. Es wäre illusorisch, anzunehmen, daß sie sich ausgerechnet einem neuen Abkommen anschlössen, mit dem ihr Verhalten kritisch überprüft werden könnte. In beiden geschilderten, unzweifelhaften Fällen der Pflichtverletzung durch diese beiden Staaten[138] wäre ein Abkommen nach dem belgischen Entwurf nutzlos. Bedenkt man die erwähnten, möglichen psychologischen Wirkungen neben der teilweisen Wirkungslosigkeit, rechtfertigt sich die Qualifizierung des belgischen Vorschlages als schädlich.

Der nordische Vorschlag hätte zwar in den Fällen der Pflichtverletzungen Algeriens und Syriens Empfehlungen an diese Staaten ermöglicht. Eine derartige Empfehlung zur Freilassung der inhaftierten Passagiere wäre aber kaum erfolgreicher gewesen als die vielfältigen anderen Bemühungen darum. Auch vom nordischen Vorschlag wäre eine eher negative psychologische Wirkung zu erwarten gewesen, so daß er nicht als hilfreich bei der Bekämpfung staatlicher Pflichtverletzungen gewertet werden kann.

Selbst wenn man der Auffassung ist, daß Konflikte nicht mit Mitteln wie einer Repressalie gelöst werden sollten, weil ihre Verschärfung denkbar erscheint, braucht man dennoch nicht notwendigerweise den US-Vorschlag abzulehnen. Dieser sah keinerlei Automatismus hinsichtlich der gegen einen pflichtverletzenden Staat zu ergreifenden Maßnahmen vor, sondern gab nur ausdrücklich die Möglichkeit dazu. *Rhinelander* bemerkt dazu:

> "A policy to support the principle of sanctions is, of course, quite different from taking a decision to implement joint action in a given case. The question whether a sanction, such as suspension of air services, would ever be used, involves sensitive and difficult political, economic and legal considerations for every State. There would be, without questions, a reluctance on the part of many States to impose such a drastic remedy. On the other hand, there is general acceptance of the fact that sanctions, if they are to be effective at all, must be undertaken in concerted action by all or almost all States involved[139]."

---

[138] Vgl. eingangs Kap. II.

[139] *Rhinelander*, S. 69 f.

Dieser Bemerkung ist grundsätzlich zuzustimmen. Wie in dieser Untersuchung nachgewiesen wurde, entstehen aber keine rechtlichen Schwierigkeiten bei der Frage, ob Sanktionen ergriffen werden sollen. Wie dargelegt[140], ergeben sich nur Probleme daraus, daß die US-Konvention an Verpflichtungen anknüpft, die nicht für alle Staaten verbindlich sind. Wird die Konvention entsprechend geändert, beständen keinerlei rechtliche Probleme mehr.

Auch die Behauptung, Sanktionen seien nur bei allgemeiner Unterstützung wirksam, muß bezweifelt werden. Sofern es um den Luftverkehr geht, genügt zur weitgehenden Isolierung eines Staates, die ja als Repressalie nur vorübergehend erfolgt, der Boykott durch die großen Luftfahrtnationen[141]. Natürlich wird diese Maßnahme um so wirksamer, je mehr Staaten sie unterstützen.

Die Realisierung des US-Vorschlages mit der erforderlichen Änderung wäre eine eindeutige Willensbekundung der Staaten gewesen, staatlichen Pflichtverletzungen bei Handlungen gegen die Sicherheit der Zivilluftfahrt entgegenzutreten und auf diesem Weg auch einen Beitrag zur Bekämpfung dieser Handlungen selbst zu leisten. Von den vorgeschlagenen neuen Abkommen wäre allein die US-Konvention in dieser Hinsicht ein wirksamer Beitrag gewesen. Gerade sie wurde aber am heftigsten bekämpft und stand deshalb auf den Konferenzen von Rom schon nicht mehr zur Debatte.

---

140 Kap. IV B 6 a.

141 Vgl. die Bemerkungen im Unterausschuß des Rechtsausschusses, ICAO-Doc LC/SC CR-Report 27/4/71, S. 5 f.

Schlußbetrachtung

1. Ergebnis der Untersuchung

Das Ergebnis der Untersuchung der Möglichkeiten internationaler Maßnahmen zur Bekämpfung von Handlungen gegen die Sicherheit der Zivilluftfahrt ist nicht sehr befriedigend. Zwar erwies sich, daß die bestehenden völkerrechtlichen Verträge und das Völkergewohnheitsrecht staatliches Verhalten bei Flugzeugentführungen und Anschlägen normieren[1]. Alle Versuche, die Pflichten auf diesem Gebiet weltweit zu erweitern, sind jedoch bisher an Staaten gescheitert, die sich weigern, Verpflichtungen zu übernehmen, wie sie in den Abkommen von Tokyo, Den Haag und Montreal zum Ausdruck kommen. Der Einfluß dieser Staaten führte auch dazu, daß neue multilaterale Abkommen oder die Änderung bestehender Abkommen nicht zustande kamen.

Mit den seit 1969 gesunkenen Zahlen der Handlungen gegen die Sicherheit der Zivilluftfahrt schien es auch kein Erfordernis mehr zu geben, sich mit dem Problem weiter zu beschäftigen. Es stellt sich sogar die Frage, ob dies wirklich als notwendig erkannt wurde oder ob die Versuche, das Problem zu lösen, nur von den Vorkommnissen veranlaßt wurden[2]. Die Frage nach möglichen Maßnahmen gegen pflichtverletzende Staaten stellt sich somit unverändert und unabhängig von aktuellen Ereignissen.

Wie dargelegt, bleiben Staaten beim direkten Vorgehen gegen solche Völkerrechtsbrecher auf Retorsion und Repressalie angewiesen[3]. Deren Mängel wurden erörtert. Retorsion wie Repressalie stellen kein sonderlich geeignetes internationales Instrumentarium dar, um Pflichtverletzungen zu begegnen. An dieser Situation hat sich seit dem erstmaligen Auftreten von Handlungen gegen die Sicherheit der Zivilluftfahrt nichts geändert.

Die Gründe dafür zu erforschen kann nicht Aufgabe einer juristischen Analyse sein. Neben den grundsätzlichen ideologischen und wirtschaftlichen Gegensätzen[4] sind sie vor allem im Souveränitätsbegriff

---

[1] Vgl. Kap. I D.

[2] Dazu *Gjidara*, La „piraterie aérienne" en droit international et en droit comparé, in: RIDC, Bd. 24 (1972), S. 791.

[3] Vgl. Kap. II H und Kap. III C.

[4] Sie werden von *Ndulo*, S. 230 erwähnt.

zu suchen, der Staaten keine Abkommen schließen läßt, die sich auch gegen sie selbst richten können[5].

Die Bemerkung *McWhinneys:*

> "The most immediately fruitful approach to international law-making in regard to the hijacking problem is likely to come much less from a multilateral approach than from bilateral action involving the coordination of different national approaches[6]."

erweist sich somit als prophetisch. Sowohl einzelstaatliche, als auch gemeinsame Maßnahmen von Staaten erwiesen sich als möglich. Ihre Androhung und Durchführung ist unumgänglich, wenn alle Staaten zur Einhaltung ihrer Verpflichtungen bei Handlungen gegen die Sicherheit der Zivilluftfahrt bewegt werden sollen und nicht in Kauf genommen werden soll, daß einzelne Staaten weiterhin durch Pflichtverletzungen derartige Handlungen begünstigen und damit die Sicherheit der Zivilluftfahrt bedrohen.

Aus Gründen der Rechtssicherheit und der Abschreckung erscheint dabei die Aufnahme einer Zusatzklausel, wie sie von Kanada in die Diskussion eingebracht wurde, als gangbarer Weg. Sie macht deutlich, daß ein Staat, auf dessen Betreiben sie in ein Luftverkehrsabkommen aufgenommen wird, nicht bereit ist, Pflichtverletzungen bei Handlungen gegen die Sicherheit der Zivilluftfahrt zu tolerieren. Sie kündigt zugleich mögliche Konsequenzen an, die gezogen werden können, aber nicht müssen. Wegen der Bestimmtheit der möglichen Maßnahmen ist die Zusatzklausel einer Repressalie vorzuziehen, mit der ebenfalls die Unterbrechung der Luftfahrtbeziehungen erreicht werden kann. Als Mindestinhalt muß eine derartige Klausel dem Vertragspartner die Möglichkeit geben, im Falle eines Verstoßes gegen die in den Abkommen von Tokyo, Den Haag und Montreal niedergelegten Pflichten die Rechte aus dem Luftfahrtabkommen auszusetzen. Wünschenswert wäre darüber hinaus, daß dies auch zugunsten dritter Staaten vereinbart wird, daß die eigenen Rechte aus dem Abkommen aufrechterhalten bleiben und daß eine Schiedsinstanz über das Vorliegen einer Pflichtverletzung entscheidet.

Alternative zur Zusatzklausel ist das Vertrauen darauf, es werde nicht zu einer ähnlichen Welle von Flugzeugentführungen und Anschlägen wie am Ende der sechziger und Anfang der siebziger Jahre kommen. Ein solches Vertrauen kann jedoch angesichts der Vorkommnisse vom Sommer 1976 nicht gerechtfertigt sein. Alternative ist

---

[5] Auf den Souveränitätsbegriff als Hindernis für ein Abkommen mit Maßnahmen gegen pflichtenverletzende Staaten weist *Shepard,* Air Piracy: The Role of the International Federation of Air Pilots Association, in: Cornell International Law Journal, Bd. 3 (1970), S. 81 hin.

[6] Annuaire de l'Institut de Droit International, Bd. 54 (1971), 1. Halbbd. S. 573; ähnlich *Evans,* A Proposed Method of Control, S. 175.

weiterhin der Einsatz wirksamer Repressalien oder die Resignation vor den Völkerrechtsverletzungen einiger Staaten. Der Verwirklichung anderer untersuchter Möglichkeiten können keine großen Chancen eingeräumt werden. Dies gilt auch für die im folgenden erörterten Aktivitäten im Rahmen der Bekämpfung des internationalen Terrorismus.

2. Handlungen gegen die Sicherheit der Zivilluftfahrt als Akte des internationalen Terrorismus

Die Bemühungen zur Bekämpfung des internationalen Terrorismus setzten naturgemäß erst mit dem Erkennen dieses Phänomens ein, das dadurch gekennzeichnet ist, daß Individuen oder Gruppen durch bestimmte Akte einen Staat zu bestimmten Handlungen nötigen. Der internationale Terrorismus steht deshalb in enger Verbindung mit Handlungen gegen die Sicherheit der Zivilluftfahrt, weil ein entführtes Flugzeug mit unter Umständen mehreren hundert Insassen ein äußerst wirksames Nötigungsmittel darstellt. Dementsprechend wirken die Bemühungen zur Bekämpfung des internationalen Terrorismus auch auf die Bekämpfung von Flugzeugentführungen und Anschlägen ein. Sie könnten dazu führen, daß Staaten bei Handlungen gegen die Sicherheit der Zivilluftfahrt weitergehende Pflichten hätten, als ihnen heute bereits vertraglich oder gewohnheitsrechtlich obliegen.

Erst im Zusammenhang mit Terrorakten wurde auch deutlich, daß die bisherige Rechtslage dem Phänomen des internationalen Terrorismus in einem wesentlichen Punkt nicht gerecht werden kann. Von keinem der vorhandenen Abkommen und auch nicht von völkergewohnheitsrechtlichen Normen wird etwa der Fall erfaßt, daß einer Gruppe Terroristen im Anschluß an eine Geiselnahme ein Flugzeug zur Verfügung gestellt wird, mit dem sie in ein aufnahmebereites Land fliegt und dort Gelegenheit erhält, unterzutauchen. Dies geschah in drei aufsehenerregenden Fällen im September 1974, Februar 1975 und Dezember 1975.

Im September 1974 wurde Terroristen, die die französische Botschaft in Den Haag besetzt hatten, ein Flugzeug zur Verfügung gestellt, mit dem sie nach Syrien flogen, wo sie verschwanden[7]. Im Februar 1975 wurde in Berlin ein Politiker entführt und dadurch die Freilassung in der Bundesrepublik inhaftierter bzw. verurteilter Terroristen erzwungen. Die Entführer flogen mit ihnen in die Demokratische Volksrepublik Jemen[8]. Als die deutsche Bundesregierung etwa ein Jahr später erwog, die Auslieferung der Entführer und der Freigelassenen zu beantragen, erklärte Jemen, man habe ihnen entweder Asyl gewährt oder sie seien

---

[7] *FitzGerald,* in: Internationale Terrorism, S. 91.

[8] Vgl. AdG 75, 19288 ff.

nicht mehr im Land. Nach einem Überfall auf eine Konferenz der Organisation erdölexportierender Staaten (OPEC) am 21. Dezember 1975 in Wien wurde den Terroristen ein Flugzeug bereitgestellt, mit dem sie zunächst nach Algerien flogen, wo sie entgegen ihrer Zusage nicht alle Geiseln freiließen. Sie flogen vielmehr weiter nach Tripolis in Libyen, wo erneut einige Personen freigelassen wurden. Von dort aus kehrten sie nach Algerien zurück und ließen die übrigen frei. Die Terroristen stellten sich den algerischen Behörden und erhielten politisches Asyl. Die von Österreich unmittelbar danach geforderte Auslieferung lehnte Algerien ab. Am 31. Dezember flogen die Terroristen nach Libyen, wo sie untertauchten[9].

Zwar ist FitzGerald zu widersprechen, der meint, solche Vorfälle würden die Wirkung der Abkommen von Tokyo, Den Haag und Montreal zunichte machen[10]. Diese Abkommen dienen allein dazu, die Sicherheit der Zivilluftfahrt zu gewährleisten, die durch diese Vorfälle nicht berührt wird. Vorkommnisse wie die erwähnten führten aber zu Aktivitäten zur Bekämpfung des internationalen Terrorismus, von denen diejenigen der UNO und der International Law Association erwähnt werden sollen. Auch der Europarat hat eine Konvention gegen Terrorismus erarbeitet, die aber gemäß der Themaabgrenzung[11] nicht zu erörtern ist.

Die Vorfälle des Sommers 1976 führten zu einer Verstärkung dieser Bemühungen. Am 27. Juni entführten pro-palästinensische Terroristen einen französischen Airbus nach dem Start von Athen, zwangen ihn zum Flug nach Uganda und forderten die Entlassung von 57 in 5 Ländern inhaftierten „Kampfgenossen". In der Nacht vom 3. zum 4. Juli befreite eine israelische Kommandoeinheit die nach Entlassung von zwei Geiselgruppen noch in Entebbe festgehaltenen Personen. Der Fall Entebbe führte zu scharfen Auseinandersetzungen im UN-Sicherheitsrat, der schließlich keine Entschließung faßte, weil dem Resolutionsentwurf Großbritanniens und der USA nur sechs Mitglieder anstelle der nach Art. 27 (3) SVN erforderlichen Mehrheit zustimmten[12].

Nach dem Entebbe-Fall kam es zu einer Reihe weiterer Handlungen gegen die Sicherheit der Zivilluftfahrt. Am 6. Juli entführte ein vermutlich Geisteskranker eine Boeing 727 der libyschen Fluggesellschaft auf einem Inlandsflug von Tripolis nach Bengasi. Nachdem auf mehreren Flughäfen die Landegenehmigung versagt worden war, landete die

---

[9] Vgl. AdG 76, 19934 f.

[10] *FitzGerald,* in: International Terrorism, S. 91.

[11] Einl. 2.

[12] Ausführlich zum Fall Entebbe AdG 76, 20355 ff.; die beiden ursprünglich dem Sicherheitsrat vorliegenden Resolutionsentwürfe sind vollständig abgedruckt in: Vereinte Nationen, Jg. 24 (1976), S. 126 f.

Maschine auf dem Flughafen von Palma de Mallorca, wo der Entführer überwältigt wurde[13]. Am 11. August verübten zwei Palästinenser einen Anschlag auf dem Flughafen von Istanbul gegen Passagiere, die den Abflug nach Tel Aviv erwarteten. Es gab vier Tote und 26 Verletzte[14]. Am 23. August brachten drei Terroristen eine Boeing 737 der „Egypt Air" auf einem Inlandsflug unter ihre Kontrolle, wurden aber bei einer Zwischenlandung in Luxor von als Mechaniker verkleideten Soldaten überwältigt[15]. Am 6. September entführten drei Palästinenser eine DC 9 der niederländischen Fluggesellschaft KLM. Sie gaben schließlich auf Zypern auf, nachdem ihnen die Ausreise in ein Land ihrer Wahl zugesichert worden war[16]. Am 10. September wurde eine Boeing 727 der „Indian Airlines" vermutlich von kaschmirischen Moslems entführt[17]. Beim bisher letzten Vorfall brachten ebenfalls am 10. September fünf Kroaten eine amerikanische Boeing 727 der TWA auf einem Inlandflug in ihre Gewalt. Nach mehreren Landungen gaben die Entführer in Paris auf, von wo aus sie in die USA zurückgeflogen wurden. Dort ist inzwischen Anklage gegen sie erhoben worden, die mit der Entführung auf das Verlangen nach Unabhängigkeit Kroatiens von Jugoslawien aufmerksam machen wollten[18].

Diese Vorfälle machen erneut deutlich, wie dringlich die Bekämpfung von Handlungen gegen die Sicherheit der Zivilluftfahrt ist. Nachdem das Thema „Maßnahmen zur Verhinderung des internationalen Terrorismus" auf Initiative des UN-Generalsekretärs[19] nach Beratungen im Rechtsausschuß von der 27. Generalversammlung in die vorläufige Tagesordnung der 28. Generalversammlung aufgenommen worden war[20], wurde es von Jahr zu Jahr verschoben[21]. Der in der Entschließung der 27. Generalversammlung zugleich eingesetzte Ad-hoc-Ausschuß tagte 1973. Er nannte in seinem Bericht zwar Verstöße mit „anerkannt terroristischem Inhalt", konnte sich jedoch weder auf eine Definition des Terrorismus noch auf Maßnahmen zu seiner Verhinderung einigen[22]. Auch der Bericht von *Meyer* über den Fünften Kongreß der Vereinten Nationen betreffend die Verhütung von Verbrechen und

---

13 „Die Welt" vom 7. 7. 76, S. 1.

14 AdG 76, 20416 f.

15 AdG 76, 20421.

16 AdG 76, 20462.

17 AdG 76, 20465.

18 AdG 76, 20467.

19 UN-Doc A/8791 vom 8. September 1972.

20 UN-Doc A/RES/3034 (XXVII) vom 18. Dezember 1972.

21 Im einzelnen *Meyer*, Der Begriff „Terrorismus" im Lichte der Erörterungen auf dem fünften Kongreß der Vereinten Nationen betr. die Verhütung von Verbrechen und die Behandlung von Verbrechen, 1. bis 12. September 1975, in: ZLW, Bd. 25 (1976), S. 222 f.

22 Vgl. den Bericht über die Arbeit des Ausschusses in: Vereinte Nationen, Jg. 21 (1973), S. 168 f.

die Behandlung von Verbrechern in Genf[23] läßt keine Anzeichen eines Auffassungswandels innerhalb der UNO erkennen.

Angesichts der tiefgreifenden Gegensätze in der UNO kann auch dem deutschen Vorstoß zu einer „Konvention gegen Geiselnahme" keine große Erfolgsaussicht eingeräumt werden. Selbst wenn sie zustande kommen sollte, werden sich ihr nicht alle Staaten anschließen. Die Erfahrungen mit den Abkommen von Tokyo, Den Haag und Montreal sind insoweit exemplarisch. Die Haltung, die Libyen einer solchen Konvention entgegenbringt, kommt unmißverständlich in einer Stellungnahme des libyschen Präsidenten Kadhzafi vom 18. August 1976 zum Ausdruck:

> „Jeder, der um die Unabhängigkeit seines Landes kämpft, ist ein ehrlicher Kämpfer und kein Terrorist ... Terrorismus ist die Invasion der Völker durch die weißen Rassisten. Wenn der Freiheitskampf der Völker als Terrorismus bezeichnet wird, akzeptieren wir ihn. Die Dritte Welt sollte sich durch das Wort Terrorismus nicht zum Narren halten lassen[24]."

Wenn auch die Initiative der Bundesrepublik Deutschland bewußt den Begriff Terrorismus vermeidet, so wird doch in der zitierten Stellungnahme deutlich, daß Staaten zum Zwecke von „Freiheitskämpfen" alle Mittel für gerechtfertigt halten, also auch Geiselnahmen. Zum Problem möglicher Maßnahmen gegen Staaten, die ihre völkerrechtlichen Pflichten verletzen, wird auch die neu vorgeschlagene Konvention, die vom UN-Rechtsausschuß erarbeitet werden soll, nichts beitragen.

Dasselbe gilt für die Arbeiten der International Law Association, deren „Committee of International Terrorism" einen Entwurf zu einer „Convention on Legal Control of International Terrorism" ausgearbeitet hat[25]. Der Entwurf versucht eine Definition des Delikts des Internationalen Terrorismus, worunter auch alle Handlungen gegen die Sicherheit der Zivilluftfahrt fallen sollen. Die Staaten sollen die Verpflichtung übernehmen, das Delikt des Internationalen Terrorismus mit mindestens zwei Jahren Freiheitsstrafe zu bedrohen und einen Täter entweder auszuliefern oder vor Gericht zu stellen. Der Entwurf enthält weiterhin eine Bestimmung für das Auslieferungsverfahren und sieht für entstehende Schäden eine Haftung der Staaten vor, die das Abkommen verletzen.

So verdienstvoll dieser Entwurf sein mag, enthält auch er keine Lösungen für die in dieser Untersuchung aufgewiesene Problematik. Sie verdeutlicht das Dilemma des Völkerrechts, das in einer fehlenden Instanz zur Rechtsdurchsetzung liegt.

---

23 ZLW, Bd. 25 (1976), S. 222 - 233.

24 AdG 76, 20417.

25 International Law Association, Madrid Conference (1976), Second Interim Report of the Committee of International Terrorism.

Literaturverzeichnis

Abendroth, Wolfgang: Piraterie, in: WdVR II, S. 768 - 770

Aggarwala, Narinder: Political aspects of hijacking, in: International Conciliation, No. 585, 1971, S. 7 - 27

Ago, Roberto: Droit des Traités à la lumière de la Convention de Vienne, in: RdC, Bd. 134 (1971, Teil III), S. 297 - 331

Agrawala, S. K.: Aircraft Hijacking and International Law, Bombay—Dobbs Ferry 1973

Akehurst, Michael: Reprisals by Third States, in: BYIL, Bd. 54, London—N.Y.—Toronto 1970, S. 1 - 18

Alexandrowicz, Charles H.: The law of Global Communications, New York—London 1971

Bassiouni, M. C.: Introduction to a Symposium on issues in Aero-Space Law, in: De Paul Law Review, Bd. 20 (1971), S. 323 - 336

Berber, Friedrich: Lehrbuch des Völkerrechts, Bd. I, 2. Aufl., München—Berlin 1975 (zitiert: VR I)

— Lehrbuch des Völkerrechts, Bd. III, München—Berlin 1964 (zitiert: VR III)

— Völkerrecht, Dokumentensammlung, 2 Bde., München—Berlin 1967

Bissonnette, P. A. / *Clark*, L. S.: Securing the Enforcement of International Legal Obligations relating to Unlawful Interference with International Civil Aviation: Canadian Initiatives, in: McWhinney, Aerial Piracy, S. 72 - 93

Blesinger, Ludwig: Die sogenannte vereinbarte und erbetene Intervention, Diss. Bonn 1966

Blum, Yehuda Z.: The Beirut Raid and the International Double Standard, in: AJIL, Bd. 64 (1970), S. 73 - 105

Bowett, D. W.: Self-Defence in International Law, Manchester 1958

Boyle, Robert P. / *Pulsifer*, Roy: The Tokyo Convention on Offenses and Certain other Acts Committed on board Aircraft, in: JALC, Bd. 30 (1964), S. 305 - 354

Breton, Jean-Marie: Piraterie aérienne et Droit International Public, in: RGDIP, Bd. 75 (1971), S. 392 - 445

Brierly, J. L.: The Law of Nations, 6. Aufl., Oxford 1963

Brown-John, C. Lloyd: Multilateral Sanctions in International Law, A Comparative Analysis, New York 1975

Brownlie, Ian: Principles of public International Law, 2. Aufl., Oxford 1973

Buergenthal, Thomas: Law-Making in the International Civil Aviation Organization, New York 1969

Chaturvedi, S. C.: Hijacking and the Law, in: Indian Journal of International Law, Bd. 11 (1971), S. 89 - 105

Cheng, Bin: Das Haager Übereinkommen über die Entführung von Luftfahrzeugen von 1970, in: ZLW, Bd. 22 (1973), S. 223 - 233

— The Law of International Air Transport, London—New York 1962

Clutterbuck, Richard: Terrorismus ohne Chance. Analyse und Bekämpfung eines internationalen Phänomens. Stuttgart 1975

Colombos, C. John: Internationales Seerecht, München—Berlin 1963

Dahm, Georg: Völkerrecht, Bd. I, Stuttgart 1958 (zitiert: VR I)

— Völkerrecht, Bd. II, Stuttgart 1961 (zitiert: VR II)

— Völkerrecht, Bd. III, Stuttgart 1961 (zitiert: VR III)

David, Eric: Les Détournements d'Avions et le Droit International, in: Revue Belge de Droit International, Bd. 6 (1970), S. 246 - 264

Derpa, Rolf M.: Das Gewaltverbot der Satzung der Vereinten Nationen und die Anwendung nichtmilitärischer Gewalt, Bad Homburg 1970

Doehring, Karl: Die allgemeinen Regeln des völkerrechtlichen Fremdenrechts und das deutsche Verfassungsrecht, Köln—Berlin 1963

Duckwitz, Edmund: Rechtsfolgen bei Verletzung völkerrechtlicher Verträge, Berlin 1975

Emanuelli, Claude: Les moyens de prévention et de sanction en cas d'action illicite contre l'aviation civile internationale, in: RGDIP, Bd. 77 (1973), S. 577 - 671 und S. 1081 - 1134

Erler, Jochen: Rechtsfragen der ICAO — Die Internationale Zivilluftfahrtorganisation und ihre Mitgliedstaaten, Köln—Berlin—Bonn—München 1967

Evans, Alona E.: Aircraft Hijacking: What is Being Done, in: AJIL, Bd. 67 (1973), S. 641 - 671

— A Proposed Method of Control, in: JALC, Bd. 37 (1971), S. 171 - 181

Falk, Richard A.: The Beirut Raid and the International Law of Retaliation, in: AJIL, Bd. 63 (1969), S. 415 - 443

Faller, Edmund W.: Gewaltsame Flugzeugentführungen aus völkerrechtlicher Sicht, Berlin 1972

Fenello, Michael J.: Technical Prevention of Air Piracy, in: International Conciliation, No. 585, 1971, S. 28 - 41

Feraud, Henri: La Convention de Montréal du 23 septembre 1971 pour la répression d'actes illicites dirigés contre la sécurité de l'Aviation Civile, in: Revue de science criminelle et de droit penal comparé, Nouvelle Série 1972, S. 1 - 29

Fick, Ronald L. / *Gordon*, Jon I. / *Patterson*, John C.: Aircraft Hijacking: Criminal and Civil Aspects, in: University of Florida Law Review, Bd. 22 (1969 - 1970), S. 72 - 100

FitzGerald, Gerald F.: Recent Proposals for Concerted Action Against States in Respect of Unlawful Interference with International Civil Aviation, in: JALC, Bd. 40 (1974), S. 161 - 224

Franck, Thomas M. / *Lockwood* Jr., Bert B.: Preliminary Thoughts towards an International Convention on Terrorism, in: AJIL, Bd. 68 (1974), S. 69 - 90

Francke, Hans: Flugzeugentführungen als Weltverbrechen, in: JIR, Bd. 16 (1973), S. 301 - 327

Gellermann, Karl-Peter: Völkerrechtliche Verträge zu Lasten Dritter, Diss. Göttingen 1963

Gerlach, Axel: Die Intervention, Hamburg 1967

Gerold, Rainer: Die Sicherung des Friedens durch die Organisation der Amerikanischen Staaten (OAS), Berlin 1971

Gertler, Z. Joseph: Amendments to the Chicago Convention: Lessons From Proposals That Failed, in: JALC, Bd. 40 (1974), S. 225 - 258

Gidel, Gilbert: Le droit international public de la mer, Bd. I: Le temps de paix, Chateauroux 1932

Gjidara, Marc: La „piraterie aérienne" en droit international et en droit comparé, in: RIDC, Bd. 24 (1972), S. 791 - 844

Glaser, Stefan: Le terrorisme international et ses divers aspects, in: RIDC, Bd. 25 (1973), S. 825 - 850

— Introduction à l'étude du droit international pénal, Bruxelles—Paris 1954

Goodrich, Leland M. / *Hambro,* Edvard / *Simons,* Anne P.: Charter of the United Nations, Commentary and Documents, 3. Aufl., New York—London 1969

Grotius, Hugo: De iure belli ac pacis, Libri tres, 1625. Deutsche Übersetzung von Walter Schätzel, Tübingen 1950

Guggenheim, Paul: Lehrbuch des Völkerrechts, Bd. I, Basel 1948

— Lehrbuch des Völkerrechts, Bd. II, Basel 1951

Guillaume, Gilbert: La „piraterie aérienne" et les derniers travaux de l'OACI à ce sujet, in: RFDA, Bd. 27 (1973), S. 257 - 260

Hailbronner, Kay: Luftpiraterie in rechtlicher Sicht — Von Tokyo bis Montreal, 1972 (zitiert: Luftpiraterie)

— Entführte Flugzeuge auf fremdem Staatsgebiet und die analoge Anwendung humanitärer Grundsätze im Völkerrecht, in: ZaöRV, Bd. 32 (1972), S. 265 - 296 (zitiert: Entführte Flugzeuge)

Haraszti, György: Some Fundamental Problems of the Law of Treaties, Budapest 1973

v. d. Heydte, Friedrich August Freiherr: Das Prinzip der guten Nachbarschaft im Völkerrecht, in: Völkerrecht und rechtliches Weltbild. Festschrift für Alfred Verdross, Wien 1960, S. 133 - 145

Hirsch, Arthur I. / *Fuller* jr., David O.: Aircraft Piracy and Extradition, in: New York Law Forum, Bd. 16 (1970), S. 392 - 419

Institut de Droit International: Annuaire, Bd. 38 (1934)

— Annuaire, Bd. 54 (1971), Halbbd. I und II

International Law Association: Piracy: Sea and Air. Report of the Fifty-Fourth Conference, The Hague 1970, S. 706 - 771

— Madrid Conference (1976). Second Interim Report of the Committee of International Terrorism

International Terrorism: Proceedings of the Third Annual Conference of the Canadian Council on International Law held at Ottawa, Canada, October 18 - 19, 1974

Jacobson, Peter M.: From Piracy on the High Seas to Piracy in the High Skies: A Study of Aircraft Hijacking in: Cornell International Law Journal, Bd. 5 (1972), S. 161 - 187

Jaenicke, Günther: Völkerrechtsquellen, in: WdVR III, S. 766 - 775

Jenks, Wilfred C.: Some Constitutional Problems of International Organization, in: BYIL, Bd. 22 (1945), S. 11 - 72

Joyner, Nancy D.: Aerial Hijacking as an international crime, Leiden 1974

Kelsen, Hans: Principles of International Law, 2. Aufl. 1967

— The Law of the United Nations, London 1950

Kewenig, Wilhelm: Gewaltverbot und noch zulässige Machteinwirkung und Interventionsmittel, in: Schaumann, Wilfried, Völkerrechtliches Gewaltverbot und Friedenssicherung, S. 175 - 217

Klein, Friedrich: Sanktion, in: WdVR III, S. 158 - 162

Klimek, Robert: International Law-Convention on Offenses and Certain other Acts Committed on Board Aircraft — The Tokyo Convention, in: De Paul Law Review, Bd. 20 (1971), S. 485 - 507

Kraus, Herbert: Die Gegenwartsproblematik völkerrechtlicher Sanktionen, in: Internationale Gegenwartsfragen. Ausgewählte kleine Schriften von Herbert Kraus, Würzburg 1963, S. 564 - 573

Kuhn, Manfred: Notstand des Rechtsstaates. Anmerkungen zu Luftpiraterie und Erpressung mit Geiseln, in: SJZ, Jg. 66 (1970), S. 297 - 299

Kunz, Josef L.: Protest, in: WdVR, Bd. II, S. 810 - 812

Lasswell, Harold D. / *Arens*, Richard: The role of sanction in conflict resolution, in: The Journal of Conflict Resolution, Bd. 11 (1967), S. 27 - 39

Leichter, Otto: Die Vereinten Nationen und der internationale Terrorismus, in: Vereinte Nationen, Jg. 23 (1973), S. 8 - 13

de Lima, Drs. F. X.: Intervention in International Law, Den Haag 1971

Lissitzyn, Oliver J.: Hijacking, International Law and Human Rights, in: McWhinney, Aerial Piracy, S. 116 - 123

Luard, Evan: The Process of Change in International Organizations, in: ders., The Evolution of International Organizations, London 1966, S. 9 bis 24

Maccoby, S.: Reprisals as a Measure of Redress Short of War, in: Cambridge Law Journal, Bd. 2 (1924), S. 60 - 73

Mandefield, David: La Piraterie Aérienne, Diss. Bordeaux 1971

Manin, Aleth: L'Organisation de l'Aviation Civile Internationale, Paris 1970

Mankiewicz, R. H.: Organisation de l'aviation civile internationale, in: AFDI, Bd. 18 (1972), S. 804 - 835

— La convention de Montréal (1971) pour la répression d'actes illicites dirigés contre la sécurité de l'aviation civile, in: AFDI, Bd. 17 (1971), S. 855 - 875

— The 1970 Hague Convention, in: JALC, Bd. 37 (1971), S. 195 - 210

Mapelli y Lopez, Enrique: Capture illicite d'aéronefs, in: RFDA, Bd. 26 (1972), S. 241 - 267

Markelow, W. N.: Einige Aspekte des Kampfes gegen das Luftbanditentum, in: Staat und Recht, Jg. 21 (1972), S. 610 - 614

Lord McNair, Arnold D: The Law of Treaties, Oxford 1961

McWhinney, Edward: The Illegal Diversion of Aircraft and International Law, Leyden 1975

McWhinney, Edward: Aerial piracy and International Law, 2. Aufl., Leiden—Dobbs Ferry, N.Y. 1973 (zitiert: Aerial piracy)

— International Legal Problem — Solving and the Practical Dilemma of Hijacking, in: ders., Aerial Piracy, S. 15 - 26

McWhinney, Edward / *Bradley*, Martin A.: The Freedom of the Air, Leyden—Dobbs Ferry 1968

Meyer, Alex: Internationale Luftfahrtabkommen, Bd. VI. Luftpiraterie — Begriff, Tatbestände, Bekämpfung, Köln—Berlin—Bonn—München 1972 (zitiert: Luftfahrtabkommen VI)

— Un nouveau problème juridique: la piraterie aérienne, in: RFDA, Bd. 23 (1969), S. 261 - 264

— Der Begriff „Terrorismus" im Lichte der Erörterungen auf dem fünften Kongreß der Vereinten Nationen betr. die Verhütung von Verbrechen und die Behandlung von Verbrechen in Genf, 1. bis 12. September 1975, in: ZLW, Bd. 25 (1976), S. 222 - 233

Müller, Alexander: Die Piraterie im Völkerrecht unter besonderer Berücksichtigung des Entwurfs der Völkerbundskommission und der Regierungsäußerungen, Diss. Frankfurt 1929

Ndulo, Mauna: The developing law of air hijacking, in: Comparative and international law journal of Southern Africa, Bd. 6 (1973), S. 225 - 244

Nikolić, Predag: Povodom Pitanja Nosioca Sankcija u medunarodnom pravu, in: Jugoslovenska Revija za medunarodno pravo, Godina IX, 1962, S. 111 - 117

November, Celine Y.: Aircraft Piracy: The Hague Hijacking Convention, in: International Lawyer, Bd. 6 (1972), S. 642 - 656

O'Connell, D. P.: International Law, 2 Bde., 2. Aufl., London 1970

Oppenheim, L. / *Lauterpacht*, H.: International Law, Bd. I, 7. Aufl., London—New York—Toronto 1948 (zitiert: I)

— International Law, Bd. II, 7. Aufl., London—New York—Toronto 1952 (zitiert: II)

Oppermann, Thomas: Nichteinmischung in innere Angelegenheiten, in: ArchVR, Bd. 14 (1969/70), S. 321 - 342

Partsch, Karl-Josef: Repressalie, in: WdVR III, S. 103 - 106

— Retorsion, in: WdVR III, S. 110

Perels, Ferdinand: Das internationale öffentliche Seerecht der Gegenwart, 2. Aufl., Berlin 1903

Phillips, Lester H.: Constitutional Revision in the Specialized Agencies, in: AJIL, Bd. 62 (1968), S. 654 - 678

Poch de Caviedes, Antonio: De la clause „rebus sic stantibus" à la clause de révision dans les conventions internationales, in: RdC, Bd. 118 (1966, Teil II), S. 105 - 208

du Pontavice, Emmanuel: Le piraterie aérienne: notions et effets, in: RGAE, Bd. 32 (1969), S. 276 - 339

Poulantzas, Nicholas M.: The Hague Convention for the Suppression of Unlawful Seizure of Aircraft (December 16, 1970), in: NTIR, Bd. 18 (1971), S. 25 - 75

— Hijacking versus Air Piracy: A Substantial Misunderstanding and not a Quarrel over Semantics, in: RHDI, Bd. 23 (1970), S. 80 - 90 *de la Pradelle*, Paul: L'Enlèvement aérien de Chefs Fellagah, in: RGAE, Bd. 19 (1956), S. 235 - 238

Pradier-Fodéré, Paul: Traité de droit international public européen et américain, Bd. V, Paris 1891

Rhinelander, John B.: The International Law of Aerial Piracy. New Proposals for the New Dimension, in: McWhinney, Aerial Piracy, S. 59 - 71

Röbbert, Manfred: Die internationale Luftrechtskonferenz in Montreal vom 8. bis 23. September 1971, in: ZLW, Bd. 21 (1972), S. 133 - 150

Rosenfield, Stanley B.: Air Piracy: Is It Time to Relax Our Security?, in: New England Law Review, Bd. 9 (1973), S. 81 - 106

Rosenmöller, Christoph: Die Internationale Organisation der Zivilluftfahrt — ICAO —, Diss. Münster 1959

Rousseau, Charles: Droit International Public, 6. Aufl., Paris 1971

— Inde et Pakistan: Différend relatif à l'octroi de l'asile par le Pakistan, aux auteurs du détournement d'un avion indien opéré le 30 janvier 1971, in: RGDIP, Bd. 76 (1973), S. 216 - 217

— Chronique des faits internationaux: détournements d'avions d'Allemagne, Etats-Units, Grande-Bretagne, Egypte, Israel, Jordanie et Suisse, in: RGDIP, Bd. 74 (1970), S. 1018 - 1043

— Algérie et Congo-Kinshasa: enlèvement en avion de M. Moise Tschombé au dessus des Baléares et détention de l'ancien chef du gouvernement congolais par les autorités algérienne (30. juin 1967), in: RGDIP, Bd. 72 (1968), S. 145 - 148

Rovine, Arthur: The Contemporary International Legal Attack on Terrorism, in: Israel Yearbook on Human Rights, Bd. 3 (1973), S. 9 - 38

Ruhwedel, Edgar: Die Rechtsstellung des Flugzeugkommandanten im zivilen Luftverkehr, Bielefeld 1964

Schaumann, Wilfried: Völkerrechtliches Gewaltverbot und Friedenssicherung, Baden-Baden 1971

Scheuner, Ulrich: Krieg und Bürgerkrieg in der Staatenwelt der Gegenwart, in: Festschrift für Friedrich Berber, München 1973, S. 467 - 487

Schleicher, Rüdiger / *Reymann*, Friedrich / *Abraham*, Hans-Jürgen: Das Recht der Luftfahrt. Kommentar und Quellensammlung, 2 Bde., 3. Aufl., Köln—Berlin 1960 - 1966

Schlochauer, Hans-Jürgen: Die Entwicklung des völkerrechtlichen Delikt-rechts, in: ArchVR 1975, S. 239 - 277

Schmidt-Räntsch, Günther: Die Internationale Luftrechtskonferenz in Den Haag und das Abkommen zur Bekämpfung der widerrechtlichen Inbesitznahme von Luftfahrzeugen, in: ZLW, 20 (1971), S. 63 - 108

Schnitzer, Adolf F.: Mindeststandard, in: WdVR II, S. 537 - 538

Schütz, Hans Joachim: Der völkerrechtliche Rahmen zur Bekämpfung von Flugzeugentführungen und anderen Terrorakten gegen die internationale Zivilluftfahrt, in: ÖJZ, 30. Jg. (1975), S. 225 - 239

Schumann, Wolfgang: Die Friedensblockade, Hamburg 1974

Schwarzenberger, Georg: International Law, Bd. I, 3. Aufl., London 1957

— International Law, Bd. II, 3. Aufl., London 1968

— The Principles and Standards of International Economic Law, in: RdC, Bd. 117 (1966), 1. Halbbd. S. 1 - 98

Schwenk, Walter: Die Bekämpfung des Internationalen Terrorismus, in: Vereinte Nationen, Jg. 24 (1976), S. 97 - 99

Seidl-Hohenveldern, Ignaz: Völkerrecht, 3. Aufl., Köln—Berlin—Bonn—München 1975 (zitiert: VR)

Shepard, Ira M.: Air Piracy: The Role of the International Federation of Air Pilots Association, in: Cornell International Law Journal, Bd. 3 (1970), S. 79 - 91

Simma, Bruno: Reflections on Article 60 of the Vienna Convention on the Law of Treaties and Its Background in General International Law, in: Öst ZöR N. F., Bd. 20 (1970), S. 5 - 83

Simonnet, Maurice-René: La Convention sur la Haute Mer, Paris 1966

Skubiszewski, Krzysztof: Enactment of law by international organizations, in: BYIL, Bd. 41 (1965 - 66), S. 198 - 274

Stiel, Paul: Der Tatbestand der Piraterie nach geltendem Völkerrecht, Leipzig 1905

Strupp, Karl / *Schlochauer*, Hans-Jürgen: Wörterbuch des Völkerrechts, Bd. II, 2. Aufl., Berlin 1961 (zitiert: WdVR II)

— Wörterbuch des Völkerrechts, Bd. III, 2. Aufl., Berlin 1962 (zitiert: WdVR III)

Sundberg, Jacob W. F.: „Abu Thalaat" — La guerre contre l'aviation civile internationale, in: Revue de droit pénal et de criminologie, Bd. 52 (1971 bis 1972), S. 419 - 442

— Piracy: Sea and Air. A report to the International Law Association, Committee on Piracy (Sea and Air), in: Arkiv for Luftrett, Bd. 4, 1971, S. 277 - 368

Thomas, C. S. / *Kirby*, M. J.: The Convention for the Suppression of Unlawful Acts against the safety of civil aviation, in: ICLQ, Bd. 22 (1973), S. 163 - 172

Thomas, Ann vonWynen / *Thomas* jr., A. J.: Non-Intervention, The Law and Its Import in the Americas, Dallas 1956

Tomuschat, Christian: Repressalie und Retorsion, in: ZaöRV, Bd. 33 (1973), S. 179 - 222.

Valladao, Haraldo: Piraterie aérienne: nouveau délit international, in: McWhinney / Bradley, The Freedom of the Air, S. 226 - 237

Venezia, Jean-Claude: La notion de représailles en droit international public, in: RGDIP, Bd. 64 (1960), S. 465 - 498

Waldock, C. H. M.: The Regulations of the Use of Force by Individual States in International Law, in: RdC, Bd. 81 (1952, Teil II), S. 451 - 518

Wengler, Wilhelm: Völkerrecht, 2 Bde., Berlin—Göttingen—Heidelberg 1964 (zitiert: VR I bzw. VR II)

White, Gillian M. E.: The Hague Convention for the Suppression of Unlawful Seizure of Aircraft, in: Review of the international commission of Jurists, No. 6, April - June 1971, S. 38 - 45

Wright, Quincy: Collective Rights and Duties for the Enforcement of Treaty Obligations, in: Proceedings of the American Society of International Law, Bd. 26 (1932), S. 101 - 119

Wust, Fritz: Der gewohnheitsrechtliche Humanitätsgrundsatz im Friedensvölkerrecht, Diss. Erlangen—Nürnberg 1968

Kolibri 360 GmbH
Ferdinand-Jühlke-Straße 7
99095 Erfurt, Deutschland
produktsicherheit@kolibri360.de

Druck:
CPI Druckdienstleistungen GmbH
im Auftrag der
Kolibri 360 GmbH
Ferdinand-Jühlke-Str. 7
99095 Erfurt